全国商业职业教育教学指导委员会组编

国家文化产业资金支持媒体融合重大项目

职业教育教学改革融合创新型教材·**市场营销**

U0648304

Shichang Yingxiao Jichu

市场营销基础

第三版

孙金霞 主编

杜明汉 李光伟 副主编

东北财经大学出版社

Dongbei University of Finance & Economics Press

大连

图书在版编目（CIP）数据

市场营销基础 / 孙金霞主编. —3 版. —大连：东北财经大学出版社，2023.1

（职业教育教学改革融合创新型教材·市场营销）

ISBN 978-7-5654-4726-6

Ⅰ.市… Ⅱ.孙… Ⅲ.市场营销-职业教育-教材 Ⅳ.F713.3

中国版本图书馆 CIP 数据核字（2022）第 234971 号

东北财经大学出版社出版

（大连市黑石礁尖山街 217 号 邮政编码 116025）

网 址：http://www.dufep.cn

读者信箱：dufep@dufe.edu.cn

大连天骄彩色印刷有限公司印刷 东北财经大学出版社发行

幅面尺寸：185mm×260mm 字数：389 千字 印张：17.75 插页：1

2023 年 1 月第 3 版 2023 年 1 月第 1 次印刷

责任编辑：张旭凤 责任校对：张晓鹏 曲以欢 孙 越

封面设计：冀贵收 版式设计：原 皓

定价：42.00 元

富媒体智能型教材出版说明

"财经高等职业教育富媒体智能型教材开发系统工程"入选国家新闻出版广电总局新闻出版改革发展项目库，并获得文化产业专项资金支持，是"国家文化产业资金支持媒体融合重大项目"。项目以"融通""融合""共建""共享"为特色，是东北财经大学出版社积极落实国家推动传统媒体与新媒体融合发展的重要举措之一。

"财济书院"智能教学互动平台是该工程项目建设成果之一。该平台通过系统、合理的架构设计，将教学资源与教学应用集成于一体，具有教学内容多元呈现、课堂教学实时交互、测试考评个性设置、用户学情高效分析等核心功能，是高校开展信息化教学的有力支撑和应用保障。

富媒体智能型教材是该工程项目建设成果之二。该类教材是我社供给侧结构性改革探索性策划的创新型产品，是一种新形态立体化教材。富媒体智能型教材秉持严谨的教学设计思想和先进的教材设计理念，为财经职业教育教与学、课程与教材的融通奠定了基础，较好地避免了传统教学模式和单一纸质教材容易出现的"两张皮"现象，有助于教学质量的提高和教学效果的提升。

从教材资源的呈现形式来说，富媒体智能型教材实现了传统纸质教材与数字技术的融合，通过二维码建立链接，将VR、微课、视频、动画、音频、图文和试题库等富媒体资源丰富呈现给用户；从教材内容的选取整合来说，其实现了职业教育与产业发展的融合，不仅注重专业教学内容与职业能力培养的有效对接，而且很好地解决了部分专业课程学与训、训与评的难题；从教材的教学使用过程来说，其实现了线下自主与线上互动的融合，学生可以在有网络支持的任何地方自主完成预习、巩固、复习等，教师可以在教学中灵活使用随堂点名、作业布置及批改、自测及组卷考试、成绩统计分析等平台辅助教学工具。

富媒体智能型教材设计新颖，一书一码，使用便捷。使用富媒体智能型教材的师生首先下载"财济书院"App或者进入"财济书院"（www.idufep.com）平台完成注册，然后登录"财济书院"输入教材封四学习卡中的激活码建立或找到班级和课程对应教材，就可以开启个性化教与学之旅。

"重塑教学空间，回归教学本源！""财济书院"平台不仅仅是出版社提供教学资源和服务的平台，更是出版社为作者和广大院校创设的一个自主选择和自主探究的教与学的空间，作者和广大院校师生既是这个空间的使用者和消费者，也是这个空间的创造者和建设者，在这里，出版社、作者、院校共建资源，共享回报，共创未来。

最后，感谢各位作者为支持项目建设所付出的辛劳和智慧，也欢迎广大院校在教学中积极使用富媒体智能型教材和"财济书院"平台，东北财经大学出版社愿意也必将陪伴广大职业教育工作者走向更加光明而美好的职教发展新阶段。

东北财经大学出版社

第三版前言

党的二十大报告提出，到二〇三五年我国将建成现代化经济体系，形成新发展格局，基本实现新型工业化、信息化、城镇化、农业现代化。这就需要更加成熟的市场营销环境，也需要更多的高素质市场营销专业人才。在新的时期，培养高素质市场营销专业人才，既要立足于我国社会主义市场经济发展的现实，又要关注国内国际市场营销学科发展的前沿动态，吸收国内外市场营销领域的新理念、新知识、新技术、新方法。只有这样，才能培养出一批适应中国式现代化进程中市场经济发展的需要，具备一定创新意识和创业能力的高素质营销专业人才。基于此，我们梳理了市场营销课程的知识逻辑体系和企业营销活动的工作逻辑关系，以营销工作逻辑为核心，贯彻课程教、学、做一体的理念，对每个任务进行整体设计，把学习、体验、实践融为一体，突出强调了学生职业能力、职业素养和创新能力的培养。

本次修订主要做了以下3方面工作：

1.在案例方面，主要对教材中的国外案例进行了修改或替换，并与时俱进地对一些案例、实例和举例进行了更新和替换。

在遴选典型案例素材时，力争选取充分体现改革开放丰硕成果、社会主义现代化建设伟大成就，适度反映行业发展新动向，对接科技发展新趋势等对学生有正向引领和积极启示的真实生动案例，并注意编写呈现方式。

2.在课程思政方面，紧紧围绕课程的培养目标和教学内容，进一步丰富和完善课程思政元素的融入，突出课程育人，进一步加强职业素养和创新创业能力的培养。

具体来说：在每个任务的"素质目标""能力目标"中，提示课程的思政点，进一步具体化课程思政的培养目标；在"教学互动"栏目，紧密结合社会实际设计互动问题；在"案例解析"和"营销实训"中的问题讨论、评价中，进一步体现课程思政的融入；在设计"素质提升"训练项目时，引导学生注重实践，关心社会，全面提升综合素质，培养其社会责任感和时代担当意识。

社会主义市场经济是一种创新发展型经济，只有具备创新思维和能力的人才和具有创新意识的企业，才能在激烈的市场竞争中不断获得发展机会直至脱颖而出。创新创业意识和能力的形成需要长期的培养、熏陶和积淀，本教材专设了"创新实践"栏目，以引导和激发学生创新、创意、创造、创业的意识，为提升学生的创新创业实战能力提供抓手。

3.在专业拓展方面，在每个项目中增加了"拓展阅读"专栏，以拓宽学生认知的深度或广度。

"拓展阅读"专栏遴选经济社会生动实践，如"实现'双碳'目标：不仅是中国方案，更是中国机遇""法治让直播带货行稳致远""老年消费如何更友好"，培养学生的家国情怀和健康人格，强化学生的法治意识、职业精神、工匠精神、劳动精神等，使其符合新时代经济发展对市场人才的需求。

通过修订，在内容和呈现方式上，本教材具有以下特点：

1.在内容选取上，紧密结合商贸企业市场营销活动实践，选取了商贸企业营销活动中最基本的专业知识、职业能力、职业素养进行学习和训练。

2.在谋篇布局上，根据市场营销活动的主要内容，设计了9个项目、28个任务。每个任务按"任务目标"（包括"知识目标""能力目标""素质目标"3个层面）、"任务导入"、"学一学"（包括"教学互动""案例解析""拓展阅读"栏目）和"做一做"（包括"素质提升""创新实践"栏目）循序渐进，步步为营；每个项目以"思考与练习"（包括关键词和术语、选择题、判断题、简答题、案例分析、营销实训）收尾。

3.在编写设计上，借鉴了当代课程设计中4种行之有效的方法。

（1）案例引导与问题导向相结合。本教材每个任务都有导入式案例，学习内容中又设置了"案例解析"，以教学互动的方式，不仅精巧地设计了问题，而且让学生在互动中交流，在交流中学习，在学习中思考，在思考中提升。

（2）自主学习和小组学习相结合。本教材在设计、编写任务学习和教学互动等内容时，充分考虑了对方便学生自学的兼顾；"案例解析""素质提升""创新实践"等需要由学生小组共同完成，目的是培养和提升学生在与人合作、与人交流、分析问题、解决问题、双创意识等方面的职业核心能力。

（3）学习内容与经营实践相结合。"素质提升""创新实践""营销实训"都是根据商贸企业经营活动中的典型业务和主要工作内容设计的，学生通过案例学习和实训体验，既可以熟悉企业主要工作业务流程和工作内容，增强职业的认同感和责任感，又可以在各种体验性实践中培养和提高创新能力，提高自身走入社会、走进职场的积极性和自觉性。

（4）过程考核和结果考核相结合。在学习过程中，每个任务的"教学互动""案例解析""素质提升""创新实践""营销实训"都可作为过程考核的内容。教材不仅从素质、能力、知识等方面提出了全面考核要求，而且把素质、能力、知识的结果考核有机地融入训练项目中。"思考与练习"的内容也可作为期末测试题库的一部分，进行结果考核。

为了方便使用本教材开展混合式教学，现提出几点建议：

第一，在教学安排方面，建议每次教学完成一个任务，同时教师根据自己的教学安排，利用信息化手段将课前应预习内容提前推送给学生。"教学互动"问题、"案例解析"内容，学生应当在课前做适当准备；"素质提升""创新实践"等建议提前布置，由学生在课下完成，课上只做展示交流和评价，以提高学习效率和教学效果。

第二，"素质提升""创新实践""营销实训"已经设计成学习任务页的形式，并放在东北财经大学出版社"财济书院"互动平台（www.idufep.com）的本门课程共享资源中，广大教师可以根据需要使用。

第三，教学中可结合实际情况，对"教学互动""案例解析""素质提升""创新实践""营销实训"的内容做适当调整。既可按学生分组，使其承担不同的学习训练内容，保证每个小组都能完成规定的学习训练任务，也可从中选择部分任务作为所有学生共同学习和训练的内容。

本教材由孙金霞担任主编。山西金融职业学院杜明汉教授编写了项目一，山西财贸职业技术学院李光伟副教授编写了项目二、项目八、项目九，山西财贸职业技术学院王瑛副教授编写了项目三、项目五，山西财贸职业技术学院孙金霞教授编写了项目四、项目六、项目七。全书最后由孙金霞总纂定稿。

在编写过程中，我们参考借鉴了大量市场营销方面的教材和文献资料，限于篇幅未能一一注明，在此表示诚挚的感谢！由于编者水平有限，教材难免存在不足和疏漏之处，恳请专家、同行及读者不吝指正。

编　者

2022年11月

目 录

微课资源目录

拓展阅读目录

市场营销概述

项目概述

随着市场经济的不断发展，越来越多的企业逐渐把市场营销确定为企业的重要职能之一，越来越多的人开始加入市场营销的行列。面对知识经济及信息时代的全面挑战，社会对市场营销人员的综合能力和职业素养也提出了更高的要求。作为一名市场营销人员，只有把握好市场营销的基本理念，才能真正理解市场营销。本项目主要介绍市场营销和市场的含义、市场的类型、市场营销观念、市场营销管理等方面的内容。

项目结构

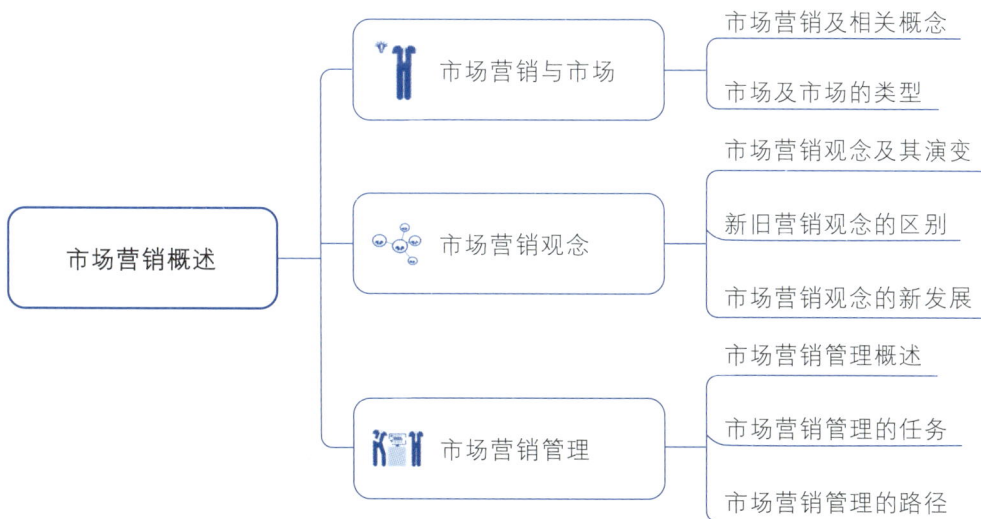

市场营销概述
- 市场营销与市场
  - 市场营销及相关概念
  - 市场及市场的类型
- 市场营销观念
  - 市场营销观念及其演变
  - 新旧营销观念的区别
  - 市场营销观念的新发展
- 市场营销管理
  - 市场营销管理概述
  - 市场营销管理的任务
  - 市场营销管理的路径

任务一　市场营销与市场

任务目标

知识目标：通过本任务的知识学习，能够叙述市场、市场营销和市场营销核心概念的内涵，市场营销的目标，认识市场营销的重要性等。

能力目标：通过"任务导入"和"教学互动"等教学环节，发挥主观能动性，提高自主学习意识。围绕"创新实践"环节提高区分需要、欲望和需求等市场营销核心概念的能力。

素质目标：通过本任务的知识学习、"案例解析"、"素质提升"和"创新实践"等教学活动，激发喜欢市场营销、热爱市场营销的兴趣，培养职业认同感。结合"健康饮食：餐饮消费的新潮流"和"一个学生的开支"案例的思考与分析，逐渐形成市场以消费者需求为出发点的营销意识，树立工匠精神和创新意识。同时，引导合理消费，树立正确的消费观和价值观。

任务导入

中国市场"会"聚全球发展合力

商机在融通中涌现，活力在交流中迸发。2022年以来，中国已举办广交会、中国国际投资贸易洽谈会、中国国际消费品博览会、中国国际服务贸易交易会、世界人工智能大会、世界先进制造业大会、第五届中国国际进口博览会等一系列精彩展会。从扩大出口到优化进口，从引进外资到对外合作，从升级制造业到引领科技创新，汇天下之物产，促商贸之流通，创科技之新潮，聚发展之合力，中国对全球商品要素的引力场日渐凸显。

放眼当今世界，新冠肺炎疫情反复延宕，地缘冲突加剧，粮食能源问题突出，滞胀风险不断上升，全球经济形势不容乐观。一些国家筑"小院高墙"，搞"断链脱钩"，人为地把全球贸易投资环境搞得四分五裂，为世界经济流动挖坑添堵。在此背景下，中国展会密集举办并取得丰硕成果实属不易，顺应了各国人民寻求互利合作、共同发展的强烈呼声，彰显了中国市场对各国商界的巨大吸引力。

引力，来自中国市场的活力。展会高人气的背后，是14亿多人口、超4亿中等收入群体的超大规模市场。据统计，2021年中国最终消费支出对经济增长的贡献率为65.4%，比2012年提高了10个百分点，成为中国经济增长第一拉动力。未来，随着构建新发展格局扎实推进，以数字化、智能化、绿色低碳为特点的消费转型不断提速，中国市场的成长潜力还将被进一步激发，这对各国企业的利好不言而喻。德国经济研究所2022年8月公布的调查报告显示，中国市场具有强大吸引力。世界化工巨头巴斯夫首席执行官对德国《商报》说："中国是一个潜力巨大的市场……我们离不开它。"

活力，源于扩大开放的定力。面对复杂严峻的挑战，中国扩大高水平对外开放的决心坚定。中国为此开展了卓有成效的工作，例如积极落实外商投资法及其实施条例，各地加快推进营商环境改善，落实对外资的负面清单管理模式和国民待遇等措施，同时鼓励外资尤其是高附加值的制造业和服务业投资中国，多地的自贸试验区和海南自贸港凭借优良的营商环境和不断完善的政策环境，吸引外资取得明显成效。中国进一步扩大开放，为全球企业进入中国市场搭建平台，有助于提振全球企业和消费者信心，为世界经济复苏和增长注入正能量。

定力，基于中国经济的实力。国家统计局发布的数据显示，2013年至2021年，中国国内生产总值年均增长6.6%，高于同期世界平均增长水平，对全球经济增长的平均贡献率超过30%，居世界第一。完整的产业体系、高素质的人力资源、完善的基础设施、强大的国内市场、富有活力的市场主体、丰富的政策工具等基本条件，为中国发展提供了强劲的内生动力，中国经济韧性强、潜力足、回旋余地广、长期向好的基本面不会改变。中国作为一个"非常有韧性"的经济体，将继续为世界经济增长贡献动能。

世界处于百年未有之大变局，团结和分裂、合作和对抗两大政策取向的博弈较量日益突出，全球和平、发展、治理、信任赤字亟待破解。彰显发展聚合力的中国以展会为媒，与各国共促开放合作，不断为世界经济注入新动能，带来新希望。

资料来源 叶书宏，樊宇. 中国市场"会"聚全球发展合力［EB/OL］.［2022-09-20］. http：//big5.news.cn/gate/big5/www.news.cn/fortune/2022-09/20/c_1129017322.htm.

思考：

（1）这种现象说明了什么？结合实际，谈谈你对市场和市场营销的理解。

（2）如何理解"中国是一个潜力巨大的市场……我们离不开它"这句话？

学一学

一、市场营销及相关概念

（一）市场营销的含义

对市场营销的认识，是随着企业市场营销实践活动的发展而发展的。早期，人们误认为市场营销与广告相同，也有人把营销等同于商品销售或推销，认为市场营销就是销售，就是设法把商品推销出去。其实，广告、销售和推销仅代表了企业市场营销活动的部分内容，市场营销包括的内容远不止这些。

市场营销的发展有一个过程。在其发展的不同阶段，其定义的内涵是不同的。

当前被大家所接受的定义是：市场营销是与市场有关的人类活动，它以满足人类各种需求和欲望为目的，通过市场变潜在交换为现实交换的活动。这里把市场营销作为一种计划及执行活动，其过程包括对一种产品、一项服务或一种思想观念的开发制作、定价、促销和流通等活动，其目的是经由交换及交易的过程，达到满足组织或个人需求的目标。从中可以归纳出市场营销具有的六个方面的含义：

1.市场营销的实质是一种社会性的经营管理活动

从实质上讲，市场营销是指一种活动，尤其是指企业的经营管理活动。在企业众多的经营管理职能中，最显著、最独特、最核心的职能是市场营销。

2.市场营销的本质是一种商品交换活动

通俗地讲，市场营销就是做买卖，就是企业围绕产品销售而展开的一系列运筹与谋划活动，而销售就是把产品卖出去，有买才有卖。因此，从本质上说，市场营销是一种商品交换活动。

3.市场营销的主体是企业，市场营销的客体是消费者或顾客

市场营销适用于存在交换的所有领域。从广泛的角度说，市场营销的主体可以是营利性的组织和企业，也可以是个人、非营利性组织、城市、国家及社会等，但最具有典型意义的营销主体是企业。

以企业为主体的市场营销活动的对象是市场，也就是消费者（个人消费者或组织消费者），是企业的顾客。市场营销就是企业面向市场开展的一种经营活动。市场营销的对象不仅是市场需要的产品、劳务或服务，而且包括思想、观念以及人物的营销。

4.市场营销的核心是交换

从供给和需求两个方面来分析，同时满足自己需求和他人需求的唯一途径就是商品交换，只有同时满足交换双方需要的活动才是市场营销，只有真正按照消费者需求生产的产品，才能受到消费者的欢迎，才能在市场上顺利实现交换。

5.市场营销的目的是满足消费者利益的同时企业获取利润

对于企业来说，只有发现消费者的现实需要和潜在需要，并通过商品交换尽力去满足，在满足消费者需要的过程中实现企业的盈利，才是市场营销的基本道义。

6.市场营销的手段是系统性、整体性的市场经营活动

企业系统性、整体性的营销活动是指为满足目标市场需要而开展的各项市场营销活动，包括从产品生产之前到产品销售之后全过程的所有营销战略和策略，主要包括四个阶段：生产之前的市场调查与分析活动；生产之中产品的设计、开发及制造活动；生产之后的销售推广活动；产品销售之后的售后服务、信息反馈、客户关系维护等活动。这也指明了市场营销应有的活动内容，同时也说明市场营销与推销、促销和销售等不是同一个概念。推销是促销的一种手段，促销除了推销外还包括广告、营业推广、公共关系等手段；促销是市场营销的一部分，市场营销除促进销售外，还包括定价、分销渠道、仓储、配送等；而销售只是市场营销的一个环节。所以，推销、促销和销售都是市场营销活动的组成部分。

（二）市场营销的相关概念

为了全面掌握市场营销的含义，我们还必须了解市场营销的着眼点在哪（需要），市场营销者用什么来满足顾客（产品），顾客根据什么来评价和选择产品（价值），顾客通过什么方式获得自己需要的物品（交换）等。这是进一步理解和掌握市场营销的含义要继续关注的几个核心概念，如图1-1所示。

1.需要、欲望和需求

人类的需要和欲望是市场营销活动的出发点。

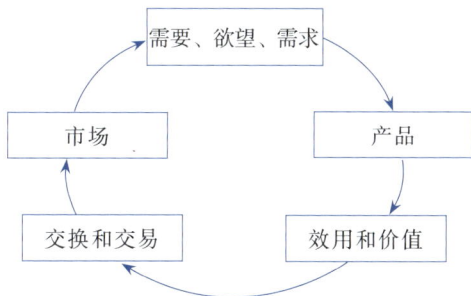

图 1-1 市场营销的相关概念

（1）需要。需要是指个人没有得到某种满足的感受状态。它是人类所固有的，如人们对衣、食、住、行以及对知识、娱乐、安全和归属等的需要。这些需要存在于人本身的自然状态之中，营销者只能通过营销活动对人的需要施加影响和引导，并采取适当的营销策略去满足它。

（2）欲望。欲望是指人们希望得到更深层次的需要的满足。欲望表现为一定的多样性、差异性和发展性。在特定的社会里，人们的需要有限，但欲望却很多，市场营销者可以通过开发并销售特定的产品和服务来满足消费者的欲望。例如，为了满足"吃"的需要，西方人喜欢吃三明治、汉堡包，而中国人则喜欢饺子、面条等。

（3）需求。需求是指人们有支付能力并且愿意购买某种产品的愿望。人们的欲望是无限的，而支付能力却是有限的，当一个人具有购买能力且愿意购买他所期望的产品时，欲望就变成了需求。需求可分为现实需求和潜在需求，前者是指具有明确意识和足够支付能力的需求；后者是指未来即将出现的消费需求。对于企业的产品而言，有购买能力的欲望才能形成现实的需求，因此需要与需求的区别在于是否有足够的购买能力。在关注某种产品的市场需求时，既要看人们是否有购买欲望，又要看人们是否有足够的支付能力。对消费者而言，需求是一种利益的集合，也就是说，消费者所选择的，是既能满足需求和欲望，又能买得起的产品。

区分需要、欲望和需求，对企业制定市场营销策略具有重要意义。人们的需要是企业市场营销活动的基础，只有当人们具有某种需要，且具有购买能力时，欲望才能转化为需求。市场营销活动可以影响人们的欲望，因而在某种程度上可以引导并创造需求。

2.产品

人们靠产品来满足自己的各种欲望和需求。

产品是指企业提供的各种商品和服务，也就是任何可以满足欲望和需求的东西。所以任何能满足人们某种欲望和需求的东西都可称为产品。除了我们通常所理解的有形的物品外，还包括无形的服务，以及人物、地点、组织、事件、活动及观念等。这里最重要的是，产品必须与购买者的欲望相吻合，企业的产品越是与消费者的欲望相吻合，其在市场竞争中成功的可能性越大。例如，当一个人感到烦闷，需要消遣放松时，他可以去观看表演或者旅游度假，还可以参加一些俱乐部的活动，或接受一种不同的价值观、审美观等。从消费者的角度来讲，这些都满足了其消遣放松的需求，因而都可称为产品。

有些产品的重要性并不在于拥有产品本身，而在于得到它们所提供的价值。例如，一个木匠在购买电钻时，他购买的是钻的"孔"，有形产品只是提供服务的手段。市场营销人员的工作不仅是描述其产品的物理特征，更重要的是销售产品的深层利益和所能提供的价值。

3.效用和价值

消费者通常都面临一大批能满足其需要的产品，在对这些产品进行选择时，人们依据的标准是各种产品的效用和价值。

（1）效用。效用是指产品满足人们欲望的能力，效用实际上是一个人的自我心理感受，它来自个体的主观评价。

（2）价值。价值指的是消费者的付出与所得之间的比率。付出是指消费者购买产品时应承担的成本，包括金钱成本、时间成本、精力成本和精神成本等；所得是指购买产品时获得的利益，包括感官利益和情感利益等。所以，市场营销人员应通过增加利益、降低成本来提高产品带给消费者的效用和价值。

4.交换和交易

人们有需要和欲望以及能够评定产品效用的事实并不足以形成市场营销，当人们决定通过交换来满足其需要和欲望时，才出现了市场营销。交换是市场营销的中心。

（1）交换。交换是指从他人处取得所需之物，而以某些东西作为回报的行为。交换方式对人类文明的影响是深远的，它克服了强制取得者的粗暴、乞讨者的可怜和自行生产者的狭隘。交换是市场营销的必要条件，企业围绕目标顾客开展的一切营销活动都与产品的交换有关。交换的产生必须具备以下五个条件：①至少有交换的双方；②每一方都有对方所需要的有价值的东西；③每一方都能沟通信息和传递物品；④每一方都可以自由地接受或拒绝对方的产品；⑤每一方都相信进行交换是合适的或称心的。

具备了上述条件，就有可能发生交换行为，但交换能否真正发生，取决于双方能否找到交换价值，即交换以后双方都认为比交换以前好，或者至少不比交换以前差。由此可见，交换是一种十分复杂的人类行为，是先于市场营销的前提性概念。

交换并不是一次性的活动，而是一个过程。交换的双方都要经历一个寻找合适的产品和服务，确定谈判价格和其他交换条件，最后达成交换协议的过程。市场营销研究的就是怎样才能促进交换最有效实施这一问题。如果双方正在进行谈判，并趋于达成协议，就意味着他们正在进行交换；一旦达成协议，就可以视为发生了交易行为。

（2）交易。交易是交换活动的度量单位，是交换的基本组成单位，是由双方的价值交换所构成的行为。一项交易要包括以下三方面的内容：①至少有两个有价值的事物；②双方同意的条件、时间和地点；③共同遵守通行的交易规则。

5.市场

交易导出市场。从某种意义上说，市场也是市场营销的核心概念，脱离市场的营销活动必然导致失败，只有围绕市场开展的营销活动才有可能取得成功。

互动内容：

小王大学毕业后，想在学校附近开一家茶饮店，提供鲜果茶、奶茶、花茶等多种产品，并打算以舒适的环境、暖心的服务和贴近学生群体的装修风格来服务学生，还想在店里打造一个微型的阅读角。结合有关知识分析他的想法是否可行，再给小王提出一些更好的建议。

互动要求：

请每位参与互动的同学结合所学的内容独立思考，积极陈述自己的见解，也可以和周围的同学简单沟通后回答。

二、市场及市场的类型

企业的营销活动离不开市场，市场是企业进行营销活动的舞台和竞技场，是企业一切营销活动的出发点。

（一）市场的含义

重难点微课1-1

市场的含义

1.市场是商品交换的场所

这是一种狭义的市场概念，这种认识将市场看作一个区域，即在特定的空间、固定的时间，人们进行商品的交换活动。"日中为市，致天下之民，聚天下之货，交易而退，各得其所"。在这里，买卖双方一手交钱，一手交货，钱货两清，各得其所，如农贸市场、超级市场等。

2.市场是指某种或某类商品需求的总和

商品的需求是通过买主体现的，因而也可以说，市场是某一产品所有现实买主和潜在买主所组成的群体。哪里有需求，哪里就有市场，对于企业来讲，商品定价以后，如果有人愿意以此价格购买，就意味着产品有市场，愿意购买又有货币支付能力的人越多，企业的市场就越大。企业明确自己的市场有多大，由哪些消费者构成，是企业营销战略和各项具体决策的出发点，对正确组织营销活动具有重要意义。在市场经济条件下，所谓企业要面向市场，就是指企业要面向消费需求，亦即面向自己的顾客。

3.市场是买主、卖主力量的结合

卖主、买主表现为供求的双方，因而也可以说，市场是供求双方力量相互作用的总和，如"买方市场""卖方市场"的提法。"买方市场"说明整个市场对买方有利，在交易过程中消费者处于主动地位，由消费者支配着销售关系。"卖方市场"说明整个市场对卖方有利，在交易过程中商品的销售者处于主动地位，由卖方支配着销售关系。因此，判断市场供求力量的相对强度和变化趋势，对于企业进行营销决策是十分重要的。

4.市场是指一定时间、一定地点条件下商品交换关系的总和

这是广义的市场概念，任何一个企业都只能在整体市场上开展营销活动，企业的经营时时刻刻都与市场保持着输入和输出的交换关系。正因为如此，市场才成为任何一个企业赖以生存与发展的空间和环境。

在市场营销中，市场是由一切具有特定的欲望和需求，并且愿意和能够以交换来满足此欲望和需求的潜在顾客构成。或者表述为，市场是指某种产品的现实购买者与潜在购买者需求的总和。市场的大小取决于那些有某种需要，并拥有使别人感兴趣的资源，同时愿意以这种资源来换取其需要的东西的人数。

由此可知，市场包含三个主要因素，即有某种需要的人、为满足这种需要的购买能力和购买欲望。用公式表示就是：

市场＝人口＋购买力＋购买欲望

构成市场的这三个因素是相互制约、缺一不可的，只有将三者结合起来，才能构成现实的市场，才能决定现实市场的规模和容量。例如，一个地区虽然人口众多，但如果收入很低、购买力有限，就不能构成容量很大的市场；反之，一个地区虽然购买力很高，但如果人口很少，也不能构成很大的市场。只有人口多，购买力又高，才能构成一个庞大而具有潜力的市场。但是，如果一个地区的产品不符合需要，不能引起人们的购买欲望，那么这个地区仍然不能成为现实的市场。

教学互动1-2

互动内容：

有人说"北京的水果市场很大"时，这里的"水果市场"是指哪一种含义的市场？又有人说中国是一个大"市场"，这里所说的"市场"又是指哪一种含义的市场？

互动要求：

请每位参与互动的同学结合所学的内容独立思考，积极陈述自己的见解，也可以和周围的同学简单讨论后回答。

（二）市场的类型

市场按不同的划分方法，可以分为不同的类型。

1.以商品流通的时序为标准划分市场

按照商品流通的时序，可以把市场分为现货市场和期货市场，以及批发市场和零售市场。其中，现货市场和期货市场是按照商品流通的时间来划分的，批发市场和零售市场是按照流通的环节来划分的。

2.以商品流通的地域为标准划分市场

市场不仅仅涉及时间，也涉及空间。按照商品流通的地域，可以把市场划分为城市市场、农村市场，或地方市场、全国市场和国际市场。

全国市场又可分为南方市场、北方市场、东部市场和西部市场等。国际市场又可进一步分为北美市场、欧洲市场、东南亚市场、中东市场等。这种分类有利于研究不同流通地域的市场特征，从而实施不同的营销策略。

3.以商品属性为标准划分市场

按照市场上流通的商品的属性，可以把市场划分为一般商品市场和特殊商品市场。

一般商品市场包括消费品市场和生产资料市场。特殊商品市场是由具有特殊性的商品以及不是商品但采取了商品形式的产品所形成的市场，包括劳动力市场、金融市场（租赁、证券、保险等）、技术市场、信息市场、房地产市场、服务市场（旅游、文化娱乐、咨询服务等）。按照商品属性划分的市场，充分反映了市场体系中各种商品的交换关系，这种分类有利于根据各种商品的营销特点来开展营销活动。

4.以消费者购买行为的特点为标准划分市场

按照消费者购买行为的特点，可以把市场划分为两大类，即消费者市场和组织市场。

消费者市场是指为了满足生活需要而购买商品和服务的个人和家庭所组成的市场。它是通向最终消费的市场，是一切社会生产的终极目标，因此无论是生产企业、流通企业，还是服务企业，都必须研究消费者市场。

组织市场是由各种组织机构构成的对产品和服务需求的总和。在组织市场，购买商品是为了维持经营活动，对产品进行再加工或转售，或者向其他组织提供服务。根据购买目的的不同，组织市场又可以分为产业市场、中间商市场和非营利性组织市场。

（1）产业市场，又称生产者市场或企业市场，是指一切购买产品和服务并将其用于生产其他产品和服务，以供销售、出租或供应给他人的市场。

（2）中间商市场，是指那些通过购买商品和劳务，以转售或出租给他人获取利润的组织构成的市场。它由各种批发商和零售商组成，其中批发商购买商品和劳务是为了转卖给零售商和其他商人以及产业用户；零售商则是把商品和劳务直接销售给消费者。

（3）非营利性组织市场，包括政府、社会团体等。其中，政府市场是指那些为执行政府的主要职能购买或租用商品的各级政府、所属机构和事业团体构成的市场。

案例解析1-1　　　　　　　　　　　**健康饮食：餐饮消费的新潮流**

背景与情境：

在当今社会，健康饮食已经成为一个很热门的话题。民以食为天。良好而合理的健康饮食习惯也是养生保健的一个重要方面。合理的饮食结构不但让身体健康地生长，而且还有助于疾病的治疗、健康的恢复，健康饮食已逐步成为餐饮消费的新潮流。

今天的消费者开始关注以轻食、健康、速食为卖点的餐厅，开始更多聚焦一些主题轻食餐厅。一家以鳗鱼为主题的轻食餐厅以"方便、突破传统意义上的快餐"这一特点吸引了周边众多的女性上班族的光顾。该餐厅就餐的客人以年轻女性居多，营养丰富，不仅有蔬菜、有水果，而且可无限量续增的大酱汤更是获得了她们的青睐。以鳗鱼为主题的创意料理，每份饭中的鳗鱼、米饭和酱汁都饱含着匠心，让顾客觉得这不是一个简单的快餐，而是一个有内涵的食物。

既要吃得好，又要服务到位。面对消费品质的不断提升，餐饮市场也在为跟上这种新的消费需求而不断进行调整。短短两年时间，这家餐厅就在全国有了17家门店，每年还在以10家门店的速度增长。

资料来源　作者根据有关资料整理而成.

思考:

(1) 这家以鳗鱼为主题的轻食餐厅为什么会成为一种消费热潮?其发展迅速背后的原因是什么?

(2) 鳗鱼主题餐厅是如何开展市场营销的?

(3) 如何理解鳗鱼主题餐厅的"匠心"精神?这种精神会给企业发展带来什么?

讨论分析:

个人:请每位同学结合案例内容,在固定的学习本上写出自己的看法。

小组:请同学们每6人为一组,1人为组长,1人记录小组成员的讨论意见,形成小组意见,准备在班级交流。

班级:每个小组的记录者代表小组发言,陈述本组观点。(小组记录者可轮流)

老师:老师记录各小组的陈述要点,最后进行点评。(也可先由1~2位学生点评)

做一做

【素质提升1-1】

一个学生的开支

背景与情境:

谢辰是本地院校的一名学生,他与父母同住,父母每周给他200元零用钱,他的全部开销包含在这200元中。每天他需要去学校上课,而他家住在离学校2千米远的地方,他可以坐公交车去学校,每次花费2元,或者骑自行车去学校,这样不需要花一分钱。每天他还要在学校吃饭,学校伙食不错,提供普通饭菜,每天需要花费20元。除此之外,学校附近还有一家西餐厅,在那里可以买到汉堡包和比萨,不过这样每顿饭需要花费20元。

谢辰喜欢时尚的衣服,包括牛仔裤、T恤、运动裤,购买这些也必须用零用钱来支付,因此他不得不把钱节省下来,这样才能把自己打扮得既帅气又体面。然而,他发现自己根本节省不了太多钱,因为他还有很多其他的东西要买。

他喜欢音乐,想买手机,还想去观看乐队表演;周末想去电影院看电影;还想去保龄球馆;还喜欢看足球比赛……

谢辰常常觉得不开心,因为他想要的东西太多了,而他的钱又太有限。(案例中的谢辰同学为虚构)

资料来源 佚名. 一个学生的开支 [EB/OL]. [2019-10-20]. http://www.doc88.com/p-4909738425705.html.

思考:

(1) 谢辰面临的最根本的问题是什么?你也面临过这些问题吗?

(2) 假如你是谢辰,你将如何分配每周的零用钱?试罗列不同的花费方式。

(3) 如果他的父母给他增加零用钱,能否解决这个问题?谢辰在消费的过程中应该注意什么问题?大学生应该树立怎样的消费观念?

分析要求：

（1）学生分组讨论；

（2）每个学生结合问题，拟出分析提纲；然后小组讨论，形成分析提纲。

（3）全班交流，各小组选派代表在班级陈述本组分析报告观点。

（4）教师对各组陈述的报告观点进行点评。

（5）把经过修改且附有教师点评的各小组分析报告展示在班级本课程平台上。

【创新实践1-1】

列出一个单子，写出10种你很想拥有的东西。

现在想象一下，这些东西都给你了。

接下来列出一个单子，写出10种你喜欢的东西。

现在拿出你所完成的两个单子，将你列出的东西分成你真正需要的和你很想得到的两部分，说明你真正需要的和你很想得到的东西之间的差异，并用所学知识进行分析。

问题：

（1）试分析你真正需要的和你很想得到的东西之间的差异。

（2）详细说明你侧重于选择哪一个，并对你选择的单子进行利弊分析。

（3）你认为还有更好的新单子方案吗？请你陈述新单子方案的内容。

分析要求：

（1）学生独立思考，形成有创新点的分析结论；

（2）全班交流，学生在班级内陈述自己的分析结论；

（3）结合学生创新能力培养，教师对学生陈述的分析结论进行点评。

任务二　市场营销观念

任务目标

知识目标：通过本任务的知识学习，能准确叙述市场营销观念的历史演变、新旧市场观念的区别等。

能力目标：通过"任务导入"及"教学互动"等教学环节，发挥主观能动性，提高自主学习意识。结合"智能家居火爆的背后""市场营销创造需求"案例，准确掌握市场营销观念及其演变过程中市场营销行为的变化趋势。

素质目标：通过本任务的知识学习、"案例解析"、"素质提升"和"创新实践"等教学活动，充分认识观念转变的重要性，观念决定思路，思路决定出路，培养实事求是、与时俱进的时代精神。结合"创新实践"的问题思考，关注相关国家政策，树立环保意识和社会责任感，提高专业素质，培养职业道德素养。

任务导入

海尔：永远创业

创业与守成孰难？如何将海尔打造成百年老店，成为一家基业长青的卓越企业？

在历经对全球商业模式的研判，以及领略全球领先商业思维的碰撞之后，张瑞敏给出的答案是，如果把创业和守业割裂来看，就永远没有正确的答案，唯一的出路是只有创业没有守业。"对海尔来讲，只有创业没有守业，如果变成守业是守不住的，只有永远的创业，永远在路上才有可能把事业做大。"这并不是海尔集团第一次思考这一命题，早在1995年，张瑞敏就写过一篇很短的文章《海尔只有创业没有守业》，在他看来，创业精神的天敌，是自己曾经成功的经验和思维定式。2014年，海尔迎来创业30周年之际，张瑞敏再次挥笔写下了自己的思考：历经30年的创新发展，我们追上了曾经奉为经典的榜样，同时也失去了可资借鉴的标杆，面对新的挑战，我们剩下唯一没有被时代抛弃的武器，是永远的"两创精神"：永远创业，永远创新。

近年来，在探索"人单合一"模式的基础上，张瑞敏将创新的发力点放在了基于物联网时代的"三生"体系打造上。这一由他首创的"三生"体系，是物联网时代管理范式"人单合一"模式的理论成果，契合着物联网发展的特点。具体而言，生态圈对应着社群经济，其以社群用户为主体，通过搭建触点网络创造用户体验迭代，实现创造价值与传递价值合一；生态收入对应共享经济，其让生态圈中的各攸关方共享自创的用户体验增值，以此良性循环，让生态增值代替单一的产品价值；生态品牌则对应体验经济，其目标是感知用户传感的需求，即时创造用户体验升级，直至终身。

从消费角度来看，随着经济的发展，中国家庭各类消费支出在消费总支出中的结构升级和层次提高，衍生出更多智能化、高端化、个性化、品格化的需求，"消费升级"随处可见。其中，大众对智能化、科技感的消费诉求也越来越高。例如，在"三生"体系中，洗衣机将不是单独"我满足你"形式的洗衣机，洗衣机联合了2000多家服装品牌、洗涤剂品牌等，共同给用户提供一个全方位的解决方案，这就形成了生态收入。生态圈是必要条件，生态收入是充分条件，生态品牌是追求目标。"三生"体系之所以能够颠覆传统，很重要在于其以"人单合一"模式为基础平台，并契合了物联网时代社群经济、共享经济和体验经济的特点。

凡是过往，皆为序章。在海尔集团的创新之路上，没有成功的终点，只有不息的变革。

资料来源　张家振. 海尔：永远创业［EB/OL］. ［2018-12-15］. http://www.cb.com.cn/index/show/gs/cv/cv12528150170.

思考：

（1）对于一个企业来说，营销观念决定着其经营行为。你认为海尔集团奉行的是什么营销观念？

（2）从市场营销观念的角度，如何理解海尔"永远创业，永远创新"这句话？

学一学

一、市场营销观念及其演变

市场营销在其发展过程中，经历了各种各样的变化，这些变化都是围绕着市场营销观念进行的。

市场营销观念是指企业在开展市场营销活动的过程中，在处理企业、顾客和社会三者利益方面所持的态度、思想和观点。企业的市场营销观念不是固定不变的，它是在一定的经济基础上产生和形成的，是与当时的经济发展程度和市场形势相适应的。对市场营销活动持不同观念的企业，会采取不同的营销方式，进而会产生不同的营销效果。随着市场环境的不断变化，市场营销观念经历了一个漫长的演变过程。

（一）生产观念

重难点微课1-2

市场营销观念

从工业革命发生到1920年间，西方经济处于一种卖方市场的局面。市场产品供不应求，选择余地很小，只要价格合理，消费者就会购买。市场营销的中心在于加强生产管理，大量生产，解决供不应求的问题，消费者的需求和欲望并不受重视，其具体表现为：我们能生产什么，就卖什么。在这种生产力状况下，生产观念产生了。

生产观念认为，消费者喜欢那些可以随处得到的而且价格低廉的产品，企业应致力于提高生产效率、扩大生产、降低成本，进而扩展市场。显然，生产观念是一种重生产、轻市场营销的观念。这种观念的形成有两个根源：一是供不应求，因为消费者更在乎得到产品，而不是它的优点；二是成本太高，必须以提高劳动生产率来扩大市场。

生产观念的营销着眼点是产品，营销的基本策略是以生产数量多、物美价廉的产品取得优势，经营的基本思路是等客上门，通过大量生产来取得利润。

（二）产品观念

随着供不应求的市场现象在西方社会得到缓和，产品观念应运而生。这种观念认为，消费者喜欢高质量、多功能和具有某些特色的产品，企业应致力于生产优质产品，并不断精益求精。企业的一切生产经营活动以质量为中心，围绕质量来安排一切业务，经营活动的主要任务是制造优良的产品并经常加以改进。因而，企业经常迷恋自己的产品，看不到市场需求的变化，在市场营销管理中缺乏长远考虑，企业营销容易陷入困境。大量的事实证明，货真价实、经久耐用的产品，并不会永远畅销。

产品观念是生产观念的另一种表现形式，只是它比生产观念多了一层竞争的色彩，在产品供不应求的情况下，这种观念常常会成为一些企业经营的指导思想。

（三）推销观念

自20世纪30年代以来，科学技术的进步、科学管理的加强和在生产观念驱动下形成了大规模生产，产品数量迅速增加，产品质量不断提高，买方市场在西方国家逐渐形成。在这种情况下，企业家不再担心能不能大量生产，而是担心生产出来的产品能不能全部销售出去。这些企业认为，要想在竞争中取胜，就必须卖掉自己生产的每一个产品；要想卖掉自己的产品，就必须引起消费者对自己产品的兴趣和欲望；要想引起这种兴趣和欲望，就必须进行大量的推销活动。企业产品的销售量总是和企业所做的促销努力成正比的，于是，推销观念开始在当时的企业中广泛流行。

很显然，推销观念的产生是产品过剩所致，推销的目的是完成现时交易，而不是在满足需求的前提下与顾客建立长期的可获利关系。推销观念认为，消费者通常表现出一种购买惰性或抗衡心理，如果顺其自然的话，消费者一般不会足量购买某一产品或服务，因此企业必须积极推销，以刺激消费者大量购买本企业产品。推销观念在现代市场经济条件下被广泛用于那些非渴求商品，即购买者一般不会想到要去购买的产品或服务。然而，当买方市场形成后，推销和促销也就失去了原有的魅力。

（四）市场营销观念

市场营销观念产生于20世纪50年代中期。第二次世界大战以后，欧美各国的军工企业很快转向民用企业，工业品和消费品的生产总量剧增，造成了生产相对过剩，随之导致市场竞争激烈。在这一竞争过程中，许多企业开始认识到，传统的推销观念已经不能继续适应市场竞争的需要，它们开始关注消费者的需求和欲望，并研究其购买行为。这一观念的转变是市场营销理论的一次重大变革，企业开始从以生产者为中心转向以消费者为中心，从此结束了企业"以产定销"的局面，标志着现代市场营销观念的产生。

拓展阅读1-1

企业践行社会责任 助力健康扶贫

市场营销观念认为，实现企业各项目标的关键在于准确定位目标市场顾客的需求和欲望，即企业的营销工作应该以目标顾客的需求为中心，从顾客的需求出发，集中企业的一切资源和力量，设计和生产适销对路的产品，安排合适的市场营销组合，采取比竞争者更有效的策略，更有效地提供目标市场所期望的产品或服务，更有效地满足顾客需求，取得利润。市场营销观念的核心是，消费者和用户需求什么产品，企业就应当生产什么产品、销售什么产品，一切以消费者的需求为中心。

（五）社会市场营销观念

社会市场营销观念是对市场营销观念的重要补充和完善。这种观念认为，企业的任务是确定各个目标市场的需要、欲望和利益，并以保护或提高消费者和社会福利的方式，比竞争者更有效、更有利地向目标市场提供能够满足其需要、欲望和利益的产品或服务。社会市场营销观念要求市场营销者不仅应当满足顾客的需求并使企业获取利润，还必须考虑到消费者和社会的长期利益，它强调要正确处理好消费者需求、企业利润、社会整体利益之间的矛盾，要统筹兼顾，以求得三者之间的协调与平衡。例如，无磷洗衣粉、无氟冰箱、低汞电池的开发使用，就是社会市场营销观念的充分体现。

社会市场营销观念起源于20世纪70年代，西方资本主义国家处于能源短缺、通货膨胀、失业率增加、环境污染严重、消费者保护运动盛行的新形势下。当时，一些企业在市场营销过程中，虽然满足了消费者的需求，也使企业获得了必要的利润，却损害了消费者的利益或社会的长远利益。例如，私人汽车的大量使用，造成空气被严重污染、交通堵塞；空调、冰箱的使用，改善了人们的生活条件，却破坏了大气臭氧层，对人们的身体健康形成危害。

二、新旧营销观念的区别

上述几种营销观念可以归纳为两大类：以生产为中心的生产观念、产品观念和推销观念称为传统营销观念，也称为旧营销观念；以顾客为中心的市场营销观念和社会市场营销观念称为现代营销观念，也称为新营销观念。新旧营销观念存在着本质的区别，见表1-1。

表1-1　　　　　　　　　　　　　新旧营销观念对比表

观念类型	起点	中心	手段	目标
传统营销观念	产品	现有产品	增加生产或加强推销宣传	通过扩大销售获利
现代营销观念	市场	消费者需求	整体营销活动	通过满足顾客需求获利

现代营销观念要求企业至少做到以下二点：

第一，顾客至上，把争取顾客作为企业的最高目标；

第二，为了满足顾客的需求和欲望，必须实施整体市场营销组合策略；

第三，企业营销的目标是满足顾客需求，获取利润，增进社会福利，促进社会经济和谐发展。

教学互动1-3

互动内容：

许多人认为："市场营销就是推销，就是把产品卖掉，变成现金。"而彼得·德鲁克先生说："市场营销的真正内涵是使销售成为多余。"你同意德鲁克先生的说法吗？说说你的理由。

互动要求：

请每位参与互动的同学结合所学的内容独立思考，积极陈述自己的见解，也可以和周围的同学简单沟通后回答。

三、市场营销观念的新发展

纵观市场营销观念的演变过程可以看出，企业更新营销观念的直接原因是市场供求状况发生变化，而推动企业营销观念转变的根本原因是市场经济的发展。随着企业营销环境的发展和变化，市场营销观念在不断更新，以顾客导向为基点，还产生了许多具有现代意识的营销观念。

（一）大市场营销观念

进入 20 世纪 80 年代以来，经济发达国家生产过剩，但市场有限，市场竞争日益激烈，许多国家的政府干预加强，贸易保护主义抬头，为了保护本国产业，采取了一系列关税和非关税贸易壁垒。在这种封闭型或保护型的市场上，已经存在的参与者和批准者往往会设置种种障碍，使得那些能够提供类似产品，甚至能够提供更好产品和服务的企业难以进入该市场。于是，美国著名的市场营销学家菲利普·科特勒在 1984 年提出了"大市场营销"这一新的营销观念。

所谓大市场营销观念，是指在实行贸易保护主义的条件下，企业为了成功地进入特定市场，并在那里从事经营活动，在策略上协调使用经济、心理、政治和公共关系等手段，以博得国内外各有关方面的合作与支持。

科特勒认为，企业面对特定的市场，如果仍然采用传统的市场营销策略已难以奏效，只有运用大市场营销观念，即在产品、定价、渠道、促销策略的基础上再加上政治权利和公共关系策略，并加以综合运用，才能排除通往特定市场大门的障碍，获得营销的成功。

（二）创造需求的营销观念

现代市场营销观念的核心是以消费者为中心，认为市场需求引起供给，每个企业必须依照消费者的需要与欲望组织商品的生产与销售。几十年来，这种观念已被广泛接受，在实际的营销活动中也倍受企业家的青睐。然而，随着消费需求的多元性、多变性和求异性特征的出现，需求表现出了模糊不定的"无主流化"趋势，许多企业对市场需求及走向经常捉摸不透，适应需求的难度加大。另外，完全强调按消费者的购买欲望与需要组织生产，在一定程度上会抑制产品创新，而创新是经营成功的关键所在。于是，在激烈的商战中，一些企业总结现代市场营销实践经验，提出了创造需求的新观念，其核心是市场营销活动不仅仅限于适应、刺激需求，还在于能否生产出对产品的需要。

拓展阅读 1-2

走生态优先、绿色发展之路——共建人与自然生命共同体

（三）绿色营销观念

绿色营销观念是指企业要开发和经营对生态有益的、货真价实的产品，减少污染，保护环境，以改善人类生活质量的营销观念。

绿色营销观念出现于 20 世纪 80 年代以后。随着生活水平的提高，人们更加注重家庭、社会利益，更加关心人类赖以生存的环境，消费者日益青睐既无污染又有益于身体健康的绿色产品，这种新的消费导向使越来越多的企业接受和采用更为新型的市场营销观念——绿色营销观念。这种观念要求企业从选择生产技术、产品技术、材料、包装方式、废弃物的处理方式，直至产品的消费过程，都必须考虑对环境的影响，努力消除和减少生产经营活动对生态环境的破坏，尽量保持人与自然环境、社会环境的和谐，不断改善人类的生存环境。

（四）文化营销观念

文化营销观念是指企业在经营活动中，针对自己面临的目标市场的文化环境，采取一系列的文化适应策略，以减少或防止营销与文化特别是异域文化的冲突，进而使营销活动适应并融合于当地文化的营销观念。文化营销观念强调物质需求背后的文化内涵，并把文化观念融入营销活动的全过程中，而不是仅仅停留在广告、销售等个别环节上。

文化营销包括产品文化营销、品牌文化营销和企业文化营销三个方面。文化营销强调通过顺应和创造某种价值观，来达到某种程度的满足感，因此可以说，价值观是文化营销的基础，核心价值观的构建是文化营销的关键。只有通过发现顾客的价值观并加以甄别和培养，或者企业顺应需求，努力创造核心价值观念，才会使文化营销得以成功。

（五）服务营销观念

服务营销观念是以服务为导向，企业营销的是服务，服务是企业从产品设计、生产到广告宣传、销售安装、售后服务等各个部门的事，甚至是每一位员工的事。企业的产品经过每一个部门都被赋予了新的增值。在服务营销观念下，企业关心的不仅是产品是否成功售出，更注重的是用户在享受企业通过有形或无形的产品所提供的服务的全过程感受。因此企业将更积极主动地关注售后维修保养，收集用户对产品的意见和建议并及时反馈给产品设计开发部门，以便不断推出能满足甚至超出用户预期的新产品。同时，在可能的情况下，企业应对已售出的产品进行改进或升级服务。

从服务营销观念理解，用户购买了企业的产品，企业的营销工作仅仅是开始而不是结束。对用户而言，产品的价值体现在服务期内能否满足用户的需求。这种观念将使企业与用户建立长久的、良好的关系，为企业积累宝贵的用户资源。

（六）整合营销观念

整合营销观念是指以消费者为核心，重视企业行为和市场行为，综合协调地运用各种形式的传播方式，以统一的目标和统一的传播形象，传递一致的产品信息，实现与消费者的双向沟通，迅速树立产品品牌在消费者心目中的地位，建立产品品牌与消费者长期、密切的关系，从而达到有效产品营销目的的营销观念。

整合营销的内容包括：第一，强调企业所有活动都应整合协调，共同致力于为顾客服务，即要求企业各个部门全体员工都为顾客着想，要以认真负责的态度做好本职工作，清楚知道企业目标对本职工作的要求，明白本职工作是企业整体营销活动的一部分。第二，强调运用更科学的方法研究消费者需求，建立完善的消费者资料库，把握消费需求，建立和消费者更牢固和密切的关系。第三，改变从静态角度分析市场需求的做法，强调运用动态观念主动迎接市场挑战，把握市场发展规律和方向，发现新的潜在市场，努力创造新的市场。

教学互动1-4

互动内容：

有人曾说过，"企业不能像过去那样光是生产东西，而要出售生活的智慧和欢乐。现在是通过商品去出售智慧、欢乐和乡土生活方式的时代了。"这体现了什么样的营销观念？为什么？

互动要求：

请每位参与互动的同学结合所学的内容独立思考，积极陈述自己的见解，也可以和周围的同学简单沟通后回答。

案例解析1-2   智能家居火爆的背后

背景与情境：

巨大市场潜力的驱动下，智能家居成为名副其实的朝阳产业，吸引了诸多企业的抢滩，市场大战如火如荼。

智能家居为什么能如此火爆？是因为其满足了人们日益提高的对美好生活的追求。良好的居家环境可以使居住其中的人们身心愉悦地生活。也正是因为如此，越来越多的人热衷于购置新潮家居，提倡家居文化。智能家居能够大幅提升家居环境的舒适性、便利性、安全性、艺术性。它以住宅为平台，通过物联网技术将家中的各种设备连接到一起，不仅具有传统的居住功能，还兼备网络通信、信息化家电、设备自动化等属性，具有智能灯光控制、智能电器控制、安防监控系统、智能背景音乐、智能视频共享、可视对讲系统和家庭影院系统等功能。可以说，智能家居汇聚了人们对未来智慧生活的美好想象。

思考：

（1）智能家居为什么会成为朝阳产业？消费者为什么会喜欢智能家居？你喜欢什么样的智能家居？

（2）试分析智能家居运用了什么样的市场营销观念。

（3）智能家居舒适性、便利性的背后，安全性是否存在隐患？如何保障？

讨论分析：

个人：请每位同学根据案例的内容，写出自己对上述两个问题的思考。

小组：请同学们每6人为1组，1人为组长，1人做记录，小组每个成员都要陈述自己的观点，然后讨论分析，形成小组意见，准备在班级交流。

班级：每个小组选1位代表在班级发言，陈述本组观点。

老师：老师记录各小组的陈述要点，最后进行点评。

做一做

市场营销创造需求

背景与情境：

美国一家鞋业公司的总经理派他的财务主管到一个非洲国家去了解公司的鞋能否在那里找到销路。一个星期后，财务主管发邮件回来说："这里的人不穿鞋，因而这里一点市场都没有。"

接着，该鞋业公司的总经理决定派最好的推销员到这个国家进行仔细调查。一个星期后，推销员发邮件回来说："这里的人不穿鞋，因而这里是一个巨大的市场。"

鞋业公司总经理为了弄清情况，又派市场营销副总去调查。两个星期后，市场营销副总发邮件回来说："这里的人不穿鞋，但是他们有脚疾，穿鞋会有好处。他们的脚比较小，所以我们必须另行设计我们的鞋子，而且我们必须在教育他们懂得穿鞋有益方面先要花费一笔钱。在开始之前，我们还必须得到部落首领的同意。这里的人没有什么钱，但他们种出了我们未曾尝过的最甜的菠萝。我估计鞋的潜在销售量巨大，因而我们的一切费用包括推销菠萝给一家欧洲连锁超市的费用都将得到补偿。综合算起来，我们还可以赚得垫付款的30%的利润。我认为，我们应该毫不迟疑地去干。"

资料来源　杜明汉，孙金霞. 市场营销知识［M］. 6版. 北京：中国财政经济出版社，2021.

思考：

（1）3位营销人员的表现说明了什么？对你有何启发？

（2）你同意市场营销可以创造需求这种说法吗？结合本案例说明你的理由。

（3）如果公司派你去开发市场，你会注意哪些营销问题？应注意哪些营销伦理？

分析要求：

（1）学生分组讨论案例；

（2）每个学生结合问题，拟出分析提纲；然后小组讨论，形成案例分析提纲；

（3）全班交流，各小组选派代表在班级陈述本组案例分析报告观点；

（4）教师对各组陈述的报告观点进行点评；

（5）把经过修改且附有教师点评的各小组案例分析报告展示在班级本课程平台上。

党的二十大报告提出，到二〇三五年我国要广泛形成绿色生产生活方式，碳排放达峰后稳中有降，生态环境根本好转。碳达峰和碳中和是我国提出的两个阶段碳减排奋斗目标，简称"双碳"战略目标，即二氧化碳排放力争于2030年达到峰值，努力争取2060年实现碳中和。如今很多企业在经营过程中倡导绿色、环保、低碳的生活方式。

问题：

（1）据你了解，企业致力于"双碳"战略目标的实际行动有哪些具体形式？

（2）如果你是企业经营者，你会采取什么实际行动来支持国家碳减排的奋斗目标。

分析要求：

（1）学生分组讨论上述问题，形成本组有创新点的分析结论；

（2）全班交流，各小组选派代表在班级陈述本组分析结论；

（3）结合学生创新能力培养，教师对各组陈述的分析结论进行点评。

任务三　市场营销管理

任务目标

知识目标：通过本任务的知识学习，能掌握市场营销管理的概念，熟悉市场营销管理的任务，了解市场营销管理路径等相关知识。

能力目标：通过"任务导入"及"教学互动"等内容的学习，发挥主观能动性，提高自主学习意识。结合"案例解析"和"创新实践"等活动，积极认识各种需求变化，提高分析问题、解决问题的能力。

素质目标：通过本任务的知识学习、"案例解析"、"素质提升"和"创新实践"等教学活动，学习全面地认识事物、分析问题、解决问题，树立大局意识和整体观念。结合"中式快餐火爆全美的奥秘"案例的思考和分析，学习和掌握职业标准，增强民族自豪感和使命感，强化民族自信和文化自信。结合营销实训，走进企业，感受职场，提高职业素养。

任务导入

中式快餐火爆全美的奥秘

背景与情境：

熊猫餐厅（Panda Express）（如图1-2所示）是全球最大的中式快餐连锁品牌，开遍全美47个州，不仅天天有金发碧眼的外国人在门口排长队，而且席卷了各大热门美剧。如今，熊猫餐厅已开店超过2 000家，有23 000多名员工，年赚100亿！这个风靡全球的中式快餐巨头火爆的奥秘究竟是什么呢？

图1-2　熊猫餐厅（Panda Express）

　　熊猫餐厅刚开业的时候生意十分惨淡，差点关门。创始人在思考和分析了中餐馆的传统经营方式之后，决定要先俘获外国人的心！由于独有的人情味差异，渐渐地，很多老顾客和创始人成为了朋友，而人情味带来的朋友又转化成了口碑，熊猫餐厅一改颓势，生意开始天天爆满起来。

　　熊猫餐厅对"中餐"的口味做了彻底的改变，改变到在中国人看来根本就是"不正宗"的！相较于麦当劳、肯德基在中国仅仅是把炸鸡放到米饭上，熊猫快餐的本土化更深入！根据美国人的口味和选择喜好，熊猫快餐每个店只有20道左右的菜式，并推出了主打爆款"陈皮鸡""宫保鸡丁"，这两道菜已经长盛不衰几十年了，陈皮鸡占到了营业额的30%，宫保鸡丁也因熊猫餐厅变成了全世界都知道的中餐代表菜。

　　熊猫餐厅虽然在口味上做了调整，但坚持沿用中国传统的烹饪手法。这种中西结合的有趣碰撞，不仅体现在菜品上，还体现在更多的细节上。比如，因为外国人不怎么会用筷子，熊猫餐厅还创新地将叉与筷结合做出了独特的餐具。

　　熊猫快餐想要打开市场，尝试性地做了两件事：一是将菜品透明化，每道菜都标明其原料、烹饪方法、调味品等，让美国人能够快速、全面地了解中餐，降低认知成本；二建立"试吃机制"。每位顾客在购买前都有试吃所有菜品的权利，降低美国人尝试中餐的行动成本。熊猫餐厅的创始人曾说过："有时候我们不要被惯性思维所局限，这世界没有'一定'，有时候转个身，换一个方向，便是海阔天空。"

　　资料来源　佚名. 全球最大中式快餐，年入100亿［EB/OL］，［2019-05 25］. http：//www.sohu.com/a/316500272_485393.

　　思考：

　　（1）熊猫餐厅是如何将中国餐饮文化渗透进美国市场并取得成功？

　　（2）从市场营销管理的角度谈谈熊猫餐厅给你的启发。

▌学一学

一、市场营销管理概述

　　市场营销管理是指企业为了实现战略目标，创造、建立和保持与目标市场之间的互利交换关系而进行的分析、计划、执行和控制的过程。市场营销管理涵盖了理念、有形商品和服务等领域，以交换为基础，以满足交换各方的需要为目标。可见，市场营销管理的实质是需求管理。

　　教学互动1-5

　　互动内容：

　　结合企业实例，谈谈你对市场营销管理实质的认识。

　　互动要求：

　　请每位参与互动的同学结合企业营销工作实例独立思考，积极陈述自己的见解，也可以和周围的同学简单交流后回答。

二、市场营销管理的任务

根据需求的水平、时间和性质的不同，我们可归纳出八种不同的需求状况，在不同的需求状况下，市场营销管理的任务也有所不同。

(一) 负需求

负需求是指全部或多数潜在的消费者厌恶某些产品或服务，不但不愿意购买，甚至宁愿付出代价来躲避该产品，如人们对于预防性注射的需求。其产生的原因包括产品质量或服务水平低下、不愉快的消费经历、竞争者的恶意诽谤等。此时，市场营销管理的任务就是要改变市场营销，分析该产品不受欢迎的原因，研究是否可以通过重新设计、降价、积极促销等方式来改变顾客的印象和态度，使负需求转变为正需求。

(二) 无需求

无需求是指潜在的消费者对相应的产品或服务毫无兴趣或漠不关心，如老年人对高端智能手机的需求。其产生的原因包括产品设计、顾客自身、使用条件、相关信息、宏观环境以及渠道策略和促销策略不当等。此时，市场营销管理的任务是刺激市场营销，想方设法把产品的功效和人们的自然需求与兴趣结合起来。

(三) 潜在需求

潜在需求是指消费者对目前尚未实现的产品或服务有强烈的需求，而现有企业提供的产品与服务无法满足其需求，如无醇啤酒、无害香烟等。此时，市场营销管理的任务是加大营销力度，预测潜在的市场规模，开发产品和服务，以有效满足消费者的潜在需求。

(四) 下降需求

任何一个企业都会遇到它的一种或几种产品需求下降的情况。市场营销管理者必须分析需求下降的原因，并判断通过改变产品的特性、寻找新的目标市场或加强有效沟通等方式可否重新刺激需求。此时，市场营销管理的任务是改变、重振市场营销，通过创造性的再营销重新刺激需求，以扭转需求下降的局面。

(五) 不规则需求

企业面临的需求每季、每周甚至每天都处于不确定的状态下，这就造成了生产能力的不足或闲置，如娱乐场所和购物中心平日门可罗雀，而周末又人满为患。此时，市场营销管理的任务是协调市场营销，通过灵活的定价、促销和其他激励办法来改变需求模式，使需求均衡化。

（六）过量需求

过量需求是指需求超过了供给者所能或所愿的供给水平。此时，市场营销管理的任务是寻找暂时或永久减少需求的办法，如提价、减少促销或服务等。

（七）饱和需求

饱和需求是指需求的现行水平与周期充分符合供应者期望的水平与周期，对企业而言，这是一种理想的需求状态。此时，市场营销管理的任务是维护性营销，保证营销活动的正确性和有效性，保持企业市场竞争的优势，如保持产品质量、广告频率及次数，努力降低产品营销成本等。

（八）有害需求

有害需求是指市场对某种有害产品或服务的需求，如对烟、酒、毒品等的需求。针对这种需求，市场营销管理的任务是反市场营销，即采取措施劝导人们放弃某种需求，或停止供应有害的产品或服务，如劝人们戒烟、戒酒等，以法律形式禁止供应毒品等。

三、市场营销管理的路径

在市场营销实践中，企业不仅可以适应需求，而且可以创造需求，即改变人们的价值观念和生活方式。价值观念和生活方式是人们在特定的环境中逐渐形成的，是由特定的文化造就和决定的，在市场上表现为特定的需求。企业的产品投顾客所好，仅是适应需求；若改变顾客所好，则是创造需求。企业创造需求的途径主要有以下三个方面：

（一）设计生活方式

现代企业不但可以通过改变原有的生活方式来创造需求，而且可以主动参与新生活方式的设计。从一日三餐的饮食方式到出行旅游，生活中的很多方面都可以根据消费者的需求进行精巧的设计，从而可以设计出很多能够满足人们潜在需求的新的生活方式。企业只有积极主动地设计新的生活方式，才能创造出新的产品和服务，找到新的市场机遇。

（二）把握全新机会

哪里有未被满足的需求，哪里就会有市场机会。市场既有表面机会，即实际存在但由于供不应求等原因而未被满足的现实需求，也有潜在机会，即实际存在但未被利用和尚未实现的潜在需求，这是传统观念对市场机会的认识和理解。现代企业在市场营销实践中发现，市场还有全新的机会，即目前不存在的潜在需求。例如，QQ 和微信等通信产品在进入市场之前，因消费者并未意识到需要这种产品，所以不可能对其有潜在需求，更谈不上有现实需求，但是随着通信技术的发展，这些产品被开发出来以后，消费者产生了需求。这就是一些企业所说的"生产需要"的实际含义。

在市场营销中，利用表面机会和潜在机会虽然可以占有一定的市场，但这毕竟是针对实际存在的需求，它比较容易被发现和迅速被满足。在激烈的市场竞争中，企业越来越意识到，针对实际存在的需求很难取得更多的利益，把握全新的机会则可以创造需求，使企业具有绝对的竞争优势。

（三）营造市场空间

企业推广产品，有时可通过有预期目标的营销活动人为地使市场形成供不应求或大量需求的局面。这种营销计划的制订与实施不仅是一种战术技巧，还可以起到创造需求的作用。例如，吉列公司曾为了大量推广刮胡刀片，采用免费赠送刀架的办法，有效地营销了一个市场空间，促使顾客购买配套的刀片，从而实现了扩大销售、占领市场的预期目标。

教学互动1-6

互动内容：

结合你熟悉的某企业实例，说说该企业市场营销管理的具体做法。

互动要求：

请每位参与互动的同学结合所学的内容独立思考，积极陈述自己的见解，也可以和周围的同学简单沟通后回答。

案例解析1-3　　　　　　新一代便利店，环境胜似咖啡厅

背景与情境：

爱购记者发现，"洋士多"里一定会有具有品牌特色的食品，尤其是饮品，价格适宜，并且在顾客群中颇有口碑。例如，喜士多、全家便利店都有咖啡饮品的自有品牌，并且提供中式（含清真类）、西式的速食盒饭；OK便利店有"好知味"中央配给的食品自有品牌，并且提供柠檬茶、玉米汁、豆浆等多种饮料以及面包蛋糕类食品。

如今，第三代店成为了"洋士多"拓展市场的主推店型。"洋士多"所谓的第三代店，是指在熟食和饮品方面大做文章，扩大店内购物空间与休闲区的新一代店型。在便利店内设置饮品饮用区与用餐区，便利店以后将一店多能。

资料来源　曾敏妍.全能便利店袭来：环境胜似咖啡厅　货品多似小百货［EB/OL］.［2013-09-02］. http://travel.news.cn/2013-09/02/c_125285945.htm.

思考：

（1）新一代便利店是如何开展市场营销管理的？

（2）结合背景资料，谈谈你对市场营销管理的理解。

讨论分析：

个人：请每位同学通过网络和图书馆查找相关资料，把自己查找到的相关资料记

录在固定的学习本上。

小组：请同学们每6人为一组，小组每个成员都要陈述自己收集到的资料的具体内容，然后共同讨论，形成小组意见，准备在班级交流。

班级：每个小组选1位代表在班级发言，陈述本组观点。

老师：老师记录每个小组有价值的观点，最后进行点评。

做一做

【素质提升1-3】

奶粉公司的营销管理

背景与情境：

有一家奶粉公司，奶粉质量上乘、工艺精湛，前期投入市场获得了一定的市场份额。但是，销售一段时间后该公司却发现其市场份额并不比同行其他公司有优势。后来，他们接受策划公司的建议，开始在全国妇产医院设立馈赠点，凡是新出生的婴儿都免费赠予一袋早期食用的奶粉。由于这家公司的奶粉工艺特殊，凡是用过这家公司奶粉的婴儿，再吃其他奶粉则口感不佳。因此，大多数婴儿的父母宁愿长期订购这家公司的奶粉。没过多久，这家公司的奶粉销售量大增，仅用时三个月就在国内同行中独占鳌头。

思考：

（1）该公司奶粉现处于什么需求水平？这种需求水平下应具体采取什么需求管理任务？

（2）该公司营销管理最终成功的原因是什么？

（3）结合本案例，谈谈你对企业市场营销管理的看法。

分析要求：

（1）学生分组讨论案例。

（2）每个学生结合问题，拟出分析提纲；然后小组讨论，形成案例分析提纲。

（3）全班交流，各小组选派代表在班级陈述本组案例分析报告观点。

（4）教师对各组陈述的报告观点进行点评。

（5）把经过修改且附有教师点评的各小组案例分析报告展示在班级本课程平台上。

【创新实践1-3】

根据你和家人目前的生活消费情况，在表1-2中的每种需求项目下，填写典型事例，并简单说明原因。

分析要求：

（1）学生独立思考，完成表格填写；

（2）全班交流，学生在班级内陈述自己的结论；

（3）结合学生创新能力培养，教师对学生陈述的结论进行点评。

表1-2   各种需求调研表

需求种类	典型事例	原因说明
负需求		
无需求		
潜在需求		
下降需求		
不规则需求		
过量需求		
饱和需求		
有害需求		

思考与练习

一、基本知识巩固

1.关键词和术语

市场：由一切具有特定的欲望和需求，并且愿意和能够以交换来满足此欲望和需求的潜在顾客构成。

市场营销：与市场有关的人类活动，它是以满足人类各种需求和欲望为目的，通过市场变潜在交换为现实交换的活动。

交换：从他人处取得所需之物而以某些东西作为回报的行为。

市场营销观念：企业在开展市场营销活动的过程中，在处理企业、顾客和社会三者利益方面所持的态度、思想和理念。

市场营销管理：企业为了实现战略目标，创造、建立和保持与目标市场之间的互利交换关系而进行的分析、计划、执行和控制的过程。

扫码同步测1

2.选择题

□ 单项选择题

（1）市场营销的最终目标是（   ）。

A.销售产品   B.盈利

C.塑造形象   D.满足需求和欲望

（2）买方市场意味着市场供求的基本态势是（   ）。

A.供过于求   B.供不应求   C.供求平衡   D.供求脱节

（3）最典型的市场营销主体是（   ）。

A.企业   B.组织   C.个人   D.消费者

（4）生产观念强调的是（   ）。

A.以质取胜   B.以量取胜

C.以廉制胜   D.以形象制胜

(5) (　　) 是市场营销的核心。

A.商品销售　　　　　B.交换　　　　　　　C.商品供给　　　　　D.支付能力

□ 多项选择题

(1) 市场营销包含的要素有 (　　)。

A.人口　　　　　　　B.购买欲望　　　　　C.购买地点　　　　　D.购买能力

(2) 社会市场营销观念兼顾了 (　　)。

A.消费者利益　　　　B.社会整体利益　　　C.国家利益　　　　　D.企业经济效益

(3) 企业在实施文化营销的过程中,表现为 (　　) 三个层次。

A.产品文化营销　　　　　　　　　　B.品牌文化营销

C.企业形象文化营销　　　　　　　　D.企业文化营销

(4) 大市场营销观念是指在4Ps的基础上,再加上 (　　)。

A.政治权利　　　　　B.人员推销　　　　　C.国家利益　　　　　D.公共关系

(5) 从自身利益出发,企业考虑较多的观念是 (　　)。

A.产品观念　　　　　　　　　　　　B.市场营销观念

C.推销观念　　　　　　　　　　　　D.产品观念

3.判断题

(1) 市场营销活动是指在流通领域内进行的经营活动。　　　　　　　　(　　)

(2) 任何能满足人们需求的东西都是产品,包括服务、组织、观念等。　(　　)

(3) "顾客就是上帝" 意味着顾客需要什么,企业就应当生产或经营什么。

　　　　　　　　　　　　　　　　　　　　　　　　　　　　　　(　　)

(4) 有什么样的市场营销观念,就会有什么样的营销态度和营销行为。　(　　)

(5) 任何产品,只要货真价实,就会永远畅销。　　　　　　　　　　　(　　)

4.简答题

(1) 如何理解营销与推销、销售之间的关系?

(2) 市场的含义有哪几种? 谈谈你对市场的理解和认识。

(3) 不同营销观念各自的主张是什么?

(4) 传统营销观念与现代营销观念的区别有哪些? 现代营销观念的要点是什么?

(5) 市场营销管理的任务是什么?

二、基本能力提升

1.案例分析

顾客永远是正确的

背景与情境:

　　某饭店在大厅最醒目的位置悬挂着企业的经营理念:第一,顾客永远是对的;第二,如果与顾客发生争执,请参照第一条。该饭店的员工都受过严格的训练,要求必须诚心诚意地接受每一位顾客的意见和建议,使顾客的要求尽可能地得到满足。

思考:

　　该饭店的做法是否欠妥? 列举你的理由。

分析要求：

（1）全班可分正方、反方讨论，各方将讨论结果拿出来进行辩论。

（2）教师进行点评。

2.营销实训

企业营销调查

背景与情境：

假设你是××大学市场营销专业一年级学生，对市场营销很感兴趣，你很想把学习到的市场营销知识在实践中得以体验，通过体验了解市场营销活动的奥妙。

训练目标：

（1）素质目标：能做到文明礼貌、诚信友善，宽和待人，在与企业相关工作人员沟通过程中表现良好。

（2）能力目标：运用所学到的相关营销知识学习分析企业的营销活动，运用科学的思维方式认识企业营销观念。

（3）知识目标：通过实训，能正确认识和理解学习市场营销、企业营销、市场营销观念等基本营销知识的价值，并具有浓厚的学习兴趣。

实训步骤：

（1）每组4人，其中1人担任组长，由组长认真组织组员讨论，合理分工，各负其责，相互配合完成实训任务。

（2）根据每组所选企业经营类别，选择2种主要商品或2类商品，详细了解产品运用什么样的营销观念，企业经营者为什么要选择这样一种观念？如果你经营这样一家企业，你会采用什么样的营销观念，并说明原因。

（3）实际调查前，参与人员要从网络、图书馆等渠道收集企业市场营销的相关资料。

实训成果及要求：

每组写一篇实训报告（800～1 200字），报告要详细说明组员分工、调查了解了企业哪种产品或哪些商品类别、企业运用的营销观念及具体表现是什么、分析的结果。详细说明如果经营这些商品，会选用什么样的营销观念，并说明选用理由。

操作流程：

"企业营销调查"实训项目操作流程如图1-3所示。

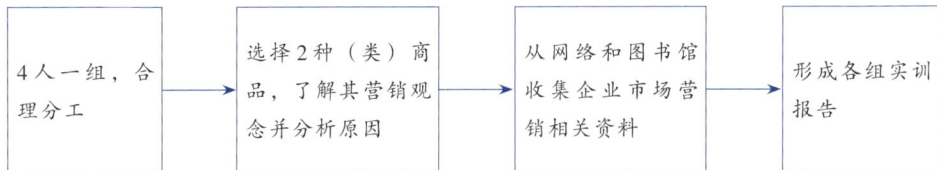

图1-3　"企业营销调查"实训项目操作流程图

实训时间：

在学生开始学习本项目内容时，即可对学生分组，布置本次实训任务，让学生利用课余时间去收集资料，并积极撰写调研报告。在学生完成本项目学习后，用2个课时让各小组介绍并展示本组报告，其他组同学可发表个人意见，最后由老师点评。经过展示点评，各组认真修改、完善自己的实训报告，并把修改后的报告在班级微信平台上展示交流。

实训评价：

"企业营销调查"实训项目评价表见表1-3。

表1-3　　　　　　　　　　"企业营销调查"实训项目评价表

项目	评价标准	分值（分）	小组个人自评（30%）	小组成员互评（30%）	教师评价（40%）	小计（分）
素养培养（∑30）	参与实训的态度端正，积极性高，小组合作意识强，纪律性强，小组讨论积极踊跃	10				
	养成细致、严谨的工作作风，能主动提出关于市场营销调查工作的相关问题	10				
	能够结合企业市场营销调研，认识市场营销职业的价值	10				
能力提升（∑20）	能够将所学的营销知识运用到实训任务中，学以致用	10				
	正确分析市场营销活动的工作内容	10				
知识应用（∑20）	能够正确认识和理解企业市场营销及特征	10				
	能够运用市场营销观念历史演变和现代市场营销观念等知识	10				
项目成果展示（∑30）	能够独立完成实训任务且及时、主动，并能主动提出问题、解决问题	10				
	《市场营销调查报告》结构完整，陈述语言规范，报告无错别字，观点正确	10				
	《市场营销调查报告》展示汇报形式新颖，语速恰当，有感染力	10				
合计		100				

项目二

市场营销环境

项目概述

任何企业的市场营销活动都不可能孤立地进行，都是在与外界环境的相互联系、相互影响中开展的。环境的变化，既能给企业带来发展机遇，也能给企业带来威胁和风险。所以，关注并研究企业内外营销环境的变化，把握环境的变化趋势，识别由于环境变化而带来的机会和威胁，据此制定市场营销战略和策略，是市场营销人员的主要职责之一。本项目主要介绍市场营销环境的构成要素，并分析其对市场营销活动的影响。

项目结构

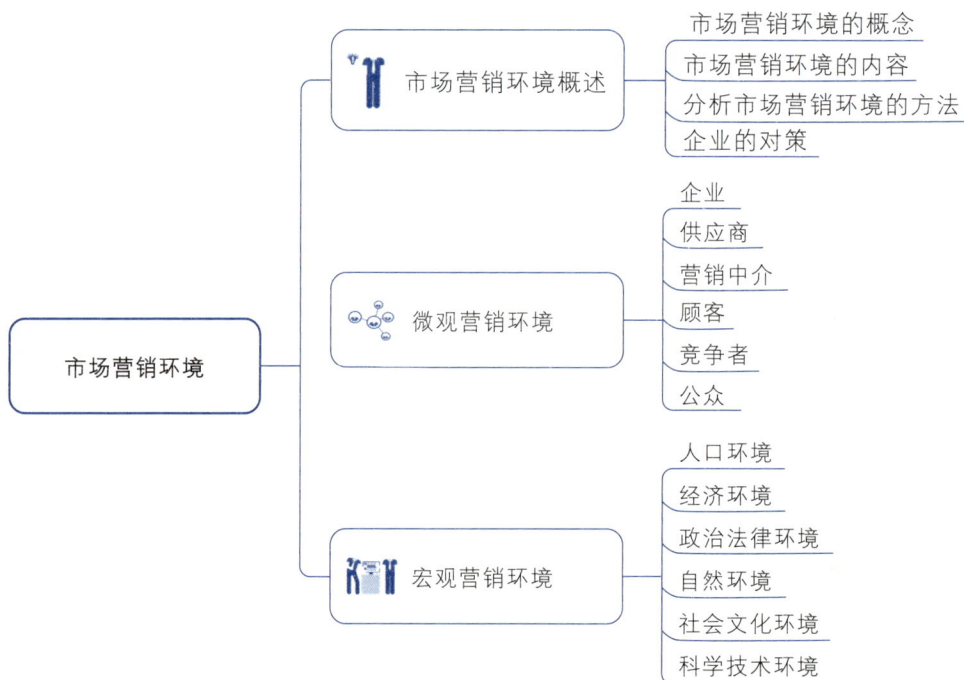

市场营销环境

市场营销环境概述
- 市场营销环境的概念
- 市场营销环境的内容
- 分析市场营销环境的方法
- 企业的对策

微观营销环境
- 企业
- 供应商
- 营销中介
- 顾客
- 竞争者
- 公众

宏观营销环境
- 人口环境
- 经济环境
- 政治法律环境
- 自然环境
- 社会文化环境
- 科学技术环境

任务一　市场营销环境概述

任务目标

　　知识目标：通过本任务的知识学习，能了解企业分析市场营销环境的方法，掌握面对环境变化应采取的对策等知识。

　　能力目标：通过本任务的"案例解析"、"素质提升"和"创新实践"等，培养对市场营销环境进行分析的基本思路，初步具备寻找企业市场营销机会、规避环境威胁的专业能力。

　　素质目标：通过本任务的知识学习、"案例解析"、"素质提升"和"创新实践"等教学活动，培养市场营销环境的分析能力，树立全局意识和精益求精的职业精神。正确地面对困难和挫折，塑造良好的意志品质。结合"国家制定'一带一路'区域发展倡议"案例的思考，强化文化自信与民族自信。

任务导入

国家制定"一带一路"区域发展倡议

　　背景与情境：

　　2 000多年前，亚欧大陆上勤劳勇敢的人民，探索出多条连接亚欧非几大文明的贸易和人文交流通路，后人将其统称为"丝绸之路"。千百年来，"和平合作、开放包容、互学互鉴、互利共赢"的丝绸之路精神薪火相传，推进了人类文明进步，是促进沿线各国繁荣发展的重要纽带，是东西方交流合作的象征，是世界各国共有的历史文化遗产。

　　进入21世纪，在以和平、发展、合作、共赢为主题的新时代，面对复苏乏力的全球经济形势，纷繁复杂的国际和地区局面，传承和弘扬丝绸之路精神更显重要和珍贵。

　　2013年9月和10月，中国国家主席习近平在出访中亚和东南亚国家期间，先后提出共建"丝绸之路经济带"和"21世纪海上丝绸之路"（以下简称"一带一路"）的重大倡议，得到国际社会高度关注。时任中国国务院总理李克强参加2013年中国—东盟博览会时强调，铺就面向东盟的海上丝绸之路，打造带动腹地发展的战略支点。加快"一带一路"建设，有利于促进沿线各国经济繁荣与区域经济合作，加强不同文明交流互鉴，促进世界和平发展，是一项造福世界各国人民的伟大事业。

　　"一带一路"建设是一项系统工程，要坚持共商、共建、共享原则，积极推进沿线国家发展战略的相互对接。为推进实施"一带一路"重大倡议，让古丝绸之路焕发新的生机活力，以新的形式使亚欧非各国之间的联系更加紧密，互利合作迈向新的历史高度，中国政府特制定并发布《推动共建丝绸之路经济带和21世纪海上丝绸之路的愿景与行动》。

　　资料来源　国家发展改革委，外交部，商务部. 推动共建丝绸之路经济带和21世纪海上丝绸之路的愿景与行动 [EB/OL]. [2019-04-08]. http://www.beltandroadforum.org/n100/2017/0407/c27-22.html.

思考：

（1）请分析"一带一路"倡议对沿线各国会产生怎样的影响。

（2）从市场营销环境的角度出发，谈谈你对"一带一路"的认识。

📖 学一学

一、市场营销环境的概念

市场营销环境，是指影响企业生存与发展的各种外部条件。这里所说的外部条件，不是指整个外界事物，而是指那些与企业的市场营销活动有关联的因素，即作用于企业营销活动的一切外界因素和力量。

查理·达尔文在其1895年出版的《物种起源》一书中，提出以自然选择为基础的进化学说，指出事物发展与环境变化的关系是"适者生存，不适者淘汰"。这个论断不仅适用于生物界，也适用于社会的发展。企业的市场营销是在一定的环境中进行的，也同样要受"适者生存，不适者淘汰"的社会进化规律支配。也就是说，企业只有在经营活动中密切关注环境变化、与环境的变化相适应、相协调，才能在激烈的市场竞争中求得生存和发展，才能由被动转为适应或主动。

二、市场营销环境的内容

市场营销环境包括的内容广泛而复杂，根据不同的标准，可分为微观环境和宏观环境、自然环境和文化环境、直接环境和间接环境、可控因素和不可控因素等。我们采用菲利普·科特勒的分类方法，把市场营销环境按影响范围的大小，划分为微观营销环境和宏观营销环境两大类，也即直接环境与间接环境。

（一）微观营销环境

微观营销环境，是指与企业紧密相联，直接影响企业营销能力的各种参与者，包括企业本身、供应商、营销中介、顾客、竞争对手、社会公众等。

（二）宏观营销环境

宏观营销环境，是指与企业市场营销联系较为间接的、大范围影响企业营销决策的社会约束力量。它是企业不可控制的因素，企业只能通过调整自身的营销策略来适应宏观环境的发展变化。宏观环境主要包括人口环境、经济环境、政治法律环境、自然环境、科学技术环境、社会文化环境等。

企业所面对的微观营销环境和宏观营销环境并不是固定不变的，而是处于经常变化之中。监测和把握环境诸多力量的变化，善于从中发现并抓住有利于企业发展的机会，避开或减轻由环境带来的威胁，是企业营销管理的首要问题。一个企业如果不重视对环境因素的研究和分析，不能顺应市场潮流，就有可能由于不能适应环境变化而被市场所淘汰。

教学互动 2-1

互动内容：

为什么说宏观环境因素是企业不可控的？面对不可控因素，企业应该怎么去做？

互动要求：

请每位参与互动的同学结合所学的内容独立思考，积极陈述自己的见解，也可以和周围的同学简单沟通后回答。

三、分析市场营销环境的方法

变化中的市场营销环境会给企业带来影响，其正面作用力就是市场营销机会，负面作用力就是环境威胁。企业营销部门的首要职责就是对环境的变化进行监测和分析，并制定应对之策。研究分析营销环境，目的在于抓住和利用市场机会而避免环境威胁。

（一）环境机会分析

所谓环境机会，是指环境中出现的对企业市场营销极富吸引力的变化趋势。同样的环境对于不同的企业，其市场和市场容量往往大小不一，由此带给企业的潜在利润就不一样，当然，其潜在吸引力也就不同。另外，企业在利用各种市场机会时，取得成功的可能性也有大小之分，因此，企业可以运用市场机会分析矩阵进行分析。市场机会分析是综合潜在的吸引力及成功的可能性两个因素对市场机会进行评估，具体方法是按潜在吸引力的大小和成功可能性的大小做出市场机会分析矩阵，如图 2-1 所示。

成功的可能性（概率）

		大	小
潜在的吸引力	大	Ⅰ	Ⅱ
	小	Ⅳ	Ⅲ

图 2-1　市场机会分析矩阵

在市场机会矩阵图中，纵轴表示潜在的吸引力，即潜在的盈利能力，用利润额表示。横轴表示成功的可能性，用概率值来表示，数值越大，说明成功的可能性越大，反之越小。在市场机会矩阵图的四个不同区域中，其潜在的吸引力和成功的可能性是不同的。

区域 Ⅰ：属于最好的营销环境机会，其潜在的吸引力和成功的可能性都很大，企业应全力以赴加以发展。

区域 Ⅱ：属于潜在的吸引力大而成功的可能性小的市场机会。企业应设法找出成功可能性低的原因，如企业是不是存在内部组织管理不善、技术水平低、产品质量差、人员素质差等原因，然后设法扭转不利因素，使企业自身的条件得以改善。这样，区域 Ⅱ 的市场机会也会逐步移到区域 Ⅰ 而成为有利的市场机会。

区域Ⅲ：属于潜在的吸引力小而成功的可能性也小的市场机会。企业一方面应积极改善自身的条件，以准备随时利用其转瞬即逝的市场机会，另一方面应观察市场机会的发展变化趋势。

区域Ⅳ：属于潜在的吸引力小而成功的可能性大的市场机会。对于大型企业来说，遇到这样的机会时，应观察其变化趋势，而不是积极加以利用；但对于中小企业来说，因其产生的利润空间已经足够满足企业生存与发展的需要，所以应积极加以利用。

（二）环境威胁分析

所谓环境威胁，是指环境中一种不利的发展趋势对企业营销活动形成的挑战，对企业市场地位构成的威胁。环境威胁对于企业来说是客观存在的，如金融危机、绿色壁垒等，其对市场营销活动的影响程度是不同的，有的严重一些，有的则轻微一些。因此，可以按威胁潜在严重性的大小和出现威胁可能性的大小列出环境威胁分析矩阵进行分析，如图2-2所示。

出现威胁的可能性（概率）

	大	小
大	Ⅰ	Ⅱ
小	Ⅳ	Ⅲ

图2-2　环境威胁分析矩阵

在环境威胁分析矩阵中，纵轴表示威胁的潜在严重性，即环境威胁出现后给企业带来利益损失的大小。横轴表示出现威胁的可能性，一般用概率值表示，数值越大，说明出现威胁的可能性越大，反之越小。在环境威胁分析矩阵中，威胁的潜在严重性和出现威胁的可能性是不同的。

区域Ⅰ：威胁的潜在严重性大，出现威胁的可能性也大，一旦威胁出现，将会给企业造成极大的利益损失，应予以高度重视。

区域Ⅱ：威胁的潜在严重性大，出现威胁的可能性小，一旦威胁出现，会给企业造成较大的利益损失，因而不可掉以轻心。

区域Ⅲ：威胁的潜在严重性小，出现威胁的可能性也小，一般不会对企业构成威胁，是最佳的市场营销环境。

区域Ⅳ：威胁的潜在严重性小，出现威胁的可能性大，虽然出现以后对企业造成的损失小，但也应加以注意。

在环境威胁分析中，企业应特别重视区域Ⅰ、区域Ⅱ的营销环境，要把主要精力放在对这两种环境的监测和应变上，防止威胁给企业带来营销风险。

（三）机会/威胁综合分析

通过对市场机会与环境威胁的分析，企业可以准确地找到自己面临的市场机会和环境威胁的位置，确定主攻方向；同时，对市场机会和环境威胁进行比较，分析是机会占主导地位还是威胁占主导地位，可以确定企业的发展前景。如果将市场机会矩阵和环境威胁矩阵结合起来分析，就可得到机会/威胁综合分析矩阵，如图2-3所示。

图2-3　机会/威胁分析矩阵

在机会/威胁分析矩阵中，纵轴代表机会水平，横轴代表威胁水平。通过机会/威胁分析矩阵，我们可以归纳出以下四种环境状况：

区域Ⅰ：机会水平高，威胁水平也高，处于这种环境的企业称为"面临冒险环境的企业"。

区域Ⅱ：机会水平高，威胁水平低，处于这种环境的企业称为"面临理想环境的企业"。

区域Ⅲ：机会水平低，威胁水平也低，处在这种环境的企业称为"面临成熟环境的企业"。

区域Ⅳ：机会水平低，威胁水平高，处于这种坏境的企业称为"面临困难环境的企业"。

企业处于何种环境状况在很大程度上是由宏观环境造成的。因此，企业要经常监视和预测宏观环境的变化，并善于分析和识别由于环境的发展变化而给企业带来的主要机会和威胁，以便及时采取适当的对策，使企业与环境变化相适应。

拓展阅读2-1

主动作为：餐饮企业"危"中寻"机"

教学互动2-2

互动内容：

2016年9月上线的"抖音"是一个专注于年轻人音乐短视频社区的平台。上线之后迅速窜红，引起了大家的关注。抖音的出现对企业来说是利多还是弊多？企业应该怎样去面对这个新鲜事物？

互动要求：

请每位参与互动的同学结合企业实例独立思考、积极陈述自己的见解，也可以和周围的同学简单沟通后回答。

四、企业的对策

（一）面临冒险环境应采取的对策

在这种环境下，企业面临的机会水平高，威胁水平也高。企业的领导层应当抓住机会，勇于冒险，果断决策，努力在冒险环境中捕捉商机，开拓业务。面对威胁，企业要冷静分析，在认真调研的基础上弄清企业主要的威胁是什么，来自何方，要善于扬长避短，通过调整营销组合策略来改善环境，适应环境变化，以减轻威胁给企业市场营销带来的不利影响，或者通过扭转企业所面临的环境威胁，使企业向理想的环境方向转型。具体来讲，面对环境威胁可以采取以下对策：

1.反抗策略

企业利用各种措施，限制不利环境因素对企业的威胁，并运用各种不同手段促使不利的环境因素向有利于企业的环境因素转变。

2.减轻策略

企业调整自身的市场营销策略，改变营销手段来适应营销环境变化，以减轻环境变化对企业威胁的影响程度，使企业在变化的市场营销环境中健康发展。

3.转移策略

对于无法反抗和顺应的威胁，企业只能采取转移策略，即停止或放弃原来的经营方式，转移到其他可以占领且效益较高的经营领域。

（二）面临理想环境应采取的对策

在这种环境下，企业面临的机会水平高，威胁水平低。企业要不失时机地利用机会，扬长避短，开发新产品和服务，或在原有的基础上扩大生产和经营规模，并充分运用4Ps组合策略，全面提高产品或企业的市场地位，争取将企业打造成名牌企业。具体来讲，面对环境机会可以采取以下对策：

1.及时利用

当环境机会与企业的营销目标一致，企业又具备利用环境机会的资源条件，并享有竞争中的差别利益时，企业应及时调整自己的营销策略，充分利用环境机会，求得更大的发展。

2.适时利用

有些环境机会相对稳定，在短时间内不会发生变化，而企业又暂时不具备利用环境机会的必要条件，可以积极准备，创造条件，一旦时机成熟，再加以利用。

3.果断放弃

有些环境机会十分有吸引力，但是企业缺乏必要的条件，无法加以利用，此时企业应做出决策，果断放弃。因为任何犹豫和拖延都可能导致错过利用其他有利机会的时机，从而一事无成。

需要指出的是，企业在面对潜在吸引力很大的环境机会时，做决策一定要特别慎重，要结合市场竞争的状况和发展趋势以及企业自身的能力等各方面，考虑成功的可能性。在很多情况下，许多企业只是看到了市场的吸引力，而忽视了企业要取得成功的其他决定因素，贸然地做出了进入的决策，导致企业陷入经营困境。

（三）面临成熟环境应采取的对策

在这种环境下，企业的机会水平低，威胁水平也低。企业一方面维持正常的经营，另一方面应积极、主动地做好应变的准备，因为企业不可能一劳永逸地利用同一个市场机会。为了在竞争中取得主动，企业要积极寻找适合自己生存的环境，开拓新的营销领域。在宏观环境一时无法改变的情况下，努力改善微观环境，创造出新的营销空间，从而使企业长盛不衰。

（四）面临困难环境应采取的对策

在这种环境下，企业的机会水平低，威胁水平高。企业应迅速摆脱这种不利局面，尽快开拓新的目标市场，实施新的营销手段及策略，既减轻、摆脱威胁，又及时发现机会，将企业的业务尽快转移到盈利水平更高的其他行业或市场，或实行多元化经营，尽快使企业走出困境，以避免更大的损失。

案例解析2-1　　　　　　　**东方甄选：从销售产品到销售情怀**

越来越多的人喜欢看东方甄选直播。可以说，从教培行业转型的新东方重新定义了直播的内容和方式，并让董宇辉、YOYO、明明、顿顿、七七等一众新东方的老师走红直播间，很多人趴在直播间听他们侃亲情、梦想和情怀，也顺便买了不少东西。在半年多时间里，东方甄选获得了巨大的流量。

对比之前，新东方一度深陷转型困局，面临严重的市场威胁，美股新东方（EDU）的股价在一年之间陷入了从每股196.94美元的高点跌落到不足2美元的窘境，上市以来的首次亏损更让其现金流骤减。但在2022年，多家券商开始给予新东方在线（01797.HK）"买入"评级，比如申万宏源证券就认为，随着东方甄选热度激增，以及大学生业务企稳恢复，预计新东方在线将在2023财年扭亏为盈，新东方目标企业价值为206.35亿港元，对应目标价为每股20.59港元。2022年抖音上的公开数据显示：东方甄选的粉丝量达到2 368.5万，2022年7月累计销售额突破6亿元。蝉妈妈数据也显示，7月东方甄选共开播31场，观看人次突破7亿，场均观看人次突破2 000万，成为销售额排名第一的蓝V达人。

资料来源　屈丽丽．东方甄选：从销售产品到销售情怀［EB/OL］．［2022-08-13］．http：//www.cb.com.cn/index/show/gs5/cv/cv12536615175.

思考：

（1）面对不利的市场局面，新东方是如何走出困境的，如何看待新东方的这一转型？

（2）从销售商品到销售情怀，新的直播模式能否打造新东方持久的生命力？

讨论分析：

个人：请每位同学针对东方甄选直播这一现象，在固定的学习本上写下自己的思考和意见。

小组：请同学们每6人为一组，小组每位成员都要在小组内交流自己的想法，然后共同讨论，形成小组意见，准备在班级交流。

班级：每个小组选1位代表在班级发言，陈述本组的思考和意见。

老师：老师记录每个小组有价值的观点，最后进行点评。

做一做

【素质提升2-1】

基于SWOT分析的奇瑞汽车公司发展策略

背景与情境：

公司现状：奇瑞汽车股份有限公司成立于1997年1月8日。公司自成立以来，始终坚持自主创新，逐步建立起完整的技术和产品研发体系，产品出口80余个国家和地区，打造了艾瑞泽、瑞虎等知名产品品牌，同时，旗下两家合资企业拥有观致、捷豹、路虎等品牌。截至目前，公司累计销量超过750万辆，其中，累计出口超过150万辆，连续16年位居中国品牌乘用车出口第一位。

奇瑞汽车公司的SWOT分析：

优势（S）：

1. 国家整车出口基地企业。

2. 自主创新，品牌确立。

3. 政府支持。

4. 资源优势。

5. 科研优势。

劣势（W）：

1. 缺乏尖端技术。

2. 发展资金缺口严重。

3. 股东结构不合理。

4. 总体规模仍偏小。

5. 品牌地位不突显。

机会（O）：

1. 庞大的国内、国际市场。

2. 低碳经济下，新能源汽车备受关注。

3. 知识产权纠纷扩大，带来新的机遇。

4. 人民币持续升值。

威胁（T）：

1. 贸易保护增加。

2. WTO保护期的结束。

3. 知识产权纠纷。

4. 人民币持续升值。

奇瑞汽车公司的发展战略：

1. 继续做好战略品牌，开发新能源汽车。

2. 继续走国际化道路，力争扩大国际市场和国内市场。

3. 继续加强企业文化建设。

4.适时海外上市融资。

5.确保质量和售后服务。

6.继续创造条件，吸引高端的国际化人才。

资料来源　姜艳，李学军.基于SWOT分析的奇瑞汽车营销策略［J］.商业纵横，2016（4）：102，103.

思考：

（1）奇瑞汽车公司的SWOT分析对你有何启发？

（2）采用SWOT分析对企业发展有什么意义？

（3）试采用SWOT分析方法去分析某企业的市场营销环境。

分析要求：

（1）学生分组讨论案例；

（2）每个学生结合问题，拟出分析提纲，然后小组讨论，形成案例分析提纲；

（3）全班交流，各小组选派代表在班级陈述本组案例分析报告观点；

（4）教师对各组陈述的报告观点进行点评；

（5）把经过修改且附有教师点评的各小组案例分析报告展示在班级本课程平台上。

【创新实践2-1】

通过网络收集国家关于建立"丝绸之路经济带"和"21世纪海上丝绸之路"（一带一路）的区域发展战略，思考如下问题：

（1）你认为会对哪些地区产生影响？

（2）你认为会对哪些行业产生影响？

分析要求：

（1）学生分组讨论上述问题，形成本组有创新点的分析结论；

（2）全班交流，各小组选派代表在班级陈述本组分析结论；

（3）结合学生创新能力培养，教师对各组陈述的分析结论进行点评。

任务二　微观营销环境

任务目标

知识目标：通过本任务的知识学习，能了解微观环境的主要构成要素，认识各个微观环境的构成要素对企业市场营销活动的影响等知识。

能力目标：通过本任务的"案例解析"、"素质提升"和"创新实践"等，培养从市场营销微观环境的变化中发现市场营销机会的专业能力。

素质目标：通过本任务的知识学习、"案例解析"、"素质提升"和"创新实践"等教学活动，学会认知与分析微观环境，培养爱岗敬业、不受环境干扰的职业精神。营销离不开环境，人的成长也离不开环境，家庭环境、社会环境、校园环境、班级环境等，而营造良好的环境，每一个人都有责任。结合微信营销、短视频营销等案例的思考与分析，树立正确的价值观念。

任务导入

健康家电人气旺

背景与情境：

从城市雾霾到各地水污染事件，污染问题使得现代人切身感受到了工业化时代的并发症。健康问题受重视程度飙升，家电市场随之调整，健康家电销售也随之攀升，市场反应一片向好。

无论是除甲醛和PM2.5的空调，具有杀菌、除菌功能的洗衣机，还是能抗菌、除异味的冰箱或不伤眼睛的健康电视，各种常备家用电器摇身一变，均增加了健康功能。除此之外，各种专用的健康类电器，如空气清新机、家用净水设备也顺势走入了寻常百姓家，进入了快速成长期。

相关专家表示，空气清新机、家用净水设备体现了健康、时尚、先进的生活理念，在中国市场的潜力巨大。健康家电的使用人群不再局限于有老人、孩子的家庭，新的消费人群也更加追求生活质量。因此，健康家电必将成为新的卖点。

资料来源 杜明汉. 市场营销实务［M］. 2版. 北京：中国财政经济出版社，2020.

思考：

（1）引发人们关注健康家电的原因是什么？

（2）结合案例分析说明环境因素对企业市场营销的影响。

学一学

一、企业

企业是组织生产和经营的经济单位，是一个复杂的整体。企业内部各个部门、各个管理层次之间的分工是否科学、配合是否一致等，都会影响企业营销管理决策的制定和营销方案的实施。

（一）企业最高管理层

市场营销目标从属于企业总目标，是为总目标服务的分目标，因此，企业的营销经理只能在最高管理层规定的范围内进行决策。企业的市场营销计划必须以最高管理层制定的企业目标、战略和相关政策为依据而制订，并得到最高管理层的批准方可实施。

（二）企业各职能部门

企业各职能部门主要是指诸如财务、会计、研究与开发、采购、制造部门等与市场营销工作密切相关的部门。营销部门的业务活动和其他部门的业务活动是息息相关的，如图2-4所示。

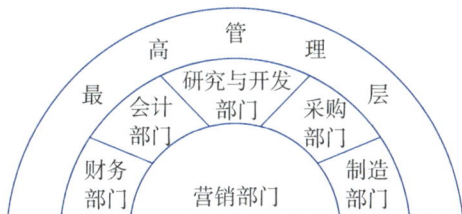

图2-4　企业内部环境因素

营销部门在制订和执行营销计划的过程中，必须与企业的其他职能部门互相配合，共同协作。例如，财务部门负责提供实施营销计划所需的资金，并将资金在各种产品、各个品牌和各种营销活动中进行分配；会计部门负责成本与收益的核算，帮助营销部门了解企业目标利润的实现状况；研究与开发部门要帮助营销部门使新产品满足顾客需求；采购部门负责为企业的生产提供各种原材料；制造部门要确保向市场提供优质产品。所有部门均对企业营销活动产生影响。

二、供应商

供应商是指向企业及其竞争者提供原材料、设备、零部件、能源、劳动力、资金等资源的企业和个人。供应商是对企业的生产经营活动产生巨大影响的力量之一。供应商资源供应的稳定性与及时性、资源供应的价格水平以及供应资源质量的优劣，直接影响着企业产品的价格、销量、利润，乃至企业的信誉和生存。所以，企业在与供应商合作时必须注意以下三个问题：

（一）慎重选择供应商

企业应在全面了解供应商的实力、信誉和供应资源的质量后，慎重选择那些综合实力强、信誉好、产品质量高、成本低、交货期准的供应商。

（二）区别对待供应商

企业应根据不同的供应商在资源供应中的地位和作用，对其予以区别对待，把那些为企业提供必需资源的少数重点供应商视为合作伙伴并加以建设，设法帮助其提高供货质量和供货及时性，以保证各类资源的有效供应。

（三）选择适当数量的供应商

企业应选择适当数量的供应商，拓宽供货渠道，按不同比重分别从不同供应商那里进货，并使其互相竞争，从而迫使供应商通过提高服务质量和价格折扣来提高他们的供货比重。这样有利于企业节约成本，避免过分依赖一家企业而造成不必要的损失。

三、营销中介

营销中介是指直接或间接地参与企业产品分销活动的其他企业或个人，包括中间商、物流机构、营销服务机构、金融机构等。

(一) 中间商

中间商是指把产品从生产者流向消费者的中间环节或渠道，主要包括商人中间商和代理中间商。中间商的主要任务是帮助企业寻找顾客，为企业的产品打开销路。除了某些规模较大的企业有自己的销售机构外，一般企业都需要与中间商打交道，通过中间商把自己的产品销售给消费者。由于中间商连接着生产者和最终消费者或工业用户，因此其服务质量、销售效率、销售速度会直接影响到产品的销售。可以这样说，企业能否选择到适合自己营销策略的中间商，关系着企业的兴衰成败。

(二) 物流机构

物流机构是指那些协助企业储存产品和把产品从原产地运往销售目的地的单位，包括仓储公司和运输公司。

一般情况下，企业只有在建立了自己的销售渠道时才会主要依赖仓储公司；在委托中间商销售产品的时候，仓储服务往往由中间商承担，仓储公司储存并保管要运送到下一站的货物。运输公司包括铁路、公路、航空、货轮等货运公司，生产企业主要通过权衡成本、速度和安全等因素来选择成本效益最佳的运输公司和货运方式。

(三) 营销服务机构

营销服务机构包括广告公司、财务公司、营销咨询公司、市场调研公司等。这些机构提供的专业服务将对企业的营销活动产生直接影响，如市场调研公司通过市场调研为企业经营决策服务；广告公司为企业产品推向市场进行宣传等。一些大企业通过自建有关的机构来承担营销服务机构的功能。但对于大多数中小企业来说，营销服务机构是企业营销活动中不可缺少的一部分。在营销活动中，企业面对众多的营销服务机构要进行比较，看谁最有创造性、服务质量最好、服务价格最适合等，从中选择最适合本企业并且能够最有效提供所需服务的机构。

(四) 金融机构

金融机构包括银行、信用公司、保险公司和其他协助融资或保障货物的购买与承担销售风险的公司。在现代经济生活中，企业与金融机构有着密不可分的联系，如企业间的财务往来要通过银行账户进行结算；企业的财产和货物要通过保险公司进行保险等。

四、顾客

顾客是企业服务的主要对象，是企业经营活动的出发点和归宿，是企业最重要的环境因素。企业的一切营销活动都是为了满足顾客的需求，顾客构成了企业的目标市场。企业营销实践证明：谁能赢得顾客对企业的信任和支持，谁就能在市场上立于不败之地。顾客的范围十分广泛，依据不同的标准和特点，顾客市场可划分为许多类别，如图 2-5 所示。

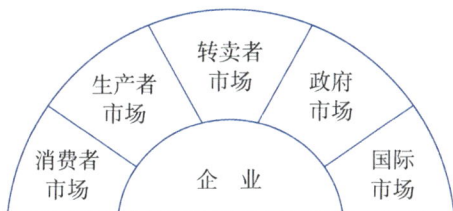

图 2-5 顾客市场的分类

（一）消费者市场

消费者市场是指个人或家庭为了生活消费而购买或租用商品或服务的市场。

（二）生产者市场

生产者市场是指生产者为了进行再生产而购买产品的市场。

（三）转卖者市场

转卖者市场是指批发商、零售商等中间商为了转卖、取得利润而购买商品的市场。

（四）政府市场

政府市场是指政府和非营利性机构为了提供公共服务而购买公用消费品的市场。

（五）国际市场

国际市场是指由国外的消费者、生产者、转卖者、政府机构等组成的市场。

生产者市场、转卖者市场和政府市场一般又称为商业市场。前四种市场又可理解为国内市场，国际市场是相对于国内市场而言的。

教学互动 2-3

互动内容：

今天你是如何购买日用品的？10 年以后你购买日用品的方式会变成什么样？这些变化会给企业市场营销人员带来怎样的挑战？

互动要求：

请每位参与互动的同学结合所学的内容独立思考，积极陈述自己的见解，也可以和周围的同学简单沟通后回答。

五、竞争者

一个企业很少能单独为一个目标市场服务，企业在营销活动中总会受到竞争对手的影响。竞争者是指向企业所服务的市场提供相同或类似产品，并对企业构成威胁的其他企业或个人。市场经济是竞争的经济，企业在目标市场进行营销活动的过程中，不可避免地会遇到竞争者或竞

重难点微课 2-1

竞争者

争对手的挑战。企业为了能在目标市场上取得较高的市场份额，并不被竞争者击败，就必须进行深入的市场分析，了解和关注竞争对手，做到"知己知彼"，扬长避短，主动参与竞争。从消费需求的角度划分，竞争者主要有以下四种：

（一）愿望竞争者

愿望竞争者是指提供不同产品，以满足消费者的不同需求的竞争者。比如，你是电脑制造商，那么生产彩电、空调、音响等不同产品的厂家就是愿望竞争者。如何促使消费者愿意首先选购电脑，而不是首先选购彩电、空调、音响，这就是一种竞争关系，这四种产品的生产经营者互相成为各自的愿望竞争者。

（二）平行竞争者

平行竞争者是指提供能够满足同一种需求的不同产品的竞争者。例如，自行车、摩托车、小轿车都可以作为家庭的交通工具，它们之间必定存在一种竞争关系，这三种产品的生产经营者也就互相成为各自的平行竞争者。

（三）产品形式竞争者

产品形式竞争者是指生产同种产品，但提供不同规格、型号、款式的竞争者。

（四）品牌竞争者

品牌竞争者是指产品相同，规格、型号等也相同，但品牌不同的竞争者。

在激烈的市场竞争中，企业的竞争对手除了本行业的现有竞争对手外，还有替代用品生产者、潜在加入者、原材料供应者和购买者等多种竞争力量。因此企业必须加强对竞争对手的研究，在形形色色的竞争对手中，设法寻求增大本企业的产品吸引力的各种方法，在竞争中求得生存和发展。

教学互动2-4

互动内容：

有营销观念认为，一个企业要想获得成功，就必须比竞争对手做得更好，让顾客更满意。你对此有何评价？

互动要求：

请每位参与互动的同学结合企业实例，独立思考、积极陈述自己的见解，也可以和周围的同学简单沟通后回答。

六、公众

公众是指对企业实现营销目标的能力有实际或潜在利害关系和影响力的一切团体和个人。企业的公众主要有以下七种类型。

（一）金融公众

金融公众是指影响企业获得资金能力的任何团体，如银行、信托投资公司、保险公司等。

（二）媒体公众

媒体公众是指报纸、杂志、广播、电视、互联网等具有广泛影响力的大众传播媒体。这些媒体对企业的声誉起着举足轻重的作用。

（三）政府公众

政府公众是指负责管理企业业务经营活动的政府机构，如行业主管部门和市场监督管理、税务等部门。

（四）团体公众

团体公众是指消费者组织、环境保护组织及其他群众团体。

（五）地方公众

地方公众是指企业所在地附近的居民和社区组织。企业在营销活动中要避免与地方公众发生利益冲突，应指定专人负责处理这方面的问题，并且应对公益事业做出贡献。

（六）内部公众

内部公众是指企业内部的全体人员，如董事、经理及企业所有一线员工。内部公众的态度会影响到外部公众的态度。

（七）一般公众

一般公众是指除地方公众和内部公众以外的居民或组织团体。企业的"公众形象"，即在一般公众心目中的形象，对企业的经营和发展具有十分重要的意义。企业应争取在一般公众心目中建立良好的企业形象。

尽管企业必须把他们的主要精力用于市场营销活动中，但企业经营的成功与否，会受到社会公众的影响。鉴于此，机构健全的企业都建立了公共关系部门，专门负责处理与公众的关系。因为良好的公众关系是企业营销活动必不可少的一部分。

案例解析 2-2　　　　　　　　　　　　　　　微信营销

背景与情境：

玩微信的人越来越多，借助微信"圈人"正在成为各大商场的常规动作。点对点的传播方式，费用几乎为零，这正是商家所看中的。各大商场通过微信"圈人"，可以把圈外人圈到圈子里来，增加非VIP客户的到店率。此外，各商家还希望通过微信激活 VIP 卡中近两成的"睡眠卡"。

商场不仅可以通过微信发布包含视频、图像、语言、文字在内的打折信息，效果直观，还可以通过微信互动，剖析消费者的消费习惯、客单价等，完成精准营销。

思考：

市场竞争越来越激烈，商场与顾客联系的方式也越来越多样，各大商场借力微信传递营销信息、争取顾客的做法已经得到了普遍的认可。针对环境的变化你还有什么新的思路？

讨论分析：

个人：请每位同学在固定的学习本上把自己对微信营销的思考和新的思路写出来。

小组：请同学们每 5 人为一组，小组每个成员在小组内交流自己的想法，然后共同讨论，形成小组意见，准备在班级交流。

班级：每个小组选 1 位代表在班级发言，陈述本组的思考和建议。

老师：老师对各小组有创新的思路提出表扬，对需要引起思考的问题，提醒同学们继续深入探究。

做一做

【素质提升 2-2】

短视频营销

背景与情境：

短视频行业发展十分迅速，短短几年时间就实现了从兴起到爆发的转变，成为继微博、微信之后社会化营销的下一个趋势。近年来，互联网开始了全民创业的浪潮，短视频也受到了很多人的欢迎。目前，全国短视频创业人数数量巨大，有几十万的内容创业者。短视频比较火热的原因之一在于消费者注意力的转移。视频消费的主流——90 后和 00 后，是在互联网的环境下成长起来的，他们已经成为网络主流用户。短视频时间短、内容幽默风趣，特别是年轻人制作的带有恶搞性质的搞笑类视频，有很高的点击量，从而形成大批量的粉丝。如今，快消、体育、时尚、美妆、旅游等和用户接触很直接的行业都特别钟情于短视频营销。

资料来源　王竹君. 短视频时代的营销红利［EB/OL］.［2019-09-01］. http://www.cnki.com.cn/Article/CJFDTotal-GGGJ201704044.htm.

思考：

（1）短视频营销成功的原因是什么？

（2）你知道哪些企业采用了短视频营销模式？

（3）企业在选择短视频营销的过程中要注意哪些营销道德和营销伦理问题？

分析要求：

（1）学生分组讨论案例；

（2）每个学生结合问题，拟出分析提纲，然后小组讨论，形成案例分析提纲；

（3）全班交流，各小组选派代表在班级陈述本组案例分析报告观点；

（4）教师对各组陈述的报告观点进行点评；

（5）把经过修改且附有教师点评的各小组案例分析报告展示在班级本课程平台上。

【创新实践 2-2】

列出一个单子，写出目前影响你成长的所有微观环境因素。

根据列出的单子，指出哪些因素对你造成了威胁，哪些因素给你带来了机会，运用所学知识进行分析。

分析要求：

（1）学生独立思考，形成有创新点的分析结论；

（2）全班交流，学生在班级内陈述自己的分析结论；

（3）结合学生创新能力培养，教师对学生的分析结论进行点评。

任务三　宏观营销环境

任务目标

知识目标：通过本任务的知识学习，能了解宏观环境的主要构成要素，认识各个宏观环境的构成要素对企业市场营销活动的影响。

能力目标：通过本任务的"案例解析"、"素质提升"和"创新实践"等，培养从市场营销宏观环境的变化中发现市场营销机会的专业能力。

素质目标：通过本任务的知识学习、"案例解析"、"素质提升"和"创新实践"等教学活动，关注社会，了解时事，关注国家的大政方针，培养家国情怀。学会认知与分析宏观环境，培养树立目标、主动适应环境的职业精神。通过对"快递包装进入绿色时代""环保路上，金领冠护航"等案例的思考和分析，增强民族自信、制度自信和文化自信。

任务导入

快递包装进入绿色时代

背景与情境：

2019 年 5 月 22 日，顺丰速运（集团）有限公司（简称顺丰）在上海举办了一场完全由快递纸箱改造的空间包装改造创意展，展览将孩子们天马行空的想象与装置艺术巧妙结合。顺丰举办此次展览的目的在于，以创意美感激发大众参与，用艺术的方式尝试破解包装浪费的难题。

据国家邮政局发布的《2018 年中国快递发展指数报告》统计，2018 年中国快递业务总量达到 507.1 亿件，占全球快递包裹市场一半以上。随之上涨的，还有快递包装垃圾占城市生活垃圾增量的比重，在某些一线城市中，已达到 93%。

污染防治是中央提出的三大攻坚战之一，然而"绿色快递"任重道远，有专家估计，目前我国快递包装的总体回收率还不到 20%。国家邮政局于 2018 年发布了《快递业绿色包装指南（试行）》，明确规定了快递行业绿色包装工作的目标。《快递业绿色包装指南（试行）》要求快递企业探索使用循环快递箱、共享快递盒等新型快递容器，循环使用次数不低于20次，逐步减少包装耗材用量，并推进包装物回收再利用。

据了解，目前，行业备受关注且较为成熟的一款循环包装产品，是由顺丰可持续包装解决方案中心推出的循环包装箱"丰BOX"。它创造性地用拉链代替封箱胶纸，减少内填充物，可循环使用多达数十次，在最大程度上减少了胶带、气泡膜和纸箱的投入。截至2018年年底，"丰BOX"共投入使用60万个。在实际投放中，成功替代纸箱3 000万个，减少碳排放1.6万吨，减少树木砍伐28万棵。据悉，目前"丰BOX"已在国内所有一线城市及部分二线城市进行试点运营，未来将逐步取代纸箱。专家表示，邮政业将要迎来一次行业绿色生产方式的"大革命"。到2020年，符合《快递封装用品》系列国家标准的包装材料应用比例要达到90%以上，环保包装材料应用比例要大幅提升。随着中国快递业的发展，绿色低碳将是一个重要趋势。

资料来源 佚名. 快递包装进入绿色时代 是奢望还是行业新可能？〔EB/OL〕.〔2019-09-08〕. http://kpzg.people.com.cn/n1/2019/0524/c404214-31102069.html.

思考：

（1）试分析当下快递业所处的宏观环境，谈谈此时的宏观环境给快递业的发展带来了哪些影响。

（2）试从宏观环境变化的角度分析快递业未来的发展机会与挑战。

学一学

一、人口环境

重难点微课2-2

人口是构成市场的主要因素。人口的数量、地理分布、年龄结构和家庭结构等因素都会对市场需求格局产生深远的影响。所以，任何企业都必须重视对人口环境的研究。

人口环境

（一）人口的数量

人口的数量是市场规模的主要标志，在人均消费水平一定的情况下，人口越多，市场需求规模就越大。我国人口众多，市场潜力巨大，许多国外企业都看好我国市场，希望能早一天进入这个大市场。企业营销者应充分了解人口数量及其增长趋势，发现其现实与潜在的需要，把握商机，开拓市场。

（二）人口的结构

人口的结构主要包括人口的年龄结构、性别结构、家庭结构等。

1.人口的年龄结构

不同年龄阶段的人有不同的消费需求，如青年人多需要体育健身用品，老年人则多需要医疗保健用品。我国自20世纪80年代以来，在"小皇帝"一族的基础上兴起的"儿童市场"，以及生育政策的放开，持续推动了儿童玩具、游戏、服装和食品等行业的巨大发展。统计数据表明，我国已步入人口老龄化社会，对保健用品、营养食品、健康和医疗服务、老年公寓等方面的需求必将大幅增长。

2.人口的性别结构

性别的差异除了使男女在消费需求上表现出明显的不同外，在购买习惯与购买行为上也表现出较大的差别，因此企业可根据人口的性别制定不同的市场营销策略。

3.人口的家庭结构

家庭是社会的细胞，也是商品的主要采购单位。家庭数量、家庭人口、家庭生命周期、家居环境等，对家庭用品的消费具有直接影响。目前，我国的家庭结构具有两个显著特点：一是家庭规模趋于小型化，二是非家庭住户增加。这些特点必然刺激家具、住房、家用电器、炊具等需求的快速增长，从而为这些行业提供了巨大的商机。

（三）人口的地理分布

处于农村和城市、南方和北方、热带和寒带、山区和平原等不同地理环境的人，不仅在消费需求方面有显著差异，在消费习惯和购买行为方面也存在差异。例如，在饮食习惯上就有"南甜北咸、东辣西酸"之说，这体现了人们饮食消费需求的不同。

随着我国经济的发展，我国人口的地理分布呈现出以下特点：一是农村人口流向城市或工矿区务工经商；二是内地人口迁往沿海经济开放区经商办企业；三是沿海地区人口流入内地开发第三产业和农业；四是经商、学习、观光、旅游等活动促使人口的流动加速。人口的流动，一方面增加了流入地区的商品需求量，改变了消费结构，给企业市场营销带来了机会；另一方面使某些行业的市场竞争加剧。

教学互动2-5

互动内容：

请思考不断变化的人口因素影响购买行为的具体例子，并与同学们分享。

互动要求：

请每位参与互动的同学结合所学的内容独立思考，积极陈述自己的见解，也可以和周围的同学简单沟通后回答。

二、经济环境

经济环境是指企业进行市场营销时所面临的外部社会经济条件。一个国家的社会经济运行状况及其发展变化趋势将直接或间接地对企业的市场营销活动产生影响。

（一）消费者的收入水平

消费者的收入水平会直接影响市场容量和消费者的支出模式，从而决定社会购买力水平。消费者的收入是指消费者个人从各种来源所得到的全部收入，包括消费者个人的工资、红利、租金、退休金、馈赠、补贴、利息等收入。当然，消费者并不会把自己的全部收入都用于购买商品和服务，消费者的购买力只是其收入的一部分，因此要分清消费者的"可支配收入"和"可随意支配收入"两个部分。消费者的可支配收入是指在个人收入中扣除税款（如所得税等）和非税性负担（如工会会费等）后的余额，它是个人收入中可以用于消费支出或储蓄的部分，也是影响消费者购买力和消费者支出水平的决定因素。消费者的可随意支配收入是指在可支配收入中减去消费者用于购买生活必需品的支出（如衣、食、住等方面的费用）和固定支出（如保险费、分期付款等）后的余额。可随意支配收入是消费需求变化中最活跃的因素，也是企业开展市场营销活动时要考虑的主要因素。因为从个人可支配收入中支出的维持生存所必需的基本生活资料部分，一般变动较小，相对稳定，即需求弹性小；而满足人们基本生活需要之外的这部分收入一般用于购买高档物品、奢侈品、旅游产品等，形成的需求弹性大，因而它是影响商品销售的主要因素。可随意支配收入越多，人们的消费水平就越高，企业市场营销的机会就越多。

（二）消费者的支出模式与消费结构

随着社会经济的发展，人们的收入会增加，人们的消费支出模式也会发生相应的变化，继而一个国家或地区的消费结构也会随之变化。

1875年，德国统计学家恩斯特·恩格尔对英国、法国、德国、比利时等国家工人家庭收入预算的调查研究，发现了工人家庭收入变化与各方面支出变化之间比例关系的规律，即著名的恩格尔定律。在恩格尔定律中，食物支出总额占个人消费支出总额的比重称为恩格尔系数。恩格尔系数是衡量家庭、社会、阶层乃至国家富裕程度的一个重要指标。根据联合国公布的数字，恩格尔系数在60%以上为绝对贫困；50%~60%为温饱；40%~50%为小康；30%~40%为相对富裕；20%~30%为富足；20%以下为极其富裕。恩格尔定律具体包括以下三层含义：第一，随着家庭收入的增加，用于购买食物的支出占家庭收入的比重下降，称为恩格尔系数下降；第二，随着家庭收入的增加，用于住宅建筑和家务经营的开支占家庭收入的比重大体上不变；第三，随着家庭收入的增加，用于其他方面的开支（如服装、娱乐、卫生保健、教育等支出）和储蓄占家庭收入的比重会上升。

与恩格尔系数相联系的是消费结构。消费结构是指在消费过程中人们所消耗的各种消费资料（包括劳务）的构成，即各种消费支出占总支出的比例关系。优化消费结构是优化产业结构和产品结构的客观依据，也是企业开展市场营销的基本立足点。

我国现阶段的消费支出模式和消费结构总体呈现出以下特点：第一，支出模式仍然以吃、穿等生活必需品为主；第二，随着住房制度、医疗制度、教育制度和休假制度的进一步改革，用于住房、卫生、保健、教育等方面的支出将会增加，用于旅游、娱乐、金融投资等方面的支出会不断上升。因此，企业在进行市场营销调查分析时应注意消费支出模式和消费结构变化的新情况，适时地为消费者生产和输送适销对路的产品和服务。

（三）消费者的储蓄与信贷

在一般情况下，消费者并不是将自己全部的收入用于当前消费，而是将收入中的一部分以各种方式储存起来，如储蓄、购买债券、投资股票等，以求保值增值、积少成多，从而为今后购置高档消费品、大件耐用品或急用做准备。当消费者的收入一定时，储蓄增加，现实购买力就会下降；反之，储蓄减少，现实购买力就会上升。所以，储蓄的增减变动会引发市场需求的变动，从而对企业的市场营销活动产生影响。

随着市场经济的发展和人们消费观念的转变，消费者已经不再局限于用其货币收入来购买商品，还可以通过贷款的方式来购买商品，达到消费目的，这就是消费信贷。所谓消费信贷，是指消费者凭信用可先取得商品的使用权，然后通过按期归还贷款完成商品购买的一种方式。当前，消费信贷的主要种类有短期赊销、分期付款、信用卡信贷三种。消费信贷可以有效地拉动消费需求，从而带动经济的发展。在我国，消费信贷已经起步，目前主要集中在住房、汽车、教育等方面，随着我国金融体制改革的深化，消费信贷必将得到更大的发展。

教学互动 2-6

互动内容：

结合自己和周围人的消费实例，谈谈消费者的收入变动是怎样影响其消费行为的。

互动要求：

请每位参与互动的同学结合所学的内容独立思考，积极陈述自己的见解，也可以和周围的同学简单沟通后回答。

三、政治法律环境

政治与法律具有一定的权威性和强制性。不论处于何种社会制度，企业的营销活动都要受到政治法律环境的规范和约束，企业是在一定的政治法律环境下运行的。

（一）政治环境

政治环境是指企业市场营销活动所处的外部政治形势和状况。对政治环境的分析主要是了解党和政府的各项路线、方针、政策的制定及调整可能给企业市场营销活动带来的影响，特别是最近几年，我国政府推出了一系列新的改革措施和优惠政策，这对企业的市场营销活动影响很大。所以，企业应密切关注政府颁布的一系列新政策，相应地调整自己的市场营销组合策略和生产经营方向，从而更好地占领、转移和开拓新的市场，在竞争中占据主动。对国际政治环境要着重了解"政治权力"与"政治冲突"对企业市场营销活动的影响。

（二）法律环境

法律是体现统治阶级意志，由国家制定或认可，并以国家强制力保证实施的行为规范的总和。世界各国都颁布了相关法律、法规来规范和约束企业的活动。企业一方面可以凭借这些法律维护自己的正当权益，另一方面也要依法从事生产经营活动。与企业市场营销有关的经济立法很多，既有保护竞争、保护消费者利益、维护市场正常秩序的，也有保护社会利益、保护生态平衡、防止环境污染的。近年来，我国颁布和修订了许多法律法规，与企业有关的主要有《中华人民共和国产品质量法》《中华人民共和国反不正当竞争法》《中华人民共和国民法典》《中华人民共和国专利法》《中华人民共和国商标法》《中华人民共和国广告法》《中华人民共和国环境保护法》《中华人民共和国消费者权益保护法》等，其目的就是要求企业按照市场经济规律办事，促进我国经济持续、健康、有序的向前发展。

四、自然环境

自然环境是企业赖以生存的基本环境。自然环境的优劣不仅影响企业的生产经营活动，而且影响一个国家的经济结构和发展水平。因此，企业要避免由自然环境带来的威胁，最大限度地利用环境变化可能带来的市场营销机会。

（一）自然资源短缺

一般来说，自然资源可分为三类：一是"无限"的资源，如空气、阳光、水等；二是有限但可以再生的资源，如森林、粮食等；三是有限又不能再生的资源，如石油、天然气、煤炭、锡、铀等，这类资源早已出现供不应求的状况，有些企业面临严重的原材料短缺，生产和经营成本越来越高。资源质量日益变差、资源数量日益紧缺的自然环境，无疑给那些致力于净化资源、开发和寻求新资源、研究新材料或替代品的企业提供了无限商机。

拓展阅读2-2

实现"双碳"
目标：不仅是
中国方案，更是
中国机遇

（二）环境污染严重

自然环境的污染已经成为举世瞩目的重要问题。空气污染、水源污染以及白色垃圾污染依然存在，那些制造了污染的行业、企业成为众矢之的，它们在社会舆论的压力和政府的干预下，不得不采取有效措施控制污染，从而给那些致力于控制污染设备生产、研究无污染包装新产品的企业提供了市场营销的机会。

（三）政府干预加强

面对地球生态资源日益匮乏以及沙尘暴、海洋赤潮、噪声污染、全球气温升高、水土流失等自然环境不断恶化的状况，人类提高了对环境保护重要性的认识，各国政府也把环境保护视为可持续发展的重要战略。政府制定了一系列保护环境的法律法规，并加大了对环境保护的投资力度，鼓励和扶持绿色产业的发展，使绿色消费、绿色营销迅速崛起。例如，在进行地方干部的考核中，除了考核其经济建设等"政绩"外，还把对环境保护的结果作为其工作成绩的重要衡量标准。这就意味着，今后我国那些制造污染的企业，如果没有按照法律标准和合理污染标准控制污染，政府将勒令其关、停、并、转。

五、社会文化环境

社会文化是人类在社会历史发展过程中所创造的物质财富和精神财富的总和，它体现了一个国家或地区的社会文明程度。社会文化环境包括教育水平、价值观念、宗教信仰、消费习惯、审美观念等。这些因素影响着消费者的消费需求、购买行为，因此，企业的市场营销人员应认真分析、研究和了解当地的社会文化环境，根据不同的社会文化环境，制定出适宜的营销策略。

（一）教育水平

教育是按照一定目标和要求，对受教育者施以影响的一种有计划的活动，是传授生产经验和生活经验的必要手段，反映并影响着一定的社会生产力、生产关系和经济状况。受教育水平的高低，不仅直接影响着人们的消费行为和消费结构，而且制约着企业的市场营销活动。受教育水平高的消费者，对新产品的接受能力较强，他们对商品的内在质量、外观形象、技术说明以及服务有着较高的要求；而受教育水平低的消费者，对新产品的接受能力较弱，他们对操作简单方便的商品、通俗易懂的说明书有着更高的要求。对于企业来说，在受教育水平高的国家或地区，可以聘用调研人员或委托当地调研机构完成所需调研的项目，企业的促销宣传要灵活多变，可选择微信公众号、自媒体等；而在受教育水平低或文盲率高的国家或地区，企业在开展调研时要有充分的人员准备和适当的方法，在开展促销宣传时应更多地选择电视、广播等媒体。

（二）价值观念

价值观念是指人们对社会生活中各种事物的态度和看法。在不同的文化背景下，人们的价值观念差异很大，一旦形成，很难改变。价值观的不同，必然会带来消费者在商品需求和购买行为上的差异。因此，对于价值观不同的消费者，企业市场营销人员必须采取不同的策略。对于乐于变革、喜欢新奇、富于冒险精神、比较开放的消费者，企业应重点强调商品的新颖和奇特；对于那些注重传统、比较保守、喜欢沿袭传统消费方式的消费者，企业在制定有关策略时，应把产品与目标市场的文化传统结合起来。

（三）消费习俗

消费习俗是人们历代传承下来的一种消费方式，也是人们在长期的经济活动与社会活动中形成的一种消费风俗习惯。受不同消费习俗的影响，人们在饮食、服饰、居住、婚丧、人际关系等方面都表现出了独特的心理特征、伦理道德、行为方式和生活习惯。当然，消费习俗也不是一成不变的，它们会相互影响。企业研究消费习俗，不但有利于组织好消费品的生产与销售，而且有利于正确、主动地引导健康消费。了解目标市场消费者的习俗禁忌等，做到入乡随俗，是企业有针对性地开展市场营销活动并取得成功的重要前提。

（四）宗教信仰

从历史上来看，世界各民族消费习俗的产生和发展变化与宗教信仰是息息相关的。不同的宗教信仰者有不同的文化倾向和戒律，从而影响其认识事物的方式、行为准则和价值观念，以及消费行为和消费习惯，进而影响市场消费结构。因此，企业应了解宗教信仰对企业市场营销和消费者购买行为的影响，针对不同宗教信仰者的追求、偏爱，提供不同的产品，并在产品的设计、制造、包装、促销等方面制定相应的营销策略。

（五）审美标准

人们对商品的好坏、美丑有不同的评价。不同的国家、民族、宗教、阶层和个人往往有不同的审美标准。从市场营销的角度来看，企业要了解不同国家和地区的消费者关于产品的颜色、线条、图案、标志与符号的偏好，并根据不同的偏好策划不同的产品设计、产品包装及广告宣传。

六、科学技术环境

科学技术是人类在长期实践活动中积累的经验、知识和技能的总和，它是社会生产力最活跃的因素。作为市场营销宏观环境的一部分，科技环境不仅影响企业内部的生产和经营，还同时与其他环境因素相互依赖、相互作用，直接影响经济环境和社会文化环境。尤其是新技术革命，既给一些企业的市场营销创造了机会，又给一些企业或行业带来了威胁，它是一种"创造性的毁灭力量"。如果老行业不适当采用新技术，而是压制新技术、轻视新技术，那么其生产经营很可能岌岌可危。

拓展阅读2-3

智能家居：科技改变中国百姓生活

在科学技术迅猛发展的今天，人类已清醒地认识到科学技术是第一生产力。在以信息技术、生物技术为代表的新科技的推动下，人类迎来了数字经济时代。因此，企业营销者应准确把握科技革命的发展趋势，密切注意科学技术环境变化对市场营销活动的影响。新技术革命对市场营销活动的影响主要有以下两个方面：

（一）消费者的购买行为发生改变

随着科学技术的不断发展，出现了许多新兴行业，这一方面为消费者提供了大量的不同品种、不同花色、不同款式的产品；另一方面唤起了消费者独特的消费欲望，使他们不再满足于消费大众化商品，消费者的个性化需求进一步释放。这给企业寻找目标市场和开发研究个性化产品带来了机遇和挑战。

（二）零售商业结构发生变化

随着科技的发展，传统的商业业态将逐渐被新型的商业业态所替代。电子商务、网络营销、邮购、电话订购等新的零售方式层出不穷。特别是近年来出现的网络购物，可以使购买者一天24小时无论在什么地方均可订购到产品，无须走出办公室或家门，就可找到有关公司、产品、竞争者、价格等方面的对比信息，因而网上购物的人越来越多。可见，新营销方式不但为顾客带来了极大的方便，也为企业拓展市场空间提供了条件。

面对科学技术环境的变化，企业应当在产品、价格、分销、促销等方面及时调整策略。在产品方面，企业应不断开发新产品，特别是个性化的产品，不断满足消费者的需求；在分销方面，由于超级市场、廉价商店、自动售货机、网络销售的迅速发展，因此商品配送由传统的以厂商为出发点改为以市场为出发点；在价格方面，企业的定价应更加科学、灵活；在促销方面，企业应利用各种媒体进行促销，特别是要利用互联网加强与顾客的沟通和联系。

案例解析2-3　　　　　　　　　　　　环保路上，金领冠护航

秉持着"以宝宝之名，点亮沙漠绿洲"的理念，伊利旗下金领冠塞纳牧奶粉与中国绿化基金会联合，共同发起"我有一棵梭梭树"公益活动，计划在我国阿拉善沙漠地区种植10万棵梭梭树，用公益行动为宝宝成长护航。

金领冠的总部在内蒙古，而内蒙古的阿拉善地区是我国沙漠化问题非常严重的地区，金领冠塞纳牧品牌不忘初心，在绿色环保的理念下，以实际行动回馈社会，品牌代言人张晋发起微博话题#张晋送你一棵梭梭树#吹响活动号角。此外，用户还可以在小程序参与游戏，通过游戏积累"减碳值"，当"减碳值"达到一定额度后，父母便可为宝宝领取一棵梭梭树。此次活动也是中国绿化基金会第一次和国内的婴幼儿配方粉品牌进行合作，通过触及大众最关心的环保问题，提高了品牌关注度。

金领冠塞纳牧品牌把找准了环保这一社会焦点，以线上种树活动为载体，与用户互动，一起创造更美好的环境，契合受众的价值评判标准，为品牌赢得了关注和好感。

资料来源　吕雅柔. 环保路上，金领冠护航［EB/OL］.［2022-10-12］. https://www.cmmo.cn/article-222904-1.html.

思考：

（1）金领冠是如何为品牌赢得关注和好感的？结合金领冠的这一举措，谈谈环境的变化对企业市场营销活动的影响。

（2）2012年，党的十八大将生态文明建设写入党章，2015年党的十八届五中全会提出创新、协调、绿色、开放、共享的五大发展理念，明确了绿色发展的主要任务。从市场营销的角度谈谈你对建设美丽中国的倡议和想法。

讨论分析：

个人：请每位同学收集整理伊利金领冠奶粉的相关资料，并在固定的学习本上记录下自己的思考和看法。

小组：请同学们每6人为一组，小组每位成员都要在小组内交流自己的想法，然后共同讨论，形成小组意见，准备在班级交流。

班级：每个小组选1位代表在班级发言，陈述本组观点。

老师：老师对各小组有创新的思考和看法提出表扬，对需要进一步关注的问题，提醒同学们继续深入思考。

做一做

【素质提升2-3】

产品与社会文化

背景与情境：

我国某公司出口的黄杨木刻一向用料考究、精雕细刻，以传统的福禄寿星或古装仕女图案行销亚洲一些国家和地区，后来出口至一些欧美国家时，该公司发现欧美国家的消费者对中国传统的制作原料、制作方法和图案并不感兴趣，主要原因在于东西方消费者的价值观和审美观不一样。因此，该公司一改过去的传统做法，用一般杂木进行简单地工艺雕刻，涂上欧美人喜爱的色彩，加上适合复活节、圣诞节、狂欢节的装饰品，结果很快就打开了销路，畅销欧美市场。

思考：

（1）仔细思考该产品能够很快在欧美打开销路的原因是什么。

（2）请你列举一些类似的例子与同学们分享。

（3）企业在开拓新市场时应该注意哪些营销道德和营销伦理问题？

分析要求：

（1）学生分组讨论案例；

（2）每个学生结合问题，拟出分析提纲，然后小组讨论，形成案例分析提纲；

（3）全班交流，各小组选派代表在班级陈述本组案例分析报告观点；

（4）教师对各组陈述的报告观点进行点评；

（5）把经过修改且附有教师点评的各小组案例分析报告展示在班级本课程平台上。

【创新实践2-3】

结合当地实际，查阅最新的人口统计资料，了解当地的社会文化因素。列出由于环境的变化所带来的主要机会和威胁。如果计划回家乡创业，你有何打算？

分析要求：

（1）学生独立思考，形成有创新点的分析结论；

（2）全班交流，学生在班级内陈述自己的分析结论；

（3）结合学生创新能力培养，教师对学生陈述的分析结论进行点评。

思考与练习

一、基本知识巩固

1.关键词和术语

市场营销环境：影响企业生存与发展的各种外部条件，即作用于企业营销活动的一切外界因素和力量。

市场营销机会：指环境中出现的对企业极富吸引力的变化趋势。

环境威胁：指环境中不利的发展趋势对企业营销活动形成的挑战，对企业市场地位构成的威胁。

竞争者：向企业所服务的市场提供相同或类似产品并对企业构成威胁的其他企业或个人。

公众：对企业实现其目标具有实际或潜在利害关系和影响力的一切团体和个人。

恩格尔系数：食物支出总额占个人消费支出总额的比重称为恩格尔系数，其是衡量家庭、社会、阶层乃至国家富裕程度的一个重要指标。

2.选择题

扫码同步测2

□ 单项选择题

（1）供应商是指向企业及其竞争者提供原材料、设备、零部件、能源、劳动力、资金等资源的（　　　）。

A.企业　　　　　　B.个人　　　　　　C.组织　　　　　　D.企业和个人

（2）竞争者是指向企业所服务的市场提供相同或类似产品并对企业构成威胁的（　　　）。

A.组织　　　　　　B.其他企业　　　　C.其他企业或个人　D.个人

（3）下列各项中，属于宏观环境因素的是（　　　）。

A.竞争者　　　　　B.公众　　　　　　C.供应者　　　　　D.人口环境

（4）影响消费需求变化的最活跃的因素是（　　　）。

A.可支配收入　　　　　　　　　　　B.可随意支配收入

C.个人收入　　　　　　　　　　　　D.人均国内生产总值

（5）宏观环境的变化，对每一个企业的机会和威胁是（　　　）。

A.不一样的　　　　　　　　　　　　B.一样的

C.机会大、风险小　　　　　　　　　D.机会小、风险大

□ 多项选择题

（1）下列各项中，（　　　）是构成企业微观环境的要素。

A.竞争者　　　　　B.公众　　　　　　C.目标顾客　　　　D.营销中介

（2）购买（　　　）属于可随意支配收入项下的开支。

A.电视机　　　　　B.远程旅游　　　　C.无人机　　　　　D.面包

（3）性别的差异使男女在购买习惯与购买行为上也表现出较大的（　　　）。

A.关联　　　　　　B.区别　　　　　　C.差异　　　　　　D.一致性

（4）政治法律环境包括（　　）。

A.政治环境　　　　　B.道德环境　　　　　C.法律环境　　　　　D.文化环境

（5）企业对环境机会的评价，主要考虑（　　）。

A.企业自身的能力　　　　　　　　B.机会出现的概率

C.潜在吸引力的大小　　　　　　　D.成功可能性的大小

3.判断题

（1）市场营销微观环境涉及很多关联企业，所以它是不可控制的因素。　　（　　）

（2）恩格尔系数越高，人们的生活水平就越高。　　（　　）

（3）消费者有了"个人收入"，意味着他想怎么花钱就可以怎么花钱。　　（　　）

（4）自然环境的优劣不仅影响企业的生产经营活动，而且影响一个国家的经济结构和发展水平。　　（　　）

（5）企业及其参与者都是在一个大的宏观环境中运作的，这个环境中的各种因素对企业来讲既产生机遇，也造成威胁。　　（　　）

4.简答题

（1）市场营销环境有何特征？为什么要分析市场营销环境？

（2）市场营销微观环境的主要因素有哪些？请简要分析。

（3）市场营销宏观环境的主要因素有哪些？任举一方面分析其对市场营销的影响。

二、基本能力提升

1.案例分析

烟草公司的环境变化

背景与情境：

某烟草公司通过其市场营销信息系统和市场营销研究，了解到以下动向足以影响其业务经营。

（1）有些国家政府颁布了法令，规定所有的香烟广告及包装上都必须印上关于吸烟危害健康的严重警告。

（2）有些国家的某些地方政府禁止在公共场所吸烟。

（3）部分国家吸烟人数呈下降趋势。

（4）该烟草公司的研究实验室很快发明了用莴苣叶制造无害烟叶的方法。

（5）吸烟者中青年人所占比例最高。

思考：

（1）以上所列哪些是烟草公司遇到的机会？哪些是烟草公司面临的威胁？

（2）请对该烟草公司的营销环境进行综合分析。

（3）面对市场机会和环境威胁，该烟草公司应该采取什么对策？

2.营销实训

企业市场营销环境调查

背景与情境：

假如你是某企业的市场营销人员，面对复杂多变的市场营销环境，请从下列行业中选择一个行业进行实地调查：快捷酒店、中小型饭店、旅行社、快递业、客运公司、影楼、干洗店、汽车经销商、家政服务业、连锁便利店等。

训练目标：

（1）素质目标：提高学生关注企业、关注企业市场营销环境变化对企业的影响的意识。

（2）能力目标：提高学生对企业市场营销环境影响的监测和分析判断能力，以及把握市场机会和规避威胁的能力。

（3）知识目标：通过实训，能正确认识和理解市场营销环境及其对企业经营发展的影响。

实训步骤：

（1）每组4人，其中1人担任组长，由组长认真组织组员讨论，合理分工，各负其责，相互配合完成实训任务。

（2）选择一个行业进行调查，列出至少3种主要的环境机会和环境威胁；就企业的市场营销环境状况进行归纳分析。

（3）实地调查前要从网络、图书馆等渠道收集企业市场营销环境的相关资料。

实训成果及要求：

每组写一篇实训报告（800～1 200字），报告要详细说明组员分工和调查了哪个行业，列出3种主要的环境机会和环境威胁，并说明这些环境机会如何推动企业的发展，面临这些环境威胁企业又应制定怎样的应对策略。

操作流程：

"企业市场营销环境调查"实训项目操作流程如图2-6所示。

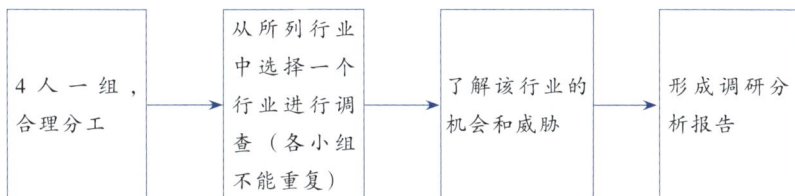

图2-6　"企业市场营销环境调查"实训项目操作流程图

实训时间：

在学生开始学习本项目内容时，即可对学生分组，布置本次实训任务，让学生利用课余时间去收集资料，并积极撰写调研报告。在学生完成本项目学习后，用2个课时让各小组介绍并展示本组报告，其他组同学可以发表个人意见，最后由老师点评。经过展示点评，各组认真修改、完善自己的实训报告，并把修改后的报告在班级微信平台上展示交流。

实训评价：

"企业市场营销环境调查"实训项目评价表见表2-1。

表 2-1   **"企业市场营销环境调查"实训项目评价表**

项目	评价标准	分值（分）	小组个人自评（30%）	小组成员互评（30%）	教师评价（40%）	小计（分）
素养培养（∑30）	参与实训的态度端正，积极性高，小组合作意识强，纪律性强，小组讨论积极踊跃	10				
	养成细致、严谨的工作作风，能主动提出关于市场营销环境调查工作的相关问题	10				
	能够结合企业市场营销环境调研，认识市场营销环境对企业经营和发展的价值	10				
能力提升（∑20）	能够将所学的营销知识运用到实训任务中，学以致用	10				
	能够系统收集到所选择行业的实际影响因素；能够区分微观环境与宏观环境；能够区分机会和威胁	10				
知识应用（∑20）	能正确认识和理解企业市场营销环境及影响其的相关因素	10				
	正确认识微观环境与宏观环境；能够对企业所面临的市场营销环境进行分析	10				
项目成果展示（∑30）	能够独立完成实训任务且及时、主动，并能主动提出问题，解决问题	10				
	《市场营销环境调查报告》结构完整，陈述语言规范，报告无错别字，观点正确	10				
	《市场营销环境调查报告》展示汇报形式新颖，语速恰当，有感染力	10				
合计		100				

消费者需求分析

项目概述

　　企业的市场营销活动都是围绕着消费者进行的。满足消费者的需求，既是市场营销活动的出发点，也是市场营销活动的归宿。成功的企业把分析研究消费者的需求作为制订营销计划、实施营销战略的前提。为了更好地为消费者服务，体现顾客至上的经营理念，企业必须充分认识和了解消费者需求的特点、消费者的购买动机，并对消费者的购买行为进行全面的分析。本项目将围绕消费者的需求、购买动机、购买行为等内容展开介绍。

项目结构

消费者需求分析

消费者需求和购买动机
- 消费者需求的内容和特点
- 消费者购买动机

消费者购买行为
- 影响消费者购买行为的主要因素
- 消费者购买决策的过程
- 消费者购买决策的内容
- 消费者购买行为的类型

任务一　消费者需求和购买动机

任务目标

知识目标：通过本任务的知识学习，能熟悉消费者需求的基本内容，把握消费者需求的特点和购买动机的分类等知识。

能力目标：通过"任务导入"及"教学互动"等教学环节，发挥主观能动性，提高自主学习的意识。结合"案例解析"和"创新实践"等活动，培养分析消费者需求、把握购买动机、制定市场营销策略的专业能力。

素质目标：通过本任务的知识学习、"案例解析"、"素质提升"和"创新实践"等教学活动，树立正确的需求观、消费观和价值观。人的需求是无止境的，结合"你幸福吗"的阅读与思考，树立远大理想，志存高远，有精神，有思想，有信念，有追求。通过分析"八哥'营销'"案例，在与消费者沟通时能自觉践行营销职业道德和营销伦理。

任务导入

广东凉茶遭遇水土不服

背景与情境：

张老板在北京开了一家广东凉茶馆，不想开业3个月后，经营就陷入困境。大部分顾客都是奔着新鲜来喝上一杯，回头客极少。张老板在向北京消费者宣传其广东凉茶的鲜明特色时，忽视了北京消费者是否会接受这一特色，其经营陷入困境也是理所当然了。

凉茶起源于岭南地区，因为广东、广西属于典型的亚热带气候，夏季炎热，多雨潮湿，偏于湿热，炎热时间比较长，很容易令人生"热气"，即北方人所说的"上火"。人们为了除湿去热，便将一些清热消暑、去湿解毒的中草药配成各式各样的凉茶。北方的气候四季分明，冬天寒冷，春季干燥，夏季炎热少雨，秋季天气凉爽，干燥的气候特征使得消费者对上火的认识不广泛，对凉茶的需求不是很旺盛。传统的广东凉茶口味很淡，而且有一点苦涩，北方人很难习惯。

广东凉茶的推广也需要时间。凉茶是岭南文化的产物，由于色、味以及制作工艺都与中药类似，因此大多数外地市场的消费者都将凉茶等同于中药。北京消费者需要时间了解和接受凉茶文化。

资料来源　作者根据相关资料整理而成.

思考：

（1）这则案例说明了什么？

（2）企业在开拓市场时应注意什么？

学一学

一、消费者需求的内容和特点

需求是指人们感到自己某种欠缺而力求获得满足的一种心理状态。消费者需求是指消费者在一定的社会经济条件下，为了自身的生存与发展而对某一产品或服务的渴望与欲望。消费者需求通常以对商品或服务的愿望、意向、兴趣、理想等形式表现出来。

（一）消费者需求的内容

由于消费者主观欲望的个性化越来越强，外部环境又十分复杂多变，因此消费者需求的内容也多种多样。为了便于了解，可按以下四个标准对消费者需求进行划分：

1.按照需求的产生和起源，可以分为生理性需求和社会性需求

（1）生理性需求。生理性需求是指人们为了维持和发展个体生命而产生的对客观事物的需求和欲望，如饮食、睡眠、休息、运动、御寒等。生理性需求是人类所共有的，甚至是动物也有的。

（2）社会性需求。社会性需求是指人类社会在发展过程中形成的一些需求，它受到政治、经济、文化、地域和民族等因素的制约。

2.按照需求的性质，可以分为物质需求和精神需求

（1）物质需求。物质需求是指人们对物质对象的欲望和要求，如对衣、食、住、行等有关物品的需求，对劳动工具、劳动对象的需求等。随着社会生产力的发展和科学技术的进步，人的物质需求也在不断丰富与发展。

（2）精神需求。精神需求是指人们对社会精神生活的需求，如对知识、艺术、道德、宗教以及美的需求等。精神需求是高层次的需求，它是人们学习科学知识、追求真理、探索自然和社会发展规律的动力。

3.按照需求的层次，可以分为生存需求、享受需求和发展需求

（1）生存需求。生存需求是指人们为了维持机体生命及生产而产生的对基本生活用品的欲望和要求，如对粮食、服装、住房等的需求。生存需求是人类最基本的需求。

（2）享受需求。享受需求是指人们为了增添生活情趣、实现感官和精神愉悦而产生的各种欲望和要求，如对电视、冰箱、高档衣料、装饰品、奢侈品等供娱乐、休闲用的各种消费品及服务的需求。享受需求不是人类生存所必需的，但是随着生产力水平的提高和科学技术的进步，其在人类各种需求中所占的地位变得越来越重要。

（3）发展需求。发展需求是指人们为了发展智力和体力、提高个人才能、实现人生价值而产生的欲望和要求，如对书籍、学习机、电脑、滋补品等的需求。当人们的生存需求、享受需求得到基本满足之后，发展需求就显得突出了。

4.按照需求由低级到高级的顺序，可以分为生理需求、安全需求、社交需求、尊重需求和自我实现的需求（由美国人本主义心理学家马斯洛提出）

（1）生理需求。生理需求是指维持个体生存和人类繁衍而产生的需求，如对食

物、氧气、水、睡眠等的需求。

（2）安全需求。安全需求是指在生理及心理方面免受伤害，获得保护、照顾和安全感的需求，如要求健康的人身，安全、有序的环境，稳定的职业和有保障的生活等。

（3）社交需求。社交需求是指归属和爱的需求，如希望给予或接受他人的友谊、关怀和爱护，希望得到某些群体的承认、接纳和重视等。

（4）尊重需求。尊重需求是指希望获得荣誉、受到尊重和尊敬、博得好评、得到一定的社会地位的需求。尊重需求是与个人的荣辱感紧密联系在一起的，它涉及独立、自信、自由、地位、名誉、被人尊重等多方面的内容。

（5）自我实现的需求。自我实现的需求是指希望充分发挥自己的潜能、实现自己的理想和抱负的需求。自我实现的需求是人类最高级的需求，它涉及求知、审美、创造、成就等内容。

（二）消费者需求的特点

拓展阅读3-1

抓住家电消费
升级新机遇

1.需求的多样性和差异性

全社会所有的人口，都是消费品市场的购买者，人多面广，需求广泛，潜力巨大。同时，受消费者自身的状况和所处消费环境的影响，不同的消费者在年龄、性别、民族传统、宗教信仰、生活方式、文化水平、经济条件、个性特征、所处地域的社会环境等方面的主客观条件千差万别，由此形成了多种多样的消费需求。每个消费者都按照自己的需求选择、购买和评价商品，或经济实用，或新潮流行，或美观新颖，这些都鲜明地显示出不同消费者需求的差异性。

拓展阅读3-2

读懂消费者才是
真"智慧"

2.需求的层次性和发展性

消费者对商品和服务的需求是有层次的，其中既包括充饥、御寒、安全等生理方面的需求，也包括受人尊重、实现自我、发展自我等精神方面的需求。通常，消费者必须首先满足生理方面的需求，在生理方面的需求得到满足的基础上，才能追求精神方面需求的满足。当然，在特殊情况下，需求的满足顺序也会发生改变，即消费者可以跨越生理方面的需求，首先满足自己精神方面的需求。

就发展性而言，消费者的需求是一个由低级向高级、由简单向复杂不断发展的过程。在生产力水平低下、物质产品匮乏的情况下，人们更多地关注基本的生理需求的满足。当社会提供的物质产品日益丰富时，人们需求的内容也日益扩展，特别是在现代社会，科学技术和生产力更加先进，物质产品极为丰富，新的消费领域、新的消费方式不断涌现，人们的消费需求在内容、层次上不断更新和发展，如吃要营养可口、穿要时尚漂亮、住要宽敞舒适、用要高档优质，还要通过各种有形、无形产品的消费满足社交、尊重、情感、审美、求知、实现自我价值等多方面的高层次的需求。

3.需求的小型性和重复性

在现代社会，家庭结构变化很大，"四世同堂"的现象已十分罕见。家庭小型化导致消费者出现小型购买的特点，由于购买量小，就必须经常重复购买，因此，消费者购买的重复性及小型性十分突出。在市场营销活动中，产品的容量、包装、设计必须与此相适应。

4.需求的伸缩性和周期性

消费者对商品的购买决策会随着自身收入水平的变化、市场供求的变化、价格的变化或储蓄、信贷等的影响而发生一定程度的变化，这就是购买的伸缩性。例如，高档耐用消费品对消费者来说，不像日用品那样必不可少，可买可不买，选择性大，因而伸缩性也比较大。

此外，消费者的需求还具有周期性，一些需求在获得满足后，在一定时期内不再产生，但随着时间的推移还会重新出现，并显示出明显的周期性。例如，食品的需求周期具有时间短、循环快、重复性高等特点；服装的需求周期直接受气候变化的影响，表现出明显的季节性；某些流行时尚的变化周期则具有不确定性。

5.需求的可变性和可诱导性

消费者的需求不是一成不变的，无论何种内容、层次的需求，都会因社会环境的变化而发生改变。因此，消费者的需求具有可诱导性，即可以通过人为地、有意识地给予外部诱因或改变环境状况，诱使和引导消费者的需求按照预期的目标发生变化和转移。

6.需求的连带性和替代性

不少消费品的需求是具有连带性的，即购买某种商品时，需要附带购买一系列其他相关商品。例如，购买一部手机，就需要购买流量、手机套等。对这些具有连带性的相关商品进行科学合理的配套，不仅会给消费者提供方便，而且可以扩大商品的销售。

另外，不少商品的购买具有替代性，如饮料的出现对传统茶叶市场的冲击和替代、浴液对香皂的替代等。这就意味着某种产品的销量增加，与此相关的被替代品的销量就会相应减少。因此，及时掌握商品的更新换代趋势，及时调整商品的品种，是企业必须时刻注意的问题。

因此，企业在开展市场营销活动时，一定要深入市场，认真调查研究消费者需求的特点，针对不同的特点制订相应的营销方案。

教学互动3-1

互动内容：

从20世纪70年代的"老三件"——手表、缝纫机、自行车，到80年代的"新三件"——彩电、冰箱、洗衣机，作为中国人消费水平标志的"三大件"，其内容在不断更新。目前有什么标志性的消费品可以作为新时代家庭消费的"三大件"？

互动要求：

请每位参与互动的同学结合所学的内容独立思考，积极陈述自己的见解，也可以和周围的同学简单沟通后回答。

二、消费者购买动机

重难点微课3-1

消费者购买动机

所谓动机，是指引起行为的原动力，任何人的任何活动都是在动机的支配下进行的，没有动机就没有行为。消费者购买动机，是指能够引起消费者购买某一商品或选择某一目标的内在驱动力。购买动机是在消费者需求的基础上产生的，它是引发消费者购买行为的直接原因和动力。消费者的需求是多种多样的，其购买动机也是多种多样的，具体可分为以下三类：

（一）生理性购买动机

生理性购买动机即由人类生理本能引起的购买动机，也称本能动机。俗话说，饥思食，渴思饮，乏思止。为了保持和延续生命，人类都有吃饭、穿衣、休息、繁衍后代等生理本能。生理性购买动机主要包括维持生命动机、保护生命动机、延续生命动机、发展生命动机等。一般来讲，在生理性购买动机驱动下的购买行为，具有经常性、重复性等特点。

（二）心理性购买动机

由人们的认知、感情和意志等心理活动而引起的动机，称为心理性购买动机。它是消费者为了满足社交、友谊、娱乐、享受和事业发展的需求而产生的购买动机。心理性购买动机包括感情动机、理智动机、信任动机等。

1.感情动机

感情动机是指由人的情绪和情感而引起的购买动机。

2.理智动机

理智动机是指消费者对商品进行认知和分析后产生的购买动机。它不受感情支配，冷静慎重。

3.信任动机

信任动机又称惠顾动机，是指基于感情和理智的经验，消费者对某个特定的商店或某个特定的产品，产生了一种特殊的偏爱和信任，在近乎习惯性的无条件反射的情况下产生的购买动机。

教学互动3-2

互动内容：

你在购买商品的过程中有信任动机的表现吗？为什么会产生信任动机？

互动要求：

请每位参与互动的同学结合所学的内容独立思考，积极陈述自己的见解，也可以和周围的同学简单沟通后回答。

（三）个性购买动机

在实际生活中，由于需要、兴趣、爱好、性格和价值观不同，因此消费者在购买商品时的心理活动要错综复杂得多。一般常见的、具体的个性购买动机大体上有以下十种：

1. 求实动机

求实动机是指以注重商品的实际使用价值为主要特征的购买动机。这种购买动机并不一定与消费者的收入水平有必然联系，它主要取决于个人的价值观念和消费态度。

2. 求廉动机

求廉动机是指以注重商品价格低廉为主要特征的购买动机。持有这种购买动机的消费者在选购商品时，会对商品价格进行仔细比较，在不同品牌或外观质量相似的同类商品中，会尽量选择价格较低的商品。求廉动机固然与收入水平较低有关，但对于大多数消费者来说，以较少的支出获取较大的收益是一种具有普遍性的动机。

3. 求新动机

求新动机是指以追求新颖别致的商品为主要特征的购买动机。这类消费者一般思想活跃、性格开朗，喜欢接受新事物，具有一定的购买力，敢于大胆尝试，引领潮流。

4. 求便动机

求便动机是指以追求便利为主要特征的购买动机。追求便利是现代消费者提高生活质量的重要内容。受这一动机的驱动，人们把购买目标指向可以降低家务劳动强度的各种商品和劳务，如洗衣机、洗碗机、方便食品、家政服务等。为了方便购买，节约购买时间，越来越多的消费者采用电话购物、电视购物、网络购物等现代购物方式。

5. 求美动机

求美动机是指以追求商品的美观、讲究商品的艺术价值或欣赏价值为主要特征的购买动机。追求美好事物是人类的天性。例如，通过款式、色彩协调的服装搭配美化自我形象，选购家庭装饰用品美化居住环境，以及对美容、美发服务的消费等，都是求美动机的体现。

6. 求名动机

求名动机是指以仰慕优质名牌商品为主要特征的购买动机。这类消费者一般是高收入者。求名动机不仅可以满足消费者追求名望的心理需要，而且能够降低购买风险，加快商品选择过程，因此在品牌差异较大的商品如家电、服装、化妆品的购买中，求名动机成为带有普遍性的主导动机。

7. 求安动机

求安动机是指出于安全性能和是否有益于身心健康的考虑而产生的购买动机。消费者不仅要求商品在使用过程中安全性能高，如家用电器不出现意外事故、化妆品不含有毒物质等，而且刻意选购具有防卫安保性能的产品及服务，如保险、保镖等。与此同时，追求健康的动机日益成为消费者的主导性动机，在这一动机的驱动下，选购医药品、营养品、保健品、健身产品已经成为现代消费者经常性的购买行为。

8.好胜心动机

好胜心动机是指因好胜心、与他人攀比不甘落后而形成的购买动机。持有这种动机的消费者在购买某种商品时，往往不是出于实际需要，而是为了争强好胜，赶上他人甚至超过他人，以求得心理上的平衡和满足。这种购买动机具有偶然性和浓厚的感情色彩，购买行为具有一定的冲动性和盲目性。

9.同步动机

同步动机是指为了与别人保持一致而产生的购买动机，也称模仿动机或从众动机。持有同步动机的消费者的购买行为受他人影响较大，希望同左邻右舍、亲戚同事在消费中保持一致的水平。一般而言，普通消费者的模仿对象多是社会名流或其崇拜、仰慕的偶像。电视广告中经常出现某些歌星、影星、体育明星使用某种产品的画面或镜头，其目的之一就是刺激受众的同步动机，促进产品销售。

10.好奇动机

好奇动机是指在好奇心的驱使下产生的购买动机。

案例解析3-1　　　　　　　　　　　　　　　　**八哥"营销"**

背景与情境：

在一家干果店门口，总是会聚集一些人，一只美丽的八哥鸟站在横木棒上，嘴里不停地叫："买干果，五元一袋。"顾客拿出一张五元钱，八哥鸟用嘴衔着飞到柜台上放下钱，然后飞回来，有时还会把干果用嘴衔着送到顾客手里。人们被这只训练有素的八哥鸟吸引。有的人觉得好玩，一连买了10袋干果。小店生意非常兴隆，许多人跑了很远的路来找八哥买干果。

思考：

（1）这里利用了消费者什么样的购买动机？对你有何启发？

（2）你还能举出其他的例子吗？

讨论分析：

个人：请每位同学认真思考八哥"营销"案例的内容，把自己对案例的思考写在固定的学习本上。

小组：请同学们每6人为一组，小组每个成员都要在小组内交流自己的想法，然后共同讨论，形成小组意见，准备在班级交流。

班级：每个小组选1位代表在班级发言，陈述本组观点。

老师：老师记录各小组的陈述要点，最后进行点评。

做一做

【素质提升3-1】

"你幸福吗"

背景与情境：

中央电视台曾发起过一个以"你幸福吗"为主题的采访活动，面对镜头，被采访者的回答五花八门。尽管幸福难以名状，但人们对幸福的追求是无止境的，这与美国心理学家马斯洛提出的需求层次理论相对应。

生理需求就是饥有所食、寒有所衣、住有所居、病有所医、老有所养，这是人活着的最基本的需求，也是人最基本的人权。当生理需求得到满足后，人便有了最基本的幸福感，接下来便会产生对安全的需求，即要求一个没有威胁的生存环境，过安宁的生活，这也就是央视做幸福调查时一位受访者所说的"生活有保障，没有后顾之忧"。此时，安全感就成了衡量人幸福与否的一个新的指标。人是感情动物，生理需求和安全需求一旦得到满足，便有了对幸福的新的追求，那就是情感需求：家庭成员之间的关爱、朋友之间的友谊、社区邻里之间的和睦。人对感情的需求，其实就是一个"爱"字。人只有感受到有人、有组织、有社会的关爱，才会感到幸福。

人对幸福的追求不会仅停留在满足前三个层次的需求上，人还有被尊重的需求，即要求得到社会的尊重，实现自己的社会属性，成为一个"公民"，这也是和谐社会的基本标志。最让人有幸福感的是满足自我实现的需求，自我实现的需求是人最高层次的需求，它是指人在不受胁迫、没有外部压力的情况下，自由地做自己喜欢的事情，并达到自己设定的目标。从主观上讲，它能让人的各种潜能得到彻底发挥；从客观上讲，它促进了社会文明的发展。人类历史上众多的发明创造和新思想、新流派的产生，都是在个人的自我实现中形成的。

思考：

（1）对于你来说，什么是幸福？

（2）从营销伦理和职业道德的角度分析，企业应如何满足消费者的不同需求？

（3）人的需求是无止境的，企业在满足消费者物质需求的同时，还应该关注哪些方面？

分析要求：

（1）学生分组讨论；

（2）每个学生结合问题进行小组讨论，形成小组观点；

（3）全班交流，各小组选派代表在班级陈述本组观点；

（4）教师对各组陈述的观点进行点评；

（5）把经过修改且附有教师点评的各小组观点展示在班级本课程平台上。

【创新实践3-1】

（1）列出你目前想满足的5个需求。

（2）哪些是可以满足的需求？哪些是暂时不能满足的需求？

（3）对暂时不能满足的需求，你有什么打算？

（4）你对目前的生活满意吗？你觉得自己幸福吗？

分析要求：

（1）学生独立思考，形成有创新点的分析结论；

（2）全班交流，学生在班级内陈述自己的分析结论；

（3）结合学生创新能力培养，教师对学生陈述的分析结论进行点评。

任务二 消费者购买行为

任务目标

知识目标：通过本任务的知识学习，能了解影响消费者购买行为的主要因素，熟悉消费者购买决策的过程，了解消费者购买决策的相关内容，认知消费者购买行为的类型等知识。

能力目标：通过本任务的"案例解析"、"素质提升"和"创新实践"，培养在服务消费者的过程中与顾客沟通交流的能力，以及对消费者的购买行为进行分析的专业能力。

素质目标：通过本任务的知识学习、"案例解析"、"素质提升"和"创新实践"等教学活动，培养全面地分析问题、解决问题的逻辑思维能力和职业核心素养。结合"戴安娜王妃"案例的思考与分析，践行营销道德和营销伦理，树立正确的营销理念。结合"创新实践"和"营销实训"，提高营销创新意识和标准意识。

任务导入

从豆浆到维他奶

背景与情境：

一碗豆浆、两根油条是三顿美餐中的第一餐，这是长期以来许多中国人形成的饮食习惯。

但是现在，在美国、加拿大、澳大利亚等国的超级市场上，豆浆与可乐、七喜等国际饮品并列排放，且价高位重，有形有派。当然，现在它改了名，叫维他奶。这是中国香港一家有50年历史的豆制品公司为了将街坊饮品变成一种国际饮品，顺应不断变化的价值观念和现代人的生活方式，不断改善其产品形象而特意设计的。50年前，香港人的生活不富裕，营养不良，各种疾病很普遍。当时公司生产维他奶，就是要为营养不良的人提供一种既便宜又有营养价值的牛奶代用品———一种穷人的"牛奶"。

可是到了20世纪70年代，香港人的生活水平大大提高，营养对一般人来说并不缺乏，人们反而担心营养过剩的问题。如果此时还标榜"穷人的牛奶"，那么喝了不就掉价了吗？70年代中期，豆奶公司试图把维他奶树立为年轻人消费品形象，使它能像其他洋汽水一样，与年轻人多姿多彩的生活息息相关。这一时期的广告摒除了"解渴、营养、充饥"或"令你更高、更强、更健美"等字眼，而以"岂止像汽水那么简单"为代表。1983年，公司又推出一个电视广告，背景为现代化城市，一群年轻人拿着维他奶随着明快的音乐跳舞……可以说，这一时期的维他奶是一种"消闲饮品"的形象。后来的广告又突出它亲切、温情的一面，突出香港本土文化，努力打造香港饮食文化代表作。由此，维他奶又开始树立一个"经典饮品"的形象。

在同一时间，维他奶开始进入国际市场。在美国，维他奶被标榜为高档天然饮品。标榜高档天然饮品当然受美国人欢迎。在今天的美国市场，维他奶强调的是与牛奶不同的地方（维他奶具有牛奶所有的营养，而没有牛奶那么多的动物脂肪），其价格也比牛奶低。

资料来源 佚名. 市场营销学课件：消费者购买行为［EB/OL］.［2019-08-20］. https://wenku.baidu.com/view/fa16915d4128915f804d2b160b4e767f5acf809a.html.

思考：

（1）上述案例说明了什么道理？为什么？

（2）结合消费者的购买行为，谈谈对你的启发。

学一学

一、影响消费者购买行为的主要因素

消费者的购买行为主要受文化、社会、个人和心理等因素的影响，如图 3-1 所示。这些因素大部分是市场营销人员无法控制的，分析消费者购买行为又必须考虑这些因素。

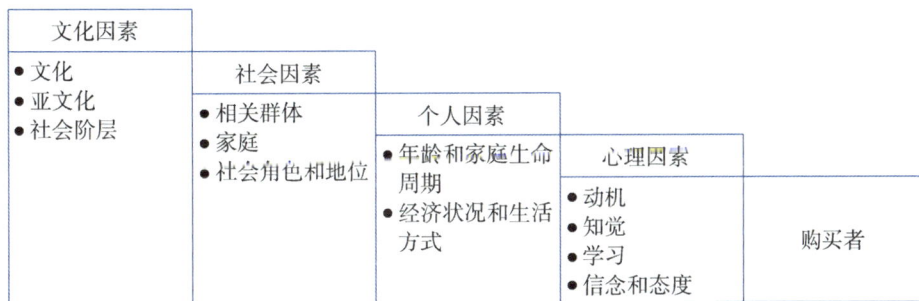

图 3-1 消费者购买行为的影响因素

（一）文化因素

文化对消费者的购买行为具有广泛而深远的影响，市场营销人员需要了解文化、亚文化和社会阶层在购买行为中所起的作用。

1.文化

文化是人类欲望和行为最基本的决定因素，人类的行为大部分是通过学习得来的。比如儿童通过其家庭和其他机构的社会化过程，学到基本的价值、知觉、偏好和行为的整体观念。

2.亚文化

每一种文化下面都包括更小的亚文化，主要有：民族亚文化群体、宗教亚文化群体、地理亚文化群体等。我国是一个多民族国家，每个民族都有自己不同的民族习惯和生活方式，南方、北方、沿海、内地也都有各自的风俗习惯。

3.社会阶层

社会阶层是指由具有相同或类似社会地位的社会成员组成的相对持久的群体。同一阶层的消费者在行为、态度和价值观念等方面具有同质性，不同阶层的消费者在这些方面存在较大的差异。因此，市场营销人员可以集中主要力量为某些阶层服务。

（二）社会因素

消费者的购买行为也受社会因素的影响，如消费者所属的群体、社会角色和地位等。

1.相关群体

相关群体是指对个人的态度、意见和观点有直接影响的群体。人们的生活方式和偏好不是天生的，而是后天形成的，它无时无处不受相关群体的影响。

（1）主要群体：对个人影响最大的群体，如家庭、朋友、邻居、同事等。

（2）次要群体：对个人影响较次一级的群体，包括宗教组织、各类专业协会和团体等。

（3）崇拜性群体：个人并不直接参加，但受影响显著且希望从属的群体，如社会名人、英雄模范、艺术名家等。

市场营销人员必须注意识别目标顾客的相关群体。相关群体对消费者有重大影响，具体表现为：第一，使目标顾客受到新的行为和生活方式的影响；第二，影响目标顾客的态度和自我概念，因为目标顾客总是迎合群体；第三，相关群体会产生某种趋于一致的压力，影响目标顾客对产品和品牌的选择。例如，加入某一球迷俱乐部，不仅要参加该俱乐部的活动，还要购买与该俱乐部的形象相一致的产品。

消费者往往以个人或家庭为单位购买产品，家庭成员会极大地影响购买行为。家庭中不同成员对购买决策的影响往往由家庭特点决定，家庭特点可以从家庭权威中心点、家庭成员的文化与社会阶层等方面进行分析。

2.社会角色和地位

一个人在社会中属于许多群体，如家庭、企业、俱乐部和各类组织，个人在群体中的位置可以用角色和地位来确定。角色是指周围的人对一个人的要求或一个人在各种不同的场合应起的作用，每个角色都可以传递一种地位，从而反映出社会给予一个人的尊重程度。例如，你在女儿面前是母亲，在丈夫面前是妻子，在企业里是品牌经理。消费者做出购买决策时，往往会考虑自己的身份和地位，企业把自己的产品或品牌变成某种身份和地位的象征，将会吸引特定的目标消费者。

（三）个人因素

消费者的决策也受个人因素的影响，包括年龄和家庭生命周期、经济状况和生活方式、职业、个性和自我概念。

1.年龄和家庭生命周期

不同年龄的消费者，由于生活经历、习惯、爱好和兴趣等方面的差异，对商品有不同的需求和偏好。家庭生命周期是指一个以家长为代表的家庭，从组建到子女独立的发展过程。根据购买者的年龄、婚姻和子女等状况，其家庭生命周期大体可分为七个阶段：

（1）单身阶段：年轻、单身，主要花费在食品、书籍、时装、社交或娱乐上。

（2）新婚阶段：年轻夫妇，没有孩子，需要购买家具、家电等耐用消费品。

（3）满巢期Ⅰ：年轻夫妇，有6岁以下的幼儿，与哺育下一代有关的消费支出较大，如购买婴儿食品、玩具等。

（4）满巢期Ⅱ：年轻夫妇，有6岁或6岁以上的孩子，在孩子的培养教育方面有更多的支出。

（5）满巢期Ⅲ：年纪较大的夫妇，有未独立的孩子，在体育用品、服装、交通工具、耐用消费品的更新等方面需求较多。

（6）空巢期：年纪较大的夫妇，与子女已分居，经济负担减轻，消费数量减少，消费质量提高，保健、旅游、医疗、生活服务和老年社交等成为消费的重点。

（7）鳏寡阶段：年老、单身，即失去配偶后只剩下一位老人的家庭。医疗保健、生活服务、老年社交等成为消费重点。

教学互动3-3

互动内容：

结合本地习俗，分析处在不同生命周期阶段的家庭，其消费和购买行为有什么不同。

互动要求：

请每位参与互动的同学结合所学的内容独立思考，积极陈述自己的见解，也可以和周围的同学简单沟通后回答。

2.经济状况和生活方式

消费者的经济状况是指消费者的收入情况（包括购买者的收入水平、稳定性、时间）、储蓄和资产情况（包括有多少现款和流动资产）以及借贷能力。经济状况决定了消费者购买能力的大小，因此在很大程度上制约着消费者的购买行为。

生活方式是指一个人在生活方面表现出的兴趣、观念以及参加的活动。不同生活方式的消费者，对商品有不同的需要。一个消费者的生活方式发生变化后，就会产生新的需要。例如，当女性作为家庭主妇时，她们一般需要较舒适的服装；当她们上班工作时，就需要较体面的服装，需要交通工具等商品。所以，消费者的生活方式也是影响其需要和购买行为的一个因素。

（四）心理因素

消费者的购买行为受到动机、知觉、学习、信念以及态度等主要心理因素的影响。

1.动机

人们的行为是受动机支配的，而动机是由需求引起的。因此，动机是促使人们为满足某种需求而采取行动的内在驱动力量。

2.知觉

知觉是指通过感觉器官，对外界刺激的反应。消费者通过视觉、听觉、嗅觉、触觉和味觉五种感官来获取信息，人们对相同的刺激物可以形成不同的知觉。

3.学习

人类的行为有些是本能和与生俱来的，但大多数行为是从后天经验中得来的，即通过学习实践得来的。由于市场营销环境不断变化，新产品、新品牌不断涌现，因此，消费者必须多方收集有关信息之后，才能做出购买决策，这本身就是一个学习的过程。

4.信念和态度

信念是指人们对事物所持的认识。例如，某个消费者可能认为当地百货公司信誉好，购物环境好，服务热情周到，因此愿意经常光顾。人们对商品的信念可建立在不同的基础上，可以基于知识，也可以基于信仰或情感等。不同的信念会导致人们产生不同的态度，如对名牌的争购、对新商品的观望等。信念和态度决定了企业和产品在消费者心目中的形象。市场营销人员应高度重视消费者对本企业或本品牌的信念和态度，如果发现消费者的信念是错误的并且阻碍了其购买行为，就应运用有效的促销活动予以纠正，以促进产品销售。

二、消费者购买决策的过程

消费者从产生购买愿望到完成购买行为，是由若干阶段组成的。消费者购买决策的过程一般可以分为五个阶段，如图3-2所示。

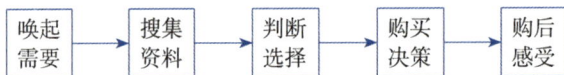

图3-2 消费者购买决策的过程

（一）唤起需要

需要是消费者购买过程的起点。当消费者感到他有一种需要必须得到满足时，购买过程就开始了。需要可以由内在或外在的刺激引起，企业在市场营销活动中应注意唤起需要，如开展广告宣传等活动，以加深消费者对企业产品的印象，这样就可以通过合理、巧妙、恰当的诱因，在适当的时间、地点，以适当的方式唤起需要。

（二）收集资料

消费者认识到自己的消费需求之后，就会考虑"该买什么样的产品""到哪里买"等问题。为了解决这些问题，企业要收集情报资料，寻找商品信息，进行比较选择。消费者的资料信息来源主要有以下四个方面：

1.个人来源

个人来源包括家庭成员、朋友、邻居及其他熟人提供的信息。

2.市场来源

市场来源包括广告宣传、推销员、经销商、商品包装、展示会等各种市场信息提供的资料。

3.社会来源

社会来源包括大众传媒、消费者评估组织等宣传、介绍的各种信息资料。

4.经验来源

经验来源包括消费者从产品的操作、试验或实际使用中得到的经验。

在这个阶段，消费者的主要目标是寻找信息资料。因此，企业一方面应千方百计地告知消费者"我有你要的产品"，并针对消费者寻找信息的渠道，做好商品的广告宣传；另一方面应当搞好商品陈列，主动介绍商品，讲究商品的包装，把消费者的注意力吸引到所需商品上来，促使消费者购买行为的发生。

（三）判断选择

消费者在广泛收集资料后，将对所得信息资料进行整理、分析、研究、对比，并对所要购买的商品进行各方面的评价和判断，包括商品品质、质量、性能、式样、品牌、价格等方面，然后与其他商品进行比较，以选定最有利的商品，做出购买决定。

这个阶段是消费者决定购买的前奏，对买卖双方的交易能否成功具有决定意义。因此，企业在这一阶段应当尽力为消费者提供方便的条件，帮助消费者了解商品的性质、特点、价格、产地、保养和使用方法，市场营销人员应当热情介绍商品，当好消费者的参谋，帮助他们做出购买决定。

（四）购买决策

消费者对商品进行判断选择后，就进入了购买决策阶段。消费者做出的购买决策一般有以下三种情况：一是决定购买；二是延期购买；三是决定不买。购买决策是消费者购买过程中的关键阶段。在这一阶段，企业一方面要向消费者提供更多、更详细的有关产品的情报资料，努力消除消费者的风险感觉；另一方面要通过各种销售服务，如在收款、包装、送货、安装、维修等环节上方便消费者，促使消费者做出购买决策。

（五）购后感受

消费者购买商品以后，通过使用，会对自己的购买选择进行检查和反省，看其是否满足了自己预期的需要。消费者的购后感受通常有三种：满意、基本满意、不满意。如果企业夸大自己产品的优点，消费者就会感受到不能证实的期望，这种不能证实的期望会导致消费者的不满意感。消费者感到十分不满意时，肯定不会再买这种产品，甚至有可能退货或告诉他人不要购买这种产品。所以，消费者的购后感受将直接影响消费者做出是否继续或重复购买的决策。企业在这一阶段除了应完善自己的产品、提高产品质量和性能外，还要加强售后服务，如提供配件供应服务、维修服务、允许产品调换等，保持与顾客的联系，努力培养企业的忠实顾客群。

教学互动3-4

互动内容：

营销界有一个著名的等式，即100-1=0。意思是说，即使100个顾客中有99个顾客对企业的产品或服务表示满意，但其中只要有1个顾客持否定态度，企业的美誉就立即归零。虽然这种比喻是一种夸张的说法，但事实证明：每位非常满意的顾客都会将其满意的感觉告诉至少12个人，其中大约有10个人会产生相同的需求并光顾该企业；相反，1位非常不满意的顾客会把不满的意见告诉至少20个人，当这些人产生相同需求的时候，几乎都不会光顾这一被批评的企业。你是如何理解"最好的广告是满意的顾客"这句话的含义的？

互动要求：

请每位参与互动的同学结合所学的内容独立思考，积极陈述自己的见解，也可以和周围的同学简单沟通后回答。

三、消费者购买决策的内容

消费者购买决策的内容，因人、因条件及所处环境的不同而不同，但所有消费者的购买决策都离不开以下六个方面的内容（简称5W1H）。

重难点微课3-2

消费者购买决策
的内容

（一）购买什么（what）

购买什么即确定购买对象。这是购买决策最基本的任务之一。对于消费者来说，决定购买什么不能只停留在一般产品类别上，必须要明确具体的对象及具体的内容，包括商品的名称、品牌、款式、规格和价格等。比如口渴，不能只决定买液体或固体，还要具体到买什么液体（如纯净水），什么品牌（如"娃哈哈"），哪个厂家生产的等。

（二）为何购买（why）

为何购买即权衡购买动机。消费者的购买动机是推动消费者实现某种购买行为的内在驱动力，它反映了消费者对某种商品的需要。消费者的购买动机是多种多样的，同样购买一台洗衣机，有人是为了节约家务劳动时间，有人是为了规避涨价风险，有人是为了显示地位与富有。

（三）何时购买（when）

何时购买即确定购买时间。这也是购买决策的重要内容，它与主导购买动机的迫切性有关。同时，购买时间也和市场供应状况、营业时间、交通状况和可供消费者支配的闲暇时间有关。对于不同的商品，消费者选择购买的时间常常是不同的。有的商品一天要购买多次，有的商品一年才购买一次，有的商品甚至几年才购买一次。因此，企业在市场营销活动中应注意了解消费者购买商品的时间习惯和规律，以便适时满足消费者的需求。比如季节性的购买，企业应掌握哪些月份、哪些日子、哪段时间购买人数最多，并随时准备充足的货源供消费者选购。

（四）何地购买（where）

何地购买即确定购买地点。分析消费者在何地购买要从两个方面入手，即消费者在何地决定购买以及在何地实际购买。对于高档耐用品，消费者在购买前通常在家中做出决定，然后宁愿多花时间走远点，到繁华的商业区或专卖店选购称心如意的产品；对于日用消费品和一般商品，消费者大多是在现场做出购买决定，并就近购买。所以，购买商品的地点往往与所购商品的类型、数量的多少、价格的高低、商店的远近、交通条件、商家的服务态度等有关。

（五）如何购买（how）

如何购买即确定购买方式，是现场购买还是通过网络购买，是现金支付还是分期付款，或是赊销、自购、托人代购等。消费者如何购买，不仅会影响市场营销活动的状态，而且会影响产品设计、价格政策，以及营销计划的制订和其他经营决策。

（六）谁来购买（who）

谁来购买即购买角色。家庭成员在购买决策中通常扮演着不同的角色，这些角色有发起者、影响者、决策者、购买者、使用者。就许多产品而言，识别购买者是相当容易的。一般来说，剃须刀是男性的选择，化妆品则主要是女性的选择。也有许多产品涉及的决策往往不是一个人能完成的。比如家用汽车，也许购买新车的建议出自儿子或女儿，购买什么类型的汽车来自朋友的推荐，汽车的配置由丈夫选择，妻子则对汽车的外观有明确的要求。在妻子的赞同下，也许由丈夫做出购车的最终决定。不过，新车的最终使用者可能是妻子而不是丈夫。对承担购买任务的购买者进行分析，有利于企业有针对性地制定营销策略，因为这些角色对于设计产品、传递信息和安排促销是有关联意义的。

四、消费者购买行为的类型

在购买活动中，每个消费者的购买行为都与他人存在差异，通过对消费者购买行为进行分类，我们可以全面认识消费者购买行为的特点。

（一）按消费者购买目标的确定程度划分

1.全确定型

这类消费者在进入商店、发生购买行为之前，已有非常明确的购买目标，对所购买商品的种类、品牌、价格、性能、规格、数量等均有具体要求，一旦商品符合需要，便毫不犹豫地买下。他们不需要别人的介绍、帮助和提示，希望以最快的速度完成交易。具有这种购买行为的消费者在实际营销活动中数量较少。

2.半确定型

这类消费者在进入商店之前，已有大致的购买意向和目标，但是这一目标不具体、不明确，直到购买行为实际发生时，需要通过对同类商品的反复比较、选择之后，才能确定购买的具体对象。他们易受他人观点的影响，成交时间长，一般需要提示或介绍，市场营销人员可见机提供建议，以坚定消费者的购买决心。具有这种购买行为的消费者数量众多，是服务的重点对象。

3.不确定型

这类消费者在进入商店、发生购买行为之前，没有任何明确的购买目标。消费者在茶余饭后散步或路过都可能步入商店，漫无目的地浏览参观。所见某一商品、所闻某一商品信息，都可能引发消费者的需要，唤起其购买欲望。一旦有了购买目标，消费者会马上发生购买行为，但有时也可能不买任何东西。能否发生购买行为，取决于商店的内外部环境及消费者的心理状态。对于具有这种购买行为的消费者，市场营销人员应主动热情地服务，尽量引起他们的购买兴趣。

（二）按消费者的购买态度与要求划分

1.习惯型

这类消费者一般依靠过去的购买经验和消费习惯采取购买行为，他们或长期惠顾某商店，或长期使用某品牌、商标的商品。环境变化、年龄增减等都不会改变他们的购买习惯。他们在购买商品时，成交果断，不受时尚潮流的影响，购买行为表现出很强的目的性。

2.理智型

这类消费者善于观察、分析、比较。他们在购买前已经广泛收集所需商品的信息，了解市场行情，经过慎重权衡利弊之后才做出购买决定；购买时表现得理智慎重，不受他人及广告宣传的影响；挑选商品时仔细认真、很有耐心。他们在整个购买过程中保持高度的自主性，并始终由理智来支配行动。

3.经济型

这类消费者对商品的价格非常敏感。以价格高低评价商品优劣的消费者往往在价格和商品质量之间追求一种均衡。一部分消费者认为价格高的商品质量高，价格越高越要买；另一部分消费者则对廉价商品感兴趣，只要价格低便认为合算，削价、优惠价、处理价的商品对这部分消费者具有极强的吸引力。

拓展阅读3-3

直播乱象皆为诱导消费者手段

4.冲动型

这类消费者对外界刺激敏感，心理反应活跃，在外界商品广告、销售人员、他人影响的刺激下，不去进行分析比较，以直观感觉为依据快速购买，新产品、时尚产品对他们的吸引力最大。

5.感情型

这类消费者的心理活动丰富，易兴奋、爱想象，富有感情，联想力也比较丰富，因而在购买时容易受感情支配，也易受到外界环境的感染诱导，往往以商品是否符合自己的情感需要来做出购买决策。

6.疑虑型

这类消费者性格内向、言行谨慎、多疑。他们在购买前三思而后行，购买后还会担心是否上当受骗。

7.随意型

这类消费者或缺乏经验，或缺乏主见，在选购商品时大多表现得优柔寡断，一般都希望销售人员给予提示和帮助。有的消费者在生活上不苛求、不挑剔，表现在购买行为上也比较随意。

　　　　　　　　　　　　购买行为类型分析

背景与情境：

某对夫妇携刚上小学的儿子逛街，经过鞋店时，儿子要求购买在广告中经常出现的 130 元一双的运动鞋，后经夫妇商量并说服儿子买了一双 65 元的运动鞋。

某夫妇周日去电器商城购买电视机，原打算购买长虹牌 55 英寸 HDR 智能金属背板 4K 超清智能液晶电视，但来到卖场以后看到创维牌电视机正在进行促销活动，价格比长虹便宜 380 元，就临时改变了主意，购买了一台创维牌电视机。

思考：

（1）上述两种购买行为各属于哪一种类型？

（2）接待这两类顾客应注意什么问题？

讨论分析：

个人：请每位同学认真思考案例提出的问题，把自己的思考写在固定的学习本上。

小组：请同学们每 6 人为一组，1 人为组长，1 人做记录，小组每个成员都要陈述自己的观点，然后讨论分析，形成小组意见，准备在班级交流。

班级：每个小组选 1 位代表在班级发言，陈述本组观点。

老师：老师记录各小组的重要观点，最后进行点评。

做一做

【素质提升 3-2】

"戴安娜王妃"

背景与情境：

英国戴安娜王妃容貌姣好、仪态端庄，令绝大多数英国人仰慕，她甚至成为青年们崇拜的对象。伦敦一家小型珠宝店的老板凯林顿四处搜寻并遇上了一个酷似戴安娜王妃的时装模特。于是，他重金聘用这个时装模特，对她从服饰、发型、神态到气质都进行了煞费苦心的模仿训练。等到看不出破绽以后，凯林顿便向电视台记者发出暗示，说明晚将有英国"最著名的嘉宾"光临自己的珠宝店，电视台可以前来采访，但在播出时不得加入解说词。于是，在凯林顿的精心策划下，一部轰动伦敦全城的广告剧顺利展现了当晚热烈而非比寻常的场面。很多人忍不住打听珠宝店的地址，想在"戴安娜王妃"来过的店里买一件首饰当作礼品送人。而那些喜欢戴安娜王妃的青年人更是爱屋及乌，络绎不绝地前来购买"王妃"称赞过的各种珠宝。原来生意清淡的小珠宝店顿时门庭若市，生意兴隆。短短一个星期，老板就盈利 10 万英镑，远远超出开业 4 年的利润总和。

资料来源　作者根据相关资料整理而成.

思考：

（1）企业这样营销，抓住了消费者的什么购买动机？

（2）从营销道德和营销伦理的角度来看，珠宝店老板的这种做法你赞同吗？你认为企业应怎么做？

分析要求：

（1）学生分组讨论；

（2）每个学生结合问题进行小组讨论，形成小组观点；

（3）全班交流，各小组选派代表在班级陈述本组观点；

（4）教师对各组陈述的观点进行点评；

（5）把经过修改且附有教师点评的各小组观点展示在班级本课程平台上。

【创新实践3-2】

（1）列出3个你最近购买的产品，并回顾你每次购买活动的过程，说明是什么因素影响了你的决定。

（2）分析你的购买行为属于哪一种类型。

分析要求：

（1）学生独立思考，形成有创新点的分析结论；

（2）全班交流，学生在班级内陈述自己的分析结论；

（3）结合学生创新能力培养，教师对学生陈述的分析结论进行点评。

思考与练习

一、基本知识巩固

1.关键词和术语

消费者需求：消费者在一定的社会经济条件下，为了自身的生存与发展而对某一产品或服务的渴望与欲望。

购买动机：能够引起消费者购买某一商品或选择某一目标的内在驱动力。

信任动机：基于感情和理智的经验，消费者对某个特定的商店或某个特定的产品，产生了一种特殊的偏爱和信任，在近乎习惯性的无条件反射的情况下产生的购买动机。

社会阶层：由具有相同或类似社会地位的社会成员组成的相对持久的群体。

相关群体：指对个人的态度、意见和观点有直接影响的群体。

扫码同步测3

2.选择题

□ 单项选择题

（1）（　　）是产生动机的基础，而动机引发和支配人们的行为。

A. 欲望　　　　　　　　B.需要　　　　　　　　C. 需求　D.行为

（2）一位消费者认为海尔家电好，质量可靠、价格合理，这种购买行为受（　　）影响。

A. 信念和态度　　B.学习和经验　　　C. 社会阶层　　　　D.生活方式

（3）决定消费者是否重复购买和扩大购买最重要的阶段是（　　）阶段。

A. 收集信息　　　　B.购买决策　　　　　C. 判断选择　　　　D.购后评价

（4）不同品牌的牙膏差异明显，消费者购买牙膏的行为最有可能属于（　　）。

A.确定型购买　　　B.习惯型购买　　　　C.理智型购买　　　D.不确定型购买

（5）某食品公司生产的水果罐头，曾一度无人问津。为了摆脱困境，老板想得一巧计——在罐头上印上谜语，并注明打开罐头吃完东西，谜底就在罐底。这一招使得罐头的销售量大增，产品也由滞销变为畅销，从而打开了市场。这利用了消费者的（　　）。

A. 求新动机　　　　B.好奇动机　　　　　C. 求便动机　　　　D.好胜心动机

□ 多项选择题

（1）消费者获取信息的来源主要有（　　）。

A. 社会　　　　　　B.市场　　　　　　　C. 个人　　　　　　D.网络

（2）由人们的知、情、意等共性的心理活动而引起的动机包括（　　）。

A. 信任动机　　　　B.求美动机　　　　　C. 理智动机　　　　D.感情动机

（3）按照消费者购买目标的确定程度，消费者的购买行为可分为（　　）。

A. 全确定性　　　　B.半确定性　　　　　C. 不确定性　　　　D.随意性

（4）消费者需求的特点有（　　）。

A. 多样性和差异性　　　　　　　　B.伸缩性和不可替代性

C. 层次性和发展性　　　　　　　　D.小型性和重复性

（5）影响消费者购买行为的社会因素包括（　　）。

A. 相关群体　　　　B.角色和地位　　　　C. 生活方式　　　　D.家庭

3.判断题

（1）消费者市场的购买者既包括个人或家庭，也包括企业或社会团体。（　　）

（2）每个人都有对衣、食、住、行等的需求，因此所有人的需求都是大体相同的。　　　　　　　　　　　　　　　　　　　　　　　　　　　（　　）

（3）相关群体是人们的社会联系，而家庭是最重要的相关群体。（　　）

（4）一般而言，对家庭的财务贡献越大的家庭成员，在家庭购买决策中的发言权越大。　　　　　　　　　　　　　　　　　　　　　　　　　　（　　）

（5）动机的形成必须以需求为基础，没有需求就没有动机，没有动机就没有行为。　　　　　　　　　　　　　　　　　　　　　　　　　　　（　　）

4.简答题

（1）现代消费需求的基本特征有哪些？举例说明据此应如何制定营销策略。

（2）马斯洛需求层次论的主要内容是什么？这一理论对市场营销活动有何指导意义？

（3）消费者的购买动机可分为哪几类？分别包括哪些主要内容？

（4）消费者购买决策的内容有哪些？

二、基本能力提升

1.案例分析

欧莱雅的网络营销

背景与情境：

随着中国男士使用护肤品习惯的转变，男士美容市场的需求逐渐上升，整个中国男士护肤品市场也逐渐走向成熟，近两年的发展速度更是迅速，越来越多的中国年轻男士护肤已从基本清洁开始发展为护理，美容的成熟消费意识也逐渐开始形成。

欧莱雅经过对中国市场充分调研后推出新品巴黎欧莱雅男士极速激活型护肤露，即欧莱雅男士BB霜，欧莱雅希望迅速占领中国男士BB霜市场，树立其在该领域的品牌地位，并希望打造成为中国年轻男性心目中人气最高的BB霜产品。欧莱雅男士BB霜目标客户定位于18岁到25岁的人群，他们是一群热爱分享，热衷于社交媒体，并已有一定护肤习惯的男士群体。

面对其他男妆品牌主要针对"功能性"诉求的网络传播，麦肯旗下的数字营销公司MRM携手欧莱雅男士将关注点放在中国年轻男性的情感需求上，了解到年轻男士的心态在于一个"先"字，他们想要领先一步，先同龄人一步。因此，设立了"我是先型者"的创意理念。

为了打造该产品的网络知名度，欧莱雅男士针对目标人群，同时开设了名为@型男成长营的微博和微信公众号，开展一轮单纯依靠社交网络和在线电子零售平台的网络营销活动。

（1）在新浪微博上引发了针对男生使用BB霜的接受度的讨论，发现男生以及女生对于男生使用BB霜的接受度都大大高于人们的想象，为传播活动率先奠定了舆论基础。

（2）有了代言人"阮经天"的加入，发表属于他的先型者宣言："我负责有型俊朗，黑管BB霜负责击退油光、毛孔、痘印，我是先型者阮经天"，号召广大网民，通过微博申请试用活动，发表属于自己的先型者宣言。微博营销产生了巨大的参与效应，更将微博参与者转化为品牌的主动传播者。

（3）在京东商城建立了欧莱雅男士BB霜首发专页，开展"占尽先机，万人先型"的首发抢购活动，设立了欧莱雅男士微博部长，为BB霜使用者提供一对一的专属定制服务。另外，特别开通的微信专属平台，每天即时将新品上市、使用教程、前后对比等信息通过微信推送给关注巴黎欧莱雅男士微信公众号的每一位用户。

该活动通过网络营销引发了在线热潮，两个月内，在没有任何传统电视广告投放的情况下，该活动覆盖人群达到3 500万用户，共307 107位用户参与互动，仅来自新浪微博的统计，微博阅读量即达到560万，在整个微博试用活动中，一周内即有超过69 136位男性用户申请了试用，在线的预估销售库存在一周内销售一空。

资料来源　佚名. 欧莱雅案例分析［EB/OL］.［2019-09-20］. http://blog.sina.com.cn/s/blog_18ef1172b0102y94n.html.

思考：

（1）欧莱雅选择中国男妆市场的依据是什么？

（2）欧莱雅在选择中国男妆市场时，注重了影响消费者购买行为的哪些因素？

（3）欧莱雅网络营销抓住了消费者的哪些心理需求和购买动机？

2.营销实训

消费者购买决策和购买行为调查

背景与情境：

学习了市场营销相关知识后，你们对每位消费者的购买心理、购买过程也很感兴趣，你们想了解顾客在实际购买中是依照什么心理和动机，怎样做出购买决策，怎样实施购买的。刚好你们家（同学家、亲戚家）购买了某大件商品。你们很想结合所学的消费者购买决策和购买行为相关知识，对他们这次商品购买心理、购买决策、购买实施、购后感受等进行一下调研。

训练目标：

（1）素质目标：有解决问题的兴趣和热情，能根据调查对象，合理运用语言沟通、礼仪、礼貌等技巧。

（2）能力目标：结合实际购买活动，运用所学的知识，对消费者购买心理、购买动机、购后感受进行总结分析。

（3）知识目标：通过消费者购买决策和购买行为调查活动，加深对消费者需求、购买动机、购买决策、购后感受等有更好的理解和掌握。

实训步骤：

（1）每组2人，人员自选，2人认真讨论，要理清完成本次调查内容必须了解什么内容、按什么方式调查了解，编写本次调查提纲。

（2）可通过电话和当面调查了解消费者购买商品的相关情况，并作好详细记录。

（3）实际调查前，参与人员要从网络、图书馆等渠道收集消费者购买心理与购买行为的相关资料。

实训成果及要求：

（1）每两人写一份调查报告。调查报告要说明根据什么要求，在什么时间，在什么地点，运用什么方式，对谁进行了调查；说明是什么原因促使消费者要购买这件商品（购买心理），是谁提议（明确提出购买意愿，怎样确定购买的），以什么方式购买（购买过程），购后感受（使用产品带来的好处）。每组自己设计展示内容的方式。

（2）报告不少于800字。

操作流程：

"消费者购买决策和购买行为调查"实训项目操作流程如图3-3所示。

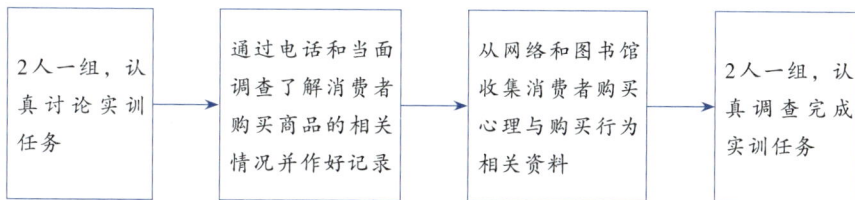

图3-3 "消费者购买决策和购买行为调查"实训项目操作流程图

实训时间：

在学生开始学习本项目内容时，即可对学生分组，布置本次实训任务，让学生利用课余时间去收集资料，并积极撰写调研报告。在学生完成本项目学习后，用2个课时让各小组介绍并展示本组报告，其他组同学可发表个人意见，最后由老师点评。经过展示点评，各组认真修改、完善自己的实训报告，并把修改后的报告在班级微信平台上展示交流。

实训评价：

"消费者购买决策和购买行为调查"实训项目评价表见表3-1。

表3-1　　　　　"消费者购买决策和购买行为调查"实训项目评价表

项目	评价标准	分值（分）	小组个人自评（30%）	小组成员互评（30%）	教师评价（40%）	小计（分）
素养培养（∑30）	参与实训的态度端正，纪律性强，小组讨论积极踊跃	10				
	表现出细致、严谨的工作作风，能够主动提出关于消费者调查工作中的一些问题	10				
	能够结合本次实训任务，认识到消费者调查工作的价值	10				
能力提升（∑20）	能够将所学的消费者购买动机和购买行为等专业知识运用到实训任务中，学以致用	10				
	能够依据调查情景和具体条件，选择制定合理的调查方案，具有较强的行动能力	10				
知识应用（∑20）	通过对消费者调研进一步理解消费者购买动机和购买行为等陈述性知识	10				
	能够理解和掌握消费者调查原理和方法等相关知识	10				
项目成果展示（∑30）	能够独立完成实训任务，在完成实训任务中能主动提出一些问题	10				
	《消费者购买决策和购买行为调查报告》结构完整，无错别字，观点正确	10				
	《消费者购买决策和购买行为调查报告》汇报形式新颖，语言流畅，语速恰当，有感染力	10				
合计		100				

目标市场分析

项目概述

　　企业的市场营销活动要解决的一个中心问题，就是如何制定市场营销战略。而目标市场是企业市场营销战略制定的核心，企业要确立目标市场，就必须进行市场细分。企业只有进行合理的市场细分，准确选择目标市场，并进行恰当的市场定位，才能将自身优势与消费者的需要更好地结合起来，制定出切实有效的市场营销战略。本项目将系统地阐述市场细分、目标市场选择、目标市场策略，以及市场定位的含义、依据和策略。

项目结构

- 目标市场分析
  - 市场细分
    - 市场细分的含义和作用
    - 市场细分的标准、条件和方法
  - 选择目标市场
    - 确定目标市场
    - 目标市场营销策略及其选择
  - 市场定位
    - 市场定位的含义和依据
    - 市场定位策略

任务一　市场细分

任务目标

知识目标：通过本任务的知识学习，能以你自己的理解描述什么是市场细分，为什么要进行市场细分，市场细分的标准、条件是什么等。

能力目标：通过本任务的"案例解析"、"素质提升"和"创新实践"，培养对常见市场运用两个以上的标准进行细分的能力。

素质目标：通过本任务的知识学习、"案例解析"、"素质提升"和"创新实践"等教学活动，围绕市场细分的相关知识，树立严谨细致、精益求精的职业精神。市场细分的目的：一是更好地满足需求，二是获取更多的利润，但这个"利"必须来得正当，手段必须合理。"仁中取义真君子，义内求才大丈夫"。结合对"老年市场的细分困惑""三只松鼠：从吃坚果到'喝'坚果"等案例的分析和思考，关注老年人消费需求，营造尊老敬老的社会氛围，同时关注民族互联网品牌的发展，树立正确的审美情趣。

任务导入

漫步者：基于细分市场的战略布局

背景与情境：

深圳市漫步者科技股份有限公司是一家集产品创意、工业设计、技术研发、规模化生产、自主营销于一体的专业化音频设备企业。多年来，漫步者始终专注于音频技术的应用和实践，已逐渐成为中国多媒体音箱的领军品牌。对声音的极致追求、对产品的严格要求是漫步者对消费者的承诺。经过20多年的不懈努力，漫步者正日益壮大，目前处于国内第一、全球第二的市场地位。

2016年是中国耳机行业的一个大风口，智能化手机的普及、移动终端设备的迸发，使得耳机形态发生了质变。同时，随着消费升级、年轻人群体个性化需求的冲击，越来越多的音频企业发力在耳机产业。但是如何真正洞察消费先机，绑定年轻人，这才是关键。在音频领域深耕20多年的漫步者面对消费市场及消费需求的转变，在2016年开始投入了更大的精力在耳机的"定位—研发—设计—生产—营销"上。2017年，"无线"成为耳机的最大卖点，通勤和运动的高频发生，带动无线耳机的高频使用。漫步者与权威的蓝牙芯片厂商合作，将电声技术与无线高度融合，为消费者带来了多款精品。2018年，在无线技术的普及下，漫步者开始在"真无线"产品上发力，为中国耳机品牌奠定了行业基石。

个人与家庭音响、耳机、汽车音响是漫步者当下的三条主线，漫步者正不断向音频领域的各个细分场景迈进，打通从家庭到通勤的各个场景。近几年，漫步者正通过更加积极的战略布局打造更加个性化、年轻化的品牌形象。

资料来源　佚名.漫步者：基于细分市场的战略布局［EB/OL］.［2019-09-13］.http://www.ceconline.com/strategy/ma/8800096250/01/.

思考：

（1）漫步者公司成功的原因是什么？

（2）漫步者是如何进行市场细分的？

学一学

一、市场细分的含义和作用

（一）市场细分的含义

市场细分是美国市场营销学专家温德尔·史密斯于20世纪50年代中期首先提出来的。市场细分顺应了第二次世界大战后美国众多的产品市场由卖方市场转化为买方市场这一新的市场形势，是现代营销观念的产物，日益受到工商企业的重视，现已成为市场营销理论重要的组成部分。

重难点微课4-1

市场细分

所谓市场细分，是指根据消费需求的明显差异，把某一产品的市场整体划分为若干个顾客群体，每一个由需求特点相似的顾客组成的群体就构成了一个细分市场。也可以说，各个细分市场都是由需求与欲望相同或相似的消费者组成的。例如，在手表市场上，有的消费者需要计时基本准确、价格比较便宜的手表，有的消费者需要计时准确、耐用且价格适中的手表，有的消费者需要计时准确、具有象征意义的名贵手表，据此，可以将手表市场的消费者划分为三个消费群体，即细分为三个子市场。在理解市场细分的含义时应注意以下三点：

1.市场细分的客观基础

市场细分的客观基础是顾客对同一产品消费需求的差异性（异质需求）。这些差异是客观存在的，是受消费者所处的不同地理环境及千差万别的文化、社会、个人和心理特征的影响而形成的。市场上任何一种产品和服务，只要包含两个以上的消费者，这个市场就可以细分。而且只有商品经济发展到一定阶段，市场上的商品供过于求，消费者的需求多种多样，企业用大批量生产产品的方式或差异化产品策略无法有效满足所有消费者需要的时候，细分市场的客观条件才具备。

2.市场细分的实质

市场细分的实质是细分消费者，即辨别具有不同需求与欲望的消费者并加以分类的过程。大中求异，小中求同，即就大市场来讲，要找出消费需求的差异，根据这些差异可以把消费者细分为若干个不同的消费群体；就小市场来讲，每一个细分市场都是由需求、欲望、动机、购买行为等大体相同的消费者组成的（同质需求）。市场细分并不是一个单纯的分解过程，分解只是手段，聚合才是目的。

3.市场细分的目的

市场细分的目的在于认识消费者在需求、动机、购买行为等方面的差异性和共性，以便选择适当的服务对象，确定目标市场，制定最佳营销策略。

（二）市场细分的作用

企业面对着成千上万的消费者，他们的需求和欲望是千差万别的，并且分散于不同的地区。面对这样复杂多变的大市场，任何一个规模巨大、实力雄厚的企业，都不可能满足该市场上所有消费者的所有需求。企业只能根据自身的优势条件，从事某方面的生产、营销活动，选择力所能及的、符合自己经营范围的目标市场。市场细分的作用主要表现在以下几个方面：

1. 有利于企业发掘新的市场机会，选择目标市场

寻找新的市场机会、占领新的目标市场已逐渐成为企业市场营销的重要课题，并影响着企业将来的市场定位。而市场细分就是企业挖掘新的市场机会的手段。市场细分是以调查、分析为基础的研究过程，在经过市场细分后的子市场中，企业易于发现未被满足或未被充分满足的消费需求，从而及时发现新的市场机会，寻找市场空档，开展有针对性的营销，占领新的目标市场，取得先机。

2. 有利于中小企业开拓市场，在大企业的夹缝中求生存

市场细分理论对中小企业尤为适用。中小企业通过市场细分，能够找到适合自己的、需求尚未得到满足的细分市场，见缝插针，拾遗补阙，从而采取与目标市场相对应的产品、价格、渠道、促销策略，获得良好的发展机会。例如，某小型毛巾厂在整个毛巾市场上缺乏竞争力，但是通过市场细分，其发现旅馆每日更换盥洗室毛巾，且对质量要求不高，而一般大型毛巾厂对此不屑一顾。于是，该毛巾厂瞄准该细分市场，生产和提供该市场所需要的毛巾，获得了很好的经济效益。

3. 有利于企业制定和调整营销战略与策略

企业通过市场细分，一方面，能够分析目标市场上竞争对手的战略与策略，发现竞争对手的不足，做到知己知彼，从而取得局部的竞争优势；另一方面，可以及时捕捉信息，并根据需求的变化及时调整市场营销策略，从而使经营更具有针对性，更加及时有效。

4. 有利于企业合理配置和运用资源

企业通过市场细分确定目标市场，扬长避短，集中使用有限的人力、物力、财力于少数几个或一个细分市场上，可以避免使用资源分散，从而取得事半功倍的效果，获得最大的经济效益。

二、市场细分的标准、条件和方法

市场细分的基础是顾客需求的差异性，所以凡是使顾客需求产生差异的因素都可以作为市场细分的标准。由于各类市场的特点不同，因此市场细分的标准也有所不同。

（一）消费品市场的细分标准

消费品市场的细分标准可以概括为地理因素、人口统计因素、心理因素和行为因素四个方面，每个方面又包括一系列的细分变量，见表4-1。

表4-1　　　　　　　　　消费品市场的细分标准及变量一览表

细分标准	细分变量
地理因素	地理位置、城镇规模、地形、气候、交通状况、人口密度等
人口统计因素	年龄、性别、收入、职业、教育、家庭人口、家庭生命周期、民族、宗教、国籍等
心理因素	生活方式、性格、购买动机、态度等
行为因素	购买时间、购买数量、购买频率、购买习惯（品牌忠诚度），以及对服务、价格、渠道、广告的敏感程度等

1.按地理因素细分

按地理因素细分，就是按消费者所在的地理位置、地理环境等变量来细分市场。处在不同地理环境下的消费者，对同一类产品往往会有不同的需要与偏好，如对自行车的选购，城市居民喜欢式样新颖的轻便车，而农村居民喜欢坚固耐用的加重车等。因此，对消费品市场按地理因素进行细分是非常必要的。

（1）地理位置。可以按照行政区划进行细分，如在我国，可以分为东北、华北、西北、西南、华东和华南几个地区；也可以按照地理区域进行细分，如分为省、自治区、市、县等，或内地、沿海、城市、农村等。在不同地区，消费者的需求显然存在较大差异。

（2）城镇规模。可以划分为大城市、中等城市、小城市和乡镇。处在不同规模城镇的消费者，在消费结构方面存在较大差异。

（3）地形和气候。按地形可分为平原、丘陵、山区、沙漠地带等；按气候可分为热带、亚热带、温带、寒带等。防暑降温、御寒保暖之类的消费品就可以按不同的气候带来划分。例如，在我国北方，冬天气候寒冷干燥，加湿器很有市场；但在江南，由于空气中湿度很大，因此基本上不存在对加湿器的需求。

地理因素易于识别，是细分市场时应考虑的重要因素。但处于同一地理位置的消费者需求仍然会有很大差异。比如，在我国的一些大城市，如北京、上海，流动人口逾百万，这些流动人口本身就构成了一个很大的市场，很显然，这一市场有许多不同于常住人口市场的需求特点。所以，简单地以某一地理特征区分市场，不一定能真实反映消费者的需求共性与差异，企业在选择目标市场时，还需要结合其他细分变量进行综合考虑。

2.按人口统计因素细分

按人口统计因素细分，就是按年龄、性别、收入、职业、教育、家庭人口、家庭生命周期、民族、宗教、国籍等变量，将市场划分为不同的群体。由于人口统计因素比其他因素更容易测量，且适用范围比较广，因此人口统计因素一直是细分消费者市场的重要依据。

（1）年龄。按年龄将市场划分为许多各具特色的消费者群体，如儿童市场、青年市场、中年市场、老年市场等。从事服装、食品、保健品、药品、健身器材、书刊等商品生产经营业务的企业，经常按年龄变量来细分市场。

（2）性别。按性别可以将市场划分为男性市场和女性市场。不少商品在用途上有明显的性别特征，如女性是服装、化妆品、节省劳动力的家庭用具、小包装食品等的主要购买者，男性则是香烟、饮料、体育用品等的主要购买者。美容美发、化妆品、珠宝首饰、服装等许多行业，长期以来都是按性别来细分市场的。

（3）收入。高收入消费者与低收入消费者在产品选择、休闲时间的安排、社会交际与交往等方面都会有所不同。例如，同是外出旅游，在交通工具以及食宿地点的选择上，高收入者与低收入者会有很大的不同。正因为收入是引起需求差别的一个直接而重要的变量，所以在服装、汽车、化妆品、旅游服务、房地产等领域，根据收入细分市场的做法相当普遍。

（4）职业与教育。不同职业的消费者，由于知识水平、工作条件和生活方式等不同，因此其消费需求会存在很大的差异。例如，教师比较注重书籍、报刊方面的需求，文艺工作者则比较注重美容、服装等方面的需求。同时，消费者受教育水平的差异会引起审美观的差异，如不同的消费者对居室装修用品的品种、颜色等会有不同的偏好。

（5）家庭人口和家庭生命周期。家庭人口数量不同，在住宅大小、家具、家用电器乃至日常消费品包装的大小等方面都会出现需求差异。同时，家庭按年龄、婚姻和子女状况，可以划分为不同的阶段。在不同阶段，家庭购买力、家庭人员对商品的兴趣与偏好会有较大差别，据此可以进行市场细分。

除了上述方面，经常用于市场细分的人口统计因素还有民族、宗教、国籍等。实际上，大多数企业通常采用两个或两个以上人口统计因素来细分市场。

3.按心理因素细分

按心理因素细分，就是将消费者按其生活方式、性格、购买动机、态度等变量细分成不同的群体。

（1）生活方式。生活方式是指人们对工作、消费、娱乐的特定习惯和模式，不同的生活方式会产生不同的需求偏好，如传统型、新潮型、节俭型、奢侈型等。这种细分方法能显示出不同群体对同种商品在心理需求方面的差异性，如美国有的服装公司就把妇女划分为朴素型、时髦型、男子气质型三种，分别为她们设计不同款式、颜色和质料的服装。

（2）性格。消费者的性格也会影响其对产品的偏爱程度。性格可以用外向与内向、乐观与悲观、独立与依赖、自信、顺从、保守、激进、热情、老成等词语来描述。性格外向、易冲动的消费者往往好表现自己，因而他们喜欢购买能表现自己个性的产品；性格内向的消费者则喜欢大众化产品，往往购买比较朴素的产品；富于创造性和冒险性的消费者对新奇、刺激性强的产品特别感兴趣。

（3）购买动机。消费者的购买动机主要有求实、求廉、求新、求美、求名、求安等，这些都可作为市场细分的变量。

4.按行为因素细分

按行为因素细分，就是按照消费者购买或使用某种商品的时间、购买数量、购买频率、购买习惯等变量来细分市场。

（1）购买时间。许多产品的消费都具有时间性，企业可以根据消费者产生需要、购买或使用产品的时间进行市场细分，如商家在酷热的夏季大做空调广告，以有效增加销量。

（2）购买数量。按照购买数量的不同，用户可以分为大量用户、中量用户和少量用户。大量用户人数不一定多，但消费量大，许多企业以此为目标，反其道而行之也可取得成功。例如，文化用品的大量使用者是知识分子和学生，化妆品的大量使用者是年轻女性等。

（3）购买频率。按照购买频率的不同，可以分为经常购买、一般购买、不常购买（潜在购买者）。比如铅笔，小学生经常购买，中学生有时购买，而工人、农民则不常购买。

（4）购买习惯（品牌忠诚度）。按照购买习惯的不同，可以分为坚定品牌忠诚者、多品牌忠诚者、转移品牌忠诚者、无品牌忠诚者等。例如，有的消费者忠诚于某些产品，如海尔电器、中华牙膏等；有的消费者忠诚于某些服务，如东方航空公司、某某酒店或饭店等，或忠诚于某一个机构、某一项事业等。为此，企业必须辨别自己的忠诚顾客及其特征，以更好地满足其需求，必要时给忠诚顾客以某种形式的回报或鼓励。

（二）生产资料市场的细分标准

许多用来细分消费品市场的标准，同样可以用来细分生产资料市场，如根据地理变量、追求的利益、使用率、品牌忠诚度、购买阶段、态度等变量进行细分。不过，由于生产资料市场的购买者一般是集团组织，购买的目的主要是加工或进一步转卖，因此生产资料市场除了可以采用消费品市场的细分标准外，还可以采用一些新的标准和变量。

1.按用户的规模细分

在生产资料市场中，很多企业根据用户规模来细分市场，用户的购买能力、购买习惯等往往取决于用户的规模。有的用户购买量很大，而另外一些用户购买量很小。以钢材市场为例，建筑公司、造船公司、汽车制造公司对钢材的需求量很大，动辄购买数万吨，而一些小的机械加工企业，一年的购买量也不过几吨或几十吨。很多企业把用户分成大用户和小用户，并建立了适当的制度与其打交道。大用户数目少，但购货量大，企业往往采用更加直接的方式与其进行业务往来，宜于直接联系、直接供应，并在价格、信用等方面给予更多优惠，这样可以相对减少企业的推销成本；小用户则相反，数目众多但单位购货量较少，这时宜使产品进入商业渠道，如由批发商或零售商去组织供应等。

2.按产品的最终用途细分

不同的用户对同一产品往往有不同的要求。比如轮胎，不同购买者的要求就不一样，飞机轮胎的质量要求高于拖拉机轮胎的质量要求，载重卡车轮胎与赛车轮胎的质量要求也不一样。高技术产品的生产者更看重产品的质量、服务，而不是价格。有时候，一个用户就可能形成企业的一个细分市场。因此，企业应根据最终用户的不同，将要求大体相同的用户集合成群，并据此设计出不同的营销策略组合，以促进产品的销售。

3.按用户的地理位置细分

用户的地理位置对企业的营销工作特别是产品的上门推销、运输、仓储等活动有非常大的影响。地理位置相对集中，有利于企业营销工作的运筹和开展。

为了有效进行市场细分，应注意以下三点问题：

第一，动态性。细分的标准和变量不是固定不变的，如收入水平、城镇规模、交通状况、年龄等，都会随着时间的推移而变化。因此，企业应树立动态观念，适时进行调整。

第二，适用性。由于市场细分的标准有很多，企业的实际情况又不同，因此不同的企业在细分市场时采用的标准和细分变量不一定相同，究竟选择哪种变量，应视具体情况加以确定，切忌生搬硬套和盲目模仿。

第三，组合性。要注意对细分变量的综合运用。在实际营销活动中，一个理想的目标市场是由层次或交错运用上述各种变量而确定的。例如，化妆品的经营者将18～45岁的城市白领女性确定为目标市场，就运用了四个变量：年龄、地理区域、性别、职业。

教学互动4-1

互动内容：

对手机、牙膏等产品可按什么标准进行市场细分？

互动要求：

请每位参与互动的同学结合所学的内容独立思考，积极陈述自己的见解，也可以和周围的同学简单沟通后回答。

（三）有效市场细分的条件

1.差异性

差异性是指某种产品的整体市场中确实存在着购买与消费上的明显差异性，完全有细分的必要，或某一因素足以成为细分的依据。例如，肉食品、糕点等产品有必要按民族细分，而大米、食盐就没有必要按民族细分。

2.可衡量性

可衡量性是指细分市场的规模和购买力是可以估测衡量的，也就是说，既有明显的区别，又有合理的范围。有些细分变量令人捉摸不定，如具有"依赖心理"的青年人在实际中是很难测量的，以此为依据细分市场就不一定有意义。

3.可进入性

可进入性是指细分出来的市场应是企业市场营销活动能够抵达的，亦即企业通过努力能够使产品进入并对顾客施加影响的市场。一方面，有关产品的信息能够通过一定的媒体顺利传递给该市场的大多数消费者；另一方面，企业在一定时期内有可能将产品通过一定的分销渠道运送到该市场。否则，该细分市场的价值就不大。例如，生产高端时尚饰品的企业如果将我国中西部农村作为一个细分市场，恐怕在短期内难以有效果。

4.可获利性

可获利性即细分出来的市场，其容量或规模要大到足以使企业获利。进行市场细分时，企业必须考虑细分市场上顾客的数量，以及他们的购买能力和购买产品的频率。如果细分市场的规模小、市场容量小、成本耗费大、获利小，就不值得去细分。例如，汽车公司专门为身高在1.5米以下的人群设计一种汽车，就会得不偿失。

5.稳定性

稳定性是指划定的细分市场必须具有相对的稳定性，以保证企业有足够的时间实施营销方案、进入市场、获得利润；否则，如果市场变化太快，变动幅度又很大，企业还没有来得及实施其营销方案，目标市场就已面目全非了，这样的市场细分也毫无意义。

教学互动4-2

互动内容：

一个普通大学专门开设一家西餐馆，满足少数师生爱吃西餐的需求，与开设一个回族饭菜供应部，满足少数民族同学的饮食习惯，哪一个更可行？

互动要求：

请每位参与互动的同学结合所学的内容独立思考，积极陈述自己的见解，也可以和周围的同学简单沟通后回答。

（四）市场细分的方法

1.单一因素细分法

单一因素细分法是指根据市场主体的某一因素进行细分的方法，如按收入的高低划分服装市场、以年龄划分玩具市场等。这种划分方法简单易行，但是消费者或用户的需求很少只受单一因素的影响，很多情况下是受多种因素的影响。

2.系列因素细分法

为了使市场细分更有效、更切合实际，往往需要以多种因素为标准，利用多因素组合来进行市场细分，由粗到细，由浅入深。例如，对服装市场进行细分，可以通过地区、性别、年龄、个人收入等因素进行，如图4-1所示。

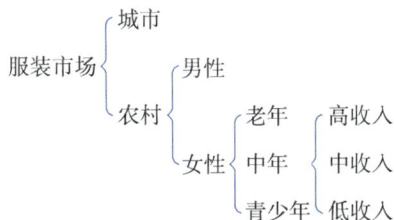

```
                        ┌ 城市
            服装市场 ┤         ┌ 男性
                        └ 农村 ┤              ┌ 老年 ┌ 高收入
                                  └ 女性 ┤ 中年 ┤ 中收入
                                            └ 青少年 └ 低收入
```

图4-1 系列因素细分法示意图

3.主导因素排列法

当一个细分市场的选择存在多个影响因素时，可以从消费者的特征中寻找和确定主导因素，然后与其他因素有机结合，从而确定目标细分市场，这种方法称为主导因素排列法。以青年服装市场为例，职业与收入通常是影响服装选择的主导因素，文化、气候则居于从属地位，因此应以职业、收入作为细分青年服装市场的主导因素。

4.综合因素法

综合因素法即以影响消费需求的两种以上因素为标准，从多个方面对市场进行细分的方法。该方法的核心是将多个因素并列进行分析，涉及的各项因素无先后顺序和重要与否的区别。例如，同时用收入水平、年龄、职业三个因素将女性服装市场分为许多具有不同需求特点的细分市场。

案例解析4-1   **三只松鼠：从吃坚果到"喝"坚果**

背景与情境：

坚果行业目前面临着同质化竞争的问题，推出新品能够实现区别竞争。而这不仅是企业的选择，也是行业升级的需要。随着零食市场竞争的日益加剧，市场细分越发明显，低、中、高档市场层次逐渐拉开，消费升级之下，也推动了零食市场的分级发展。

2018年"双十一"前夕，三只松鼠推出11款新品。这些更加个性化的新品包括藤椒味的方便面"抖面"、无烟烧烤"撩烧"、麻辣味的即食香菇"菇的肉"以及包装上模仿女生化妆包里眼影盒、唇膏的辣条组合等等。这些零食不仅好吃，而且更加有趣，很快成为年轻人乐于传播的"网红"产品。继新品之后，三只松鼠又推出超级新品坚果饮料"第2大脑"，并于2019年1月13日正式上线销售，当日即爆卖超过7万瓶。"第2大脑"在功能定位上更加健康，同时其产品命名与包装设计更具趣味性。它选用了由6种坚果组合的混合搭配，并选择以榛子作为主打风味，榛子不仅营养价值非常高，而且口感浓郁细腻，消费者更容易接受。同时，这款饮料选用了由咖啡豆加工而成的咖啡萃取液作为风味载体。

从吃坚果到"喝"坚果，三只松鼠试图在坚果深加工上走得更远。未来，坚果行业仍然需要不断跨界创新，不能仅仅站在坚果行业来看待自身，更要以不同的视角来审视坚果行业，整个行业需要从初加工走向精深多元化发展。

资料来源　佚名.跨界推饮料新品 三只松鼠开拓坚果市场新蓝海［EB/OL］.［2019-10-20］.http://www.chinajuice.cn/news/33335.shtml.

思考：

（1）本案例中，三只松鼠市场细分的依据是什么？

（2）收集该公司的相关资料，总结其市场细分的方法，分析其市场细分的成功之处。

（3）查阅该公司的相关资料，了解三只松鼠模特"眯眯眼"事件，部分网友认为有"丑化中国人"嫌疑。请你从营销道德和营销伦理以及审美的角度谈谈你的看法。

讨论分析：

个人：请每位同学在固定的学习本上列出农夫山泉公司对水的细分依据及细分市场，并进行分析。

小组：请同学们每6人为一组，各自发表自己的看法，小组每个成员都要陈述自己的观点，然后讨论分析，形成小组意见，准备在班级交流。

班级：每个小组推选1位代表在班级交流，陈述本组意见和小组认为的成功之处。

老师：老师在黑板上对各小组的细分依据进行简要记录；各小组陈述完毕后，老师结合各小组的陈述内容进行总结，明确市场细分的依据，强调市场细分时应注意的问题。

做一做

【素质提升4-1】

老年市场的细分困惑

背景与情境：

2018年4月21日，一场特别的"产品与服务需求研讨会"在清华大学举办。参加研讨会的有国内知名的老年康复器具制造商、租赁商以及养老机构的代表。参会的另一方，则是几位白发苍苍的老年人——他们是被特别邀请来发表意见的消费者代表。在这场特殊的老年产品"需求对接会"上，老年人和厂商直接面对面座谈。

这场由老年人参与的"需求对接会"，是清华养老产业高端论坛精心设置的一个环节。据主办方透露，之所以会邀请老年人出席，是因为目前市场上的老年产品和服务并不能和老年人的需求很好地对接。一方面，市场上的老年产品良莠不齐，而且在质量控制上也存在着问题；另一方面，未来老年人群体的文化层次越来越高，对养老质量的要求也越来越高。这种情况不禁让人反思：市场上给老年人提供的各种服务、产品越来越多，但这些服务模式以及琳琅满目的商品是不是都适合老年人？哪些服务和商品才是老年人的真正需求？

资料来源　王琪鹏.中国的养老产品为何老人感觉"有用"的不多？[EB/OL]．[2019-10-15]．http://www.360doc.com/content/18/1003/15/59320440_791628465.shtml.

思考：

（1）老年产品和服务应该如何进行市场细分？

（2）你知道哪些老年产品和服务的市场细分成功案例？

（3）请你从营销道德和营销伦理的角度谈谈开发老年市场、满足老年市场需求应该注意的问题。

分析要求：

（1）学生分组讨论；

（2）每个学生结合问题进行小组讨论，形成小组观点；

（3）全班交流，各小组选派代表在班级陈述本组观点；

（4）教师对各组陈述的观点进行点评；

（5）把经过修改且附有教师点评的各小组观点展示在班级本课程平台上。

【创新实践4-1】

拓展阅读4-1

（1）列出针对老年人开发的5件产品。

（2）列出针对儿童开发的5件产品。

结合其中1件产品，说明它是如何通过市场细分发现市场机会并提高市场竞争力的。

老年消费如何
更友好

分析要求：

（1）学生分组讨论上述问题，形成本组有创新点的分析结论；

（2）全班交流，各小组选派代表在班级陈述本组分析结论；

（3）结合学生创新能力培养，教师对各组陈述的结论进行点评。

任务二　选择目标市场

任务目标

知识目标： 通过本任务的知识学习，能正确描述目标市场、目标市场选择的条件和几种模式、目标市场营销策略、目标市场策略选择应考虑的因素等。

能力目标： 通过本任务的"案例解析"、"素质提升"和"创新实践"，培养能结合中小型流通企业实际，运用目标市场策略的相关知识分析和选择目标市场的职业能力。

素质目标： 通过本任务的知识学习、"案例解析"、"素质提升"和"创新实践"等教学活动，学会处理专与博的关系，既要有一技之长，又要博学多才。通过对"任务导入"案例的思考，培养精益求精、心存敬畏、执着专一的工匠精神。

任务导入

专修皇冠的铁匠

背景与情境：

从前有一个铁匠，他每天往返于乡间为村民修补农具，由于手艺精巧、价格公道，因此招揽到不少生意。有一天，铁匠和往常一样挑着工具箱来到乡间，刚好碰到皇帝出巡的车队。皇帝的车子在经过铁匠身边的时候停了下来，原来马车一路颠簸，震坏了皇冠，侍从看到他的工具箱，就让他帮忙修。很快，铁匠就把皇冠修好了，皇帝很满意，赏了他一百两黄金，兴奋不已的铁匠欢快地往家跑，就在他经过村口的树林时，一只猛虎挡住了他的去路，铁匠害怕极了，但他仔细一看，老虎似乎没有恶意，原来老虎的前爪扎进了一根又细又长的竹刺，看着老虎满脸痛苦的样子，铁匠连忙取出工具，帮老虎把竹刺拔了出来。老虎对铁匠感激不已，衔来一只小鹿以示报答。这回铁匠得意极了，他从此不再往返于乡间修补农具，而是在家门口竖起了"专修皇冠，兼拔虎刺"的招牌。从此，铁匠的生意却越来越少，连家也养活不了。

思考：

（1）铁匠的生意为什么越来越少？

（2）"专修皇冠，兼拔虎刺"是否可以作为铁匠的目标市场？

学一学

一、确定目标市场

所谓目标市场，是指在市场细分的基础上，企业决定要服务的最佳细分市场，即企业的产品和劳务要满足的特定消费者群。企业的一切营销活动都是围绕着目标市场来进行的，选择和确定目标市场，明确企业的具体服务对象，关系到企业目标的落实，是企业制定营销策略的出发点。

重难点微课4-2

目标市场选择

（一）评估细分市场

企业在对整体市场进行细分之后，要对各细分市场进行评估，然后根据细分市场的规模、发展潜力、竞争状况及吸引力、本企业的资源条件等多种因素，决定把哪一个或哪几个细分市场作为目标市场。一般而言，企业考虑进入的目标市场应符合以下标准或条件：

1.有适当的规模

企业进入某一市场是期望能够有利可图，如果市场规模较小或者趋于萎缩状态，则企业进入后难以获得发展，此时应审慎考虑，不宜轻易进入。当然，适当的规模是一个相对的概念，大企业可以选择销售量很大的细分市场，小企业由于竞争实力较弱，应避开较大规模的细分市场。

2.有一定的发展潜力

有的市场虽然现在规模不大，但未来可能会迅速增长，或预计会有所增长，这样的细分市场值得企业经营。当然，企业不宜以市场吸引力作为唯一取舍，尤其是应避免"多数谬误"，即与竞争企业遵循同一思维逻辑，将规模最大、吸引力最大的市场作为目标市场。大家共同争夺同一个顾客群的结果是，造成过度竞争和社会资源的无端浪费，使消费者一些本应得到满足的需求遭受冷落和忽视。

3.有足够的吸引力

企业选择目标市场，不仅要了解该市场是否有较大的潜在需求，还要了解竞争对手是否完全控制了市场。企业应尽量选择那些竞争相对较少、竞争对手比较弱、有足够吸引力的市场作为目标市场。如果竞争已经十分激烈，而且竞争对手势力强劲，企业进入后付出的代价就会巨大。

4.符合企业目标和资源

某些细分市场虽然有较大的吸引力，但不能推动企业实现发展目标，甚至会分散企业的精力，使其无法完成主要目标，这样的市场应考虑放弃。同时，还应考虑企业的资源条件是否适合在某一细分市场经营。只有选择那些企业有条件进入、能充分发挥其资源优势的市场作为目标市场，企业才会立于不败之地。

（二）目标市场的选择

　　企业对不同的细分市场进行评估后，必须对进入哪些细分市场和为多少个细分市场服务做出决策。目标市场的选择，就是选择其中某个或某几个目标市场作为自己的经营目标。选择目标市场是企业制定营销策略的出发点。目标市场选择的模式一般有以下五种，如图4-2所示。

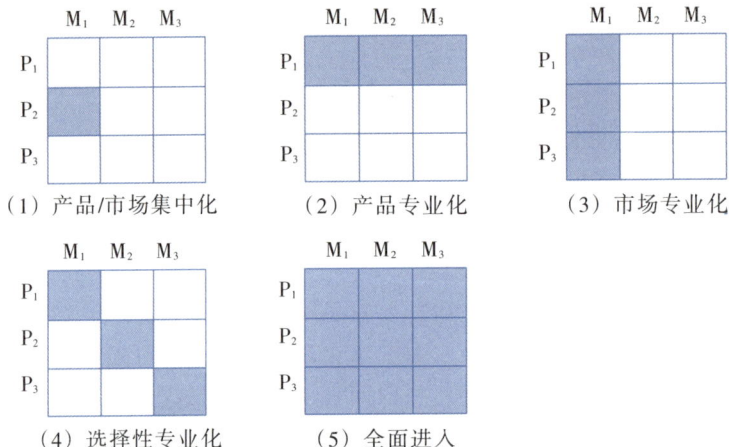

图4-2　目标市场选择的模式

　　1.产品/市场集中化

　　产品/市场集中化是指企业只生产某一型号、规格的产品，满足某一群体的需要。这种策略目标单一，生产经营力量集中，可以有针对性地满足某一消费群体的需要，可以在该细分市场建立稳固的市场地位。另外，企业通过生产、销售和促销的专业化分工，获得了许多经济效益。如果细分市场补缺得当，那么企业的投资便可获得高报酬。其局限性是经营风险大，当市场容量小或者波动大时，会造成损失。基于这种考虑，许多企业宁愿在若干个细分市场分散营销。

　　2.产品专业化

　　产品专业化是指企业只生产某种类型（规格）的产品去满足不同类型消费者的需要。例如，显微镜生产商向大学实验室、政府实验室和工商企业实验室销售显微镜。企业通过这种战略，可在显微镜产品领域树立起很高的声誉。但如果显微镜被一种全新的显微技术代替，企业就会出现危机。

　　3.市场专业化

　　市场专业化是指企业生产不同类型、规格的产品去满足某一固定的消费群体的需要。例如，企业可以为大学实验室提供一系列产品，包括显微镜、示波器、化学烧瓶等。企业专门为这个顾客群体服务，并获得了良好的声誉，成为这个顾客群体所需各种新产品的销售代理商。但如果这个顾客群体突然削减经费预算，其就会减少从这个市场专业化企业购买仪器的数量，这时企业就会出现危机。

4.选择性专业化

选择性专业化是指企业同时生产不同类型和规格的产品，去满足不同类型消费者的需要。采用这种方法选择若干个细分市场，其中每个细分市场在客观上都有吸引力，并且符合企业的目标和资源条件。但在各细分市场之间，很少有或者根本没有任何联系，然而每个细分市场都有可能盈利。这种多细分市场目标优于单细分市场目标，因为这样可以分散企业的风险，即使某个细分市场失去吸引力，企业仍可继续在其他细分市场获取利润。

5.全面进入

全面进入是指企业为所有消费者生产各种类型的产品，以满足不同消费者的需要。只有大公司，如国际商用机器公司（计算机市场）、通用汽车公司（汽车市场）和可口可乐公司（饮料市场）等，才能采用全面进入模式。

教学互动4-3

互动内容：

著名时装设计师香奈儿于1910年在法国巴黎开设女帽及时装店制作高级服装，受到了法国贵族女性的喜爱。此后经过几十年的发展，其产品除了高级时装外，还包括高级香水、珠宝、饰品、化妆品、皮件、手表、太阳镜和鞋等各类顶级奢侈品。请问，香奈儿选择的是何种目标市场模式？

互动要求：

请每位参与互动的同学结合所学的内容独立思考，积极陈述自己的见解，也可以和周围的同学简单沟通后回答。

二、目标市场营销策略及其选择

（一）目标市场营销策略的类型

目标市场一旦选定，就应考虑采用怎样的营销策略进入目标市场。在市场营销中，由于企业选择的目标市场不同，因此其营销策略也不同。一般有以下三种策略可供选择：

1.无差异性营销策略

无差异性营销策略是指企业将产品的整个市场视为一个目标市场，用单一的营销策略开拓市场，即用一种产品和一套营销方案吸引尽可能多的消费者。无差异性营销策略只考虑消费者或用户在需求上的共同点，而不关心他们在需求上的差异性。如哈啰单车，投入运行的是统一款式、统一型号的共享单车，并制定2个小时内免费骑行，超过2个小时每半个小时加收1.5元的统一价格策略面向使用者，采取的就是这种策略。

该策略的优点：一是成本的经济性；二是能够取得规模效益。因为产品的市场营销方式单一，同时进行大量生产和经营，所以节省了生产和经营费用，降低了销售成本，提高了利润率，从而实现了规模效益。这种策略对需求广泛、市场同质性高且能大量生产、大量销售的产品比较合适。

该策略的缺点：满足不了消费者的多样化需求，企业产品单一，风险较大，应变能力差。如果许多企业同时在一个市场上实行无差别营销策略，竞争必然激烈，企业获利的机会反而下降。同时，想要以一种产品和一种营销方案满足所有顾客的需求，也是不可能的。

对大多数企业而言，无差异性营销策略并不一定合适。首先，消费者的需求在客观上千差万别并不断变化，一种产品长期为所有消费者和用户所接受非常罕见；其次，当众多企业如法炮制，都采用这一策略时，会导致市场竞争异常激烈，而在一些小的细分市场上，消费者的需求却得不到满足，这对企业和消费者都是不利的；最后，易于受到竞争企业的攻击。当其他企业针对不同的细分市场提供更有特色的产品和服务时，采用无差异性营销策略的企业可能会发现自己的市场正在遭到蚕食但又无法有效予以反击。正是基于这些原因，世界上一些曾经长期实行无差异性营销策略的大企业最后也被迫改弦易张，转而实行差异性营销策略。被视为实行无差异性营销策略典范的可口可乐公司，面对百事可乐等企业的强劲攻势，也不得不改变原来的策略，一方面向非可乐饮料市场进军，另一方面针对顾客的不同需要推出多种类型的新可乐。

2.差异性营销策略

差异性营销策略是将整体市场划分为若干个细分市场，针对每一个细分市场分别设计不同的产品和营销方案。比如，服装生产企业针对不同性别、不同收入水平的消费者推出不同品牌、不同价格的产品，并采用不同的广告主题来宣传这些产品，采用的就是差异性营销策略。

该策略的优点：小批量、多品种，生产机动灵活、针对性强，能够使消费者的需求更好地得到满足，进而促进产品销售。另外，由于企业是在多个细分市场上经营，因此在一定程度上可以减少经营风险；一旦企业在某个细分市场上获得成功，将有助于提高企业的形象及市场占有率。

该策略的缺点：一是销售费用、成本增加，市场营销活动复杂化。由于产品品种多，因此管理和存货成本将增加；由于企业必须针对不同的细分市场制订独立的营销计划，因此会增加企业在市场调研、促销和渠道管理等方面的营销成本。二是可能使企业的资源配置不能有效集中，顾此失彼，甚至会在企业内部出现彼此争夺资源的现象，使拳头产品难以形成优势。所以，必须使销售额的扩大带来的利益超过营销总成本和费用的增加额，这就要求企业既不能选错目标市场，也不宜进入过多的目标市场。另外，采用这种策略受企业资源和能力的制约较大，雄厚的财力、较强的技术力量、素质较高的市场营销人员，是实施差异性营销策略的必要条件。这也是相当多的企业尤其是小型企业无力采取这种策略的原因所在。

3.集中性营销策略

无论实行差异性营销策略还是无差异性营销策略，企业均是以整体市场作为营销目标，试图满足所有消费者在某一方面的需要。集中性营销策略则是选择一个或几个子市场作为目标市场，集中力量争取在这些子市场上占有较大份额。实行这一策略，企业不是追求在一个大市场上获取较小的份额，而是力求在一个或几个较小的子市场上占有较大的份额。集中力量生产经营某些有特色的产品、"拳头"产品、新产品等，全力以赴占领选定的目标市场。

该策略的优点：可以节省市场营销费用，增加盈利，而且有利于提高产品与企业的知名度，必要时可迅速扩大市场，从而巩固企业的市场地位，提高竞争能力。这一策略特别适合资源力量有限的中小企业。中小企业由于受财力、技术等方面因素的制约，在整体市场上可能无力与大企业抗衡，但如果集中资源优势在大企业尚未顾及或尚未建立绝对优势的某个或某几个细分市场进行竞争，则成功的可能性更大。

该策略的缺点：一是市场区域相对较小，企业发展受到限制；二是存在较大的经营风险，缺乏多样性，一旦目标市场突然发生变化，如消费者的需求发生变化，或有强大的竞争对手进入，或出现新的更有吸引力的替代品，都可能使企业因没有回旋余地而陷入困境。

三种目标市场营销策略的图示见表4-2。

表4-2　　　　　　　　　　三种目标市场营销策略的图示

策略种类	图　示
无差异性营销策略	市场营销组合策略————→整体市场
差异性营销策略	市场营销组合策略1————→细分市场1 市场营销组合策略2————→细分市场2 市场营销组合策略3————→细分市场3
集中性营销策略	市场营销组合策略————→细分市场1 细分市场2 细分市场3

教学互动4-4

互动内容：

对中小企业来说，无差异性市场营销策略与集中性市场营销策略相比，在实施的过程中，哪一个风险更大？

互动要求：

请每位参与互动的同学结合所学的内容独立思考，积极陈述自己的见解，也可以和周围的同学简单沟通后回答。

（二）目标市场营销策略的选择

上述三种目标市场营销策略各有其优缺点，企业到底采取哪一种营销策略，应综合考虑企业、产品、市场等多方面的因素予以决定。

1.企业的资源或实力

当企业的生产、技术、营销、财务等方面的实力很强时，可以采用差异性或无差异性市场营销策略；当企业的资源有限、实力不强时，采用集中性营销策略效果可能更好。

2.产品的同质性

产品的同质性是指在消费者眼里，不同企业生产的产品的相似程度。相似程度高，则同质性高；反之，则同质性低。例如，对于大米、食盐等产品，尽管每种产品因产地和生产企业的不同会有些品质差别，但消费者可能并不十分看重，此时，竞争将主要集中在价格上，这样的产品适合采用无差异性营销策略。而对于服装、化妆品、家用汽车等产品，由于在型号、式样、规格等方面存在较大差别，产品的选择性强、同质性较低，因此更适合采用差异性或集中性营销策略。

3.市场的同质性

市场的同质性是指各细分市场在顾客需求、购买行为等方面的相似程度。市场的同质性高，意味着各细分市场的相似程度高，不同的顾客对同一营销方案的反应大致相同，此时，企业可考虑采取无差异性营销策略；反之，若消费者之间的特性相差很大，则企业应在细分市场后，采用差异性或集中性营销策略。

4.产品所处生命周期的不同阶段

当产品处于投入期，同类竞争品不多，竞争不激烈时，企业可采用无差异性营销策略，也可以采用集中性营销策略，先占领一个市场，再伺机扩张。当产品进入成长期或成熟期，同类产品增多，竞争日益激烈时，为了确立竞争优势，企业可考虑采用差异性营销策略，以满足不同消费者的需求。当产品步入衰退期时，企业要收缩市场，可考虑采用集中性营销策略。

5.竞争者采用的目标市场营销策略

企业选择目标市场营销策略时，一定要充分考虑竞争者尤其是主要竞争者的营销策略。如果竞争者采用了差异性营销策略，抢先向市场的深度进军，占领更深层次的细分市场，则企业应采用集中性营销策略；如果竞争者十分强大且已经采用了无差异性营销策略或集中性营销策略，则企业应进行更有效的市场细分，实行差异性营销策略或集中性营销策略。

案例解析4-2　　　　　　　　　**e代驾：互联网思维的护航者**

背景与情境：

代驾是一种托付，更是一种信任。e代驾团队采用互联网思维进行创业，专心于解决用户的需求痛点，从而逐渐颠覆了传统的代驾业务。

定位系统节约时间。传统代驾公司采取接单后指派代驾师傅到用户所在地的模式，需要一定的时间成本，e代驾的定位系统可以使客户与距离最近的代驾师傅进行匹配，有效减少了用户的等待时间。

满足个性化需求。比如，很多酒后的女性车主也有代驾需求，出于安全等因素的考虑，他们更希望是女性代驾司机为其服务。e代驾平台可以满足用户自主选择司机的需求。

价格亲民和透明。e代驾的运作模式是让用户直接在平台联系司机，省去了"分成"环节，价格令普通有车一族也可以享受这种服务。

e代驾致力于为每一位顾客提供更加优质、安全的代驾服务，让有车的用户都能放心应酬，舒心到家，让代驾成为一种生活方式，让更多的用户体会科技升级带来的便捷。

资料来源 王竹君.e代驾：用互联网思维为用户安全保驾护航〔J〕. 国际公关，2017（4）.

思考：

（1）查阅相关资料，说说e代驾公司所采用的目标市场营销策略是什么？

（2）你认为e代驾公司的目标市场营销策略会获得成功吗？为什么？

（3）"代驾是一种托付，更是一种信任"，谈谈在代驾、快车的商业运营活动中应注意的营销道德和营销伦理问题。

讨论分析：

个人：请每位同学根据案例资料和问题，在固定的学习本上记下自己的观点。

小组：请同学们每6人为一组，1人为组长，1人做记录，小组每个成员都要陈述自己的观点，然后讨论分析，形成小组意见，准备在班级交流。

班级：每个小组选1位代表在班级发言，陈述本组观点。

老师：老师记录各小组的陈述要点，最后进行点评。

做一做

【素质提升4-2】

农夫山泉婴幼儿水

背景与情境：

农夫山泉饮用天然水（适合婴幼儿）源于长白山地下自涌泉，矿物质含量符合婴幼儿饮用水要求。水源源自长白山莫涯泉2号泉。该泉为火山型玄武岩地下自涌泉，为30～60年前的无污染冰雪融水经岩层净化后喷涌而出。该泉水的矿物盐含量适中，口感清冽，呈天然弱碱性，尤其适用于生产适合婴幼儿饮用的瓶装水。

婴幼儿胃肠道敏感脆弱，因此，国内外对提供给婴幼儿的饮用水或液体食品有着较为严格的微生物要求。美、英等国要求婴儿饮用的水须满足商业无菌。但目前我国已有的各项瓶装饮用水标准仍未采用商业无菌指标，也没有考虑婴儿饮用问题。

农夫山泉饮用天然水（适合婴幼儿）采用先进的无菌生产工艺，已达到商业无菌要求，微生物标准远远严于国内瓶装水卫生安全标准。农夫山泉经过多年悉心研究，为中国宝宝带来了依此要求生产的瓶装水。

资料来源 作者根据相关资料整理而成.

思考：

（1）上述案例中，农夫山泉公司选择的目标市场有什么特点？

（2）上述案例中，农夫山泉公司采用的是哪种目标市场选择模式？这种模式有什么特点？

（3）企业在满足特殊目标市场需求时应该注意哪些问题？

分析要求：

（1）学生分组讨论案例；

（2）每个学生结合问题进行小组讨论，形成小组案例分析观点；

（3）全班交流，各小组选派代表在班级陈述本组案例分析观点；

（4）教师对各组陈述的案例分析观点进行点评；

（5）把经过修改且附有教师点评的各小组案例分析观点展示在班级本课程平台上。

【创新实践4-2】

列出你的6个需求特征，如果你选购化妆品，你觉得应考虑哪些因素，说说每个因素对你的影响。

分析要求：

（1）学生独立思考，形成有创新点的分析结论；

（2）全班交流，学生在班级内陈述自己的分析结论；

（3）结合学生创新能力培养，教师对学生陈述的分析结论进行点评。

任务三 市场定位

任务目标

知识目标：通过本任务的知识学习，能正确描述市场定位、市场定位的依据，掌握市场定位的策略及市场定位的步骤等陈述性知识。

能力目标：通过本任务的"案例解析"、"素质提升"和"创新实践"，针对市场上的新产品，培养运用市场定位相关知识准确理解生产企业定位策略的职业能力。

素质目标：通过本任务的知识学习、"案例解析"、"素质提升"和"创新实践"等教学活动，围绕市场定位的相关知识，准确地给自己定位，发挥自身优势，挖掘内在潜力，实现人生奋斗目标。通过对"任务导入"和"素质提升"案例的思考，树立服务意识和敬畏专注、严谨耐心、坚持专一、细致完美的工匠精神。

任务导入

海底捞的差异化定位——优质服务

背景与情境：

四川海底捞餐饮股份有限公司（如图4-3所示）成立于1994年3月20日，是一家以经营川味火锅为主、融汇各地火锅特色于一体的大型直营连锁企业。公司始终秉承"服务至上、顾客至上"的理念，以创新为核心，改变传统的标准化、单一化的服务方式，提倡个性化的特色服务，致力于为顾客提供愉悦的用餐服务；在管理上，倡导双手改变命运的价值观，为员工创建公平公正的工作环境，实施人性化和亲情化的管理模式，提升员工价值。

图4-3　四川海底捞餐饮股份有限公司

在海底捞流传着这样的故事：某个星期六晚上7:30，3号包房来了一家姓徐的客人，服务员发现徐妈妈把鹌鹑蛋上面的萝卜丝夹到碗里吃，感觉她一定很喜欢吃萝卜，于是立即打电话给上菜房，让他们准备一盘萝卜丝，随后又去调料台放上几味调料。当服务员把拌好的萝卜丝端到桌上时，客人很惊讶地说这是她吃过最香的菜。接下来一个月，他们接连来了三次，还把其他朋友介绍来吃饭。

在海底捞，女服务员为长发顾客扎起头发，并提供小夹子夹住前面的刘海，防止头发垂到食物里。放在桌上的手机会被小塑料袋装起来以防油腻。如果你带了小孩，服务员还帮你喂小孩吃饭，陪小孩玩游戏。客人打个喷嚏，服务员会送来一碗姜汤。甚至在卫生间里都会有专人服务，包括开水龙头、挤洗手液、递擦手纸等等。

"所谓特色就是你比别人多了一点点，而正是这'一点点'为海底捞赢来了口碑。"所以有人为了吃海底捞愿意排队几小时。

资料来源　佚名.海底捞的差异化定位——优质服务［EB/OL］.［2019-10-10］.http://blog.ceconlinebbs.com/BLOG_ARTICLE_209017.HTM.

思考：

（1）查找资料，总结消费者对海底捞的评价。

（2）海底捞市场定位的成功带给你什么启示？

学一学

一、市场定位的含义和依据

（一）市场定位的含义

企业通过市场细分选定目标市场后，如果该目标市场上已经有竞争对手捷足先登，甚至竞争对手已经占据了有利的市场位置，这时企业就要考虑进行有效的市场定位。所谓市场定位，就是根据市场的竞争情况和本企业的条件，建立和发展差异化的竞争优势，确定本企业产品在目标市场上的竞争地位。

拓展阅读4-2

目标是灯塔，指引你走向成功

市场定位要求企业根据目标市场上同类产品的竞争状况，以及顾客对该类产品某些特征或属性的重视程度，为本企业产品塑造强有力的、与众不同的鲜明个性，并将其形象生动地传递给顾客，以求得顾客认同。市场定位的实质是将本企业与其他企业严格区分开来，突出本企业及其产品的特色，使顾客明显感觉和认识到这种差别，给顾客留下深刻的印象，从而在顾客心目中占有与众不同的、有价值的位置，以取得目标市场的竞争优势。所以，定位的目的在于"攻心"，即在消费者心目中确立位置，让消费者从内心认同和接受，而不是在某个空间定个位置。试想，在一大群陌生人中，如果只是匆匆看一眼，你最容易记住谁呢？肯定是里面长得最标致的和最丑陋的。顾客也是一样，面对着海量信息，他只能记得那些给他留下深刻印象的产品和品牌。拥有清晰市场定位的产品，会让顾客更容易在众多竞争产品中找到它。

综上所述，市场定位的关键不是对产品本身做些什么，而是在消费者的心目中留下些什么，即企业要满足谁的需要，满足他们的什么需要，如何满足他们的需要。只有明确了这些问题，才能取得竞争优势。单纯的产品质量上乘或价格低廉，在目前的市场环境下已难以获得竞争优势。

（二）市场定位的依据

市场定位的依据主要有两个方面：一是消费者需求的特征，二是竞争对手的产品的主要特征，以此建立本企业产品的竞争优势。而竞争优势主要通过产品差异化来体现。产品差异化是指设计一系列有意义的差异，使本企业的产品同竞争对手的产品区别开来。产品差异化主要体现在以下六个方面：

1. 特色

特色是指对产品基本功能的增加。例如，宝洁公司拥有飘柔、海飞丝、潘婷等多个品牌。这些品牌洗发水的区别到底有多大，很多消费者都说不清楚。但宝洁公司通过微妙的广告诉求，对它们进行了合理的市场定位。飘柔强调"头发更飘、更柔"，定位于"顺滑头发"；海飞丝突出"头屑去无踪，秀发更出众"，定位于"去屑止痒"；潘婷则是"拥有健康，当然亮泽"，定位于"营养头发"。由于它们各具特色，因此在市场上获得了极大的成功。

2. 性能

性能是指产品的主要特点在使用中的水平。在产品的价格未超过顾客的支付能力时，顾客总是愿意以较高的价格购买性能更优的产品。企业应根据目标市场的具体情况确定相应的性能标准。

3. 一致性

一致性是指产品在使用中达到设计标准的程度。如果某种产品在使用中能够达到各项设计标准，那么这种产品就被认为具有高度的一致性，就会给顾客留下完美的印象，人们也乐于购买。

4. 可靠性

可靠性是指产品在一定的时间内不出故障，能正常使用的可能性。例如，全球最大的白色家电生产企业伊莱克斯公司推出了"零缺陷"竞争策略，保证产品到消费者手中后，10年内能正常使用，不出故障，不用维修，这些都使该公司产品的可靠性在消费者心目中留下了深刻的印象。

5.耐用性

耐用性是指产品预期的使用寿命。

6.风格

风格是指产品带给顾客的视觉和感觉效果。

在进行市场定位时，除了产品的差异化外，与顾客接触的全过程都可以差异化，如服务差异化、渠道差异化、人员差异化、形象差异化等。当然，每一种差异都会增加企业的成本，因此，企业应突出有价值、有意义的差异，以便通过这些差异，有效地把本企业的产品与竞争对手的产品区别开来，达到市场定位的目的。

二、市场定位策略

1.属性定位策略

属性定位策略是根据特定的产品属性来定位的策略。产品属性包括制造该产品采用的技术、设备、原材料及该产品的功能、产地、历史等因素。例如，贵州茅台、西湖龙井等按产地定位；非常可乐定位为中国人的可乐，强调它适合中国人的口味等。当企业的一种或几种属性是竞争对手的产品所不具备的时候，企业市场定位就应强调这些特性。

2.竞争性定位策略

竞争性定位策略是指根据与竞争者有关的属性或利益来定位的策略，即以竞争产品为参照，强调"人无我有，人有我优"。例如，作为曾经中国家电连锁大卖场时代的零售双雄，苏宁和国美多年来在家电行业斗得如火如荼。从品类到渠道，从线下到线上，双方采取的就是竞争性的定位策略，竞争已经升级到了白热化的程度。

3.质量-价格定位策略

质量-价格定位策略是对照质量和价格来定位的策略。一是强调质价相符，在企业产品的价格与同类产品的价格相比更高的情况下，强调产品具有高质量，一分钱一分货；二是强调质高价低，物有所值，以加速市场渗透，提高企业产品的市场占有率。例如，华龙集团提出的"同等质量比价格，同等价格比质量"的口号，就是这种定位策略的具体运用。这种定位策略除了要向顾客传递产品的低价实惠外，还特别重视产品质量信息的传递；否则，会给顾客造成产品档次低、价格高的错觉。

4.利益定位策略

利益定位策略是指根据产品所能满足的需求或所提供的利益、解决问题的程度来定位的策略。这种定位策略强调顾客购买产品时追求的利益和获得的附加利益。例如，在汽车市场上，"奔驰"追求豪华舒适、"宝马"能让顾客感受到驾驶的乐趣、"沃尔沃"结实耐用等，都是按产品提供的利益来定位的，从而吸引了大量的顾客。

5.使用者定位策略

使用者定位策略是指将产品指向某一类特定的使用者，以便根据这些使用者的看法塑造恰当的产品形象的策略，如"谢馥春"男士霜。

6.比附定位策略

比附定位策略是指企业通过比拟名牌、攀附名牌来给自己的产品定位，借名牌产品之光，使自己的产品生辉的定位策略。其主要做法是：一是甘居"第二"，就是明确承认自己的产品与最具盛名的产品相比，只不过是第二位而已；二是"攀龙附凤"，如内蒙古的宁城老窖，以"宁城老窖，塞外茅台"的广告诉求定位，就是一个较好的例子；三是奉行"高级俱乐部策略"，借助群体的威望和模糊数学的方法，提升自己的地位和形象，如宣称自己是某行业三大企业之一、十大驰名品牌之一等。这种定位策略会使企业在消费者心中留下一种谦虚诚恳的印象，从而提高了企业的可信度，吸引了大批消费者购买本企业的产品。

总之，市场定位的策略有很多种，企业可以把自己塑造成高价品中的典范，也可以化身为优质服务的代表，只要这种定位来自企业的自身优势和鲜明个性，最后就可把这一市场定位传递给目标消费者。如果是首先进入该市场的产品，就可以像香飘飘奶茶那样宣传自己"奶茶就要香飘飘"；倘若在此之前已有强大的领先品牌，就可以像优乐美那样找到市场的突破点，借助代言人周杰伦的一句"你就是我的优乐美啊!"获得目标消费者的青睐。

教学互动4-5

互动内容：

某啤酒厂推出了一种低热量的啤酒，将其定位为喝了不会发胖的啤酒，从而迎合了那些经常饮用啤酒又担心发胖的人的需要。这采用了哪种定位策略？

互动要求：

请每位参与互动的同学结合所学的内容独立思考，积极陈述自己的见解，也可以和周围的同学简单沟通后回答。

（二）市场定位的方式

1.迎头定位

这是一种与在市场上居支配地位的竞争对手"对着干"的定位方式，即企业选择与竞争对手重合的市场位置，争取同样的目标顾客，彼此在产品、价格、分销、供给等方面很少有差别。在饮料市场上，作为后起的"百事可乐"刚进入市场时，就采用过这种方式，"你是可乐，我也是可乐"，与"可口可乐"展开面对面的较量。

实行迎头定位方式，企业必须做到知己知彼，应该了解市场上是否可以容纳两个或两个以上的竞争者，自己是否拥有比竞争对手更多的资源和能力，是不是可以比竞争对手做得更好；否则，迎头定位可能会成为一种非常危险的战术，将企业引入歧途。当然，也有些企业认为这是一种更能激发自己奋发向上的尝试，一旦成功，就能取得巨大的市场份额。

2.避强定位

这是一种避开强有力的竞争对手进行市场定位的方式。企业不与竞争对手直接对抗，将自己置于某个市场"空隙"中，开发目前市场上没有的特色产品，开拓新的市场领域。

这种定位的优点是：能够迅速在市场上站稳脚跟，并在消费者心中尽快树立起一定的形象。由于这种定位方式市场风险较小、成功率较高，因此常常为多数企业所采用。

3.重新定位

重新定位通常是指对那些销路少、市场反应差的产品进行二次定位。初次定位后，随着时间的推移，新的竞争对手进入市场，选择与本企业相近的市场位置，致使本企业原来的市场占有率下降，或者由于顾客的需求偏好发生转移，原来喜欢本企业产品的人转而喜欢其他企业的产品，因而市场对本企业产品的需求减少。在这些情况下，企业就需要对自己的产品进行重新定位。所以，一般来讲，重新定位是企业为了摆脱经营困境，重新获得竞争力和增长的手段。不过，重新定位也可作为一种战术策略，并不一定是因为陷入了困境，也可能是由于发现新的产品市场范围引起的。例如，某些专门为青年人设计的产品在中老年人中也开始流行后，这种产品就需要重新定位。

教学互动4-6

互动内容：

"麦当劳"和"肯德基"都是闻名于世的快餐连锁企业，它们在市场上的定位属于哪一种定位方式？

互动要求：

请每位参与互动的同学结合所学的内容独立思考，积极陈述自己的见解，也可以和周围的同学简单沟通后回答。

案例解析4-3　　　格力电器非凡十年，助力中国制造走向世界

有这样一家制造企业，积极响应制造强国的号召，坚持以国家战略需求为企业多元化发展的出发点，终于成长为多元化、科技型的全球工业制造集团。格力电器董事长兼总裁董明珠接受新华网专访时说，在格力电器30余年的发展历程中，2012—2022年是格力电器开启全面发展、用创新实现自主掌控核心技术的关键10年，我们真正做到了坚守创新，坚定走自主管理、自主人才培养、自主营销体系的模式，做到了坚持走自力更生奋斗之路，更做到了助力中国制造走向世界。

经过不懈努力，中国家电行业在技术、质量、产品形象上不断提升，从全世界的加工基地逐步成长为掌握核心科技的创造者，"中国制造"得到了世界认可。在这样的目标指引下，格力电器明确并强化企业的创新属性和范围，开启全面赶超的发展征程。2012年，格力电器将研发方向瞄准于光伏技术与空调结合，成功推出"零碳源"空调技术；2013年正式进军智能装备领域，不仅实现了空调生产全过程自主研发，更将空调核心零部件自主研发制造掌握在手中，完成了从无到有的转变。

近年来，消费者的需求逐渐从外观到功能到品牌的"品质型消费"转变。在这一过程中，中国家电行业也在发生明显变化，面对新的消费群体与消费者的高品质生活

诉求，格力电器坚持以消费者需求为导向开展产品研发，进行产业布局，以自主"智"造为抓手，围绕舒适、健康、智能多维度打造系列高品质家电。在"按需投入，不设上限"的战略支持下，目前格力已拥有35项"国际领先"技术，累计申请专利101 760件，是连续6年进入中国发明专利授权量前十的家电企业。

格力电器做到了以自主品牌走向世界，得到越来越多国家和地区的认可，其主动选择格力电器这个品牌。2021年，格力电器实现营业总收入1 896.54亿元，同比增长11.24%；归属于上市公司股东的净利润230.64亿元，同比增长4.01%。特别是最近10年，格力电器进入快速发展阶段，营业收入是过去21年总和的4倍，净利润是过去21年总和的9.2倍，纳税额是过去21年总和的5.7倍。截至目前，格力电器产品已远销180多个国家和地区。

资料来源　赵秋玥.董明珠：格力电器非凡十年，助力中国制造走向世界［EB/OL］.［2022-10-26］. http://www.xinhuanet.com/tech/20221026/f1b0b308f64944e4be7bb786364023cc/c.html.

思考：格力电器是如何实现其目标定位的？对此你有何感悟？

讨论分析：

个人：请每位同学根据背景资料和自己平时的观察，在固定的学习本上列出自己对上述问题的看法，重点是分析麦当劳的市场定位过程。

小组：请同学们每6人为一组展开讨论，指定1人做好记录，小组每个成员都要陈述自己的观点，然后讨论分析，形成小组意见，准备在班级交流。

班级：每个小组选1位代表在班级发言，陈述本组观点。

老师：老师在黑板上把各小组的看法做简要记录；各小组陈述完毕后，老师根据各小组的陈述内容进行点评。

做一做

【素质提升4-3】

"想想小的好处"

背景与情境：

20世纪60年代，美国汽车市场是大型车的天下，厂家都热衷于生产更大、更豪华的车型。这时，主推经济、可靠却长得又丑又小的大众甲壳虫进入美国市场，这无异于自寻死路。按照传统的做法，大众应该避开它为人诟病的外形，转而挖掘其他特性作为卖点，但是，大众却用一则"想想小的好处（Think small）"的黑白平面广告，让甲壳虫的五短身材表露无遗。

这则广告不但让美国用户重新认识到小型车的好处，而且那种对大型车不屑一顾的姿态更是把甲壳虫从数十种汽车型号中凸显出来，成为小型车的代名词。其实，这之前也有不少小型车，但甲壳虫是第一个把自己定位于小型车的品牌，所以人们在想到小的好处时，自然会首选甲壳虫。

资料来源　佚名.市场营销电子教案［EB/OL］.［2019-10-25］. http://www.doc88.com/p-893118093297.html.

思考：

（1）本案例中大众甲壳虫是如何进行市场定位的？

（2）请你再举两个定位鲜明的例子，谈谈你对市场定位的理解。

（3）碳达峰和碳中和是我国提出的两个阶段性碳减排奋斗目标，简称"双碳"战略目标，即二氧化碳排放力争于2030年达到峰值，努力争取2060年实现碳中和。从营销道德和营销伦理的角度来看，汽车生产厂商面对国家所提出的"双碳"战略目标应该承担什么社会责任？

分析要求：

（1）学生分组讨论；

（2）每个学生结合问题进行小组讨论，形成小组观点；

（3）全班交流，各小组选派代表在班级陈述本组观点；

（4）教师对各组陈述的观点进行点评；

（5）把经过修改且附有教师点评的各小组观点展示在班级本课程平台上。

【创新实践4-3】

你可以列一个品牌清单，如一辆汽车、一件衣服、一个全国连锁酒店、一个著名的零售商、一件电子产品、一个日用消费品。用一句简短的宣传语来说明每个品牌的卖点，并分析每一种产品相较于竞争对手的独特性。

分析要求：

（1）学生分组讨论上述问题，形成本组有创新点的分析结论；

（2）全班交流，各小组选派代表在班级陈述本组分析结论；

（3）结合学生创新能力培养，教师对各组陈述的分析结论进行点评。

思考与练习

一、基本知识巩固

1.关键词和术语

市场细分：根据消费需求的明显差异，把某一产品的市场整体划分为若干个顾客群体，每一个由需求特点相似的顾客组成的群体就构成一个细分市场。

目标市场：在市场细分的基础上，企业决定要服务的最佳细分市场，即企业的产品和服务要满足的特定消费者群。

市场定位：根据市场的竞争情况和本企业的条件，建立和发展差异化的竞争优势，确立本企业产品在目标市场上的竞争地位。

差异性营销：将整体市场划分为若干个细分市场，针对每一个细分市场分别设计不同的产品和营销方案。

集中性营销：选择一个或几个子市场作为目标市场，集中力量争取在这些子市场上占有较大份额。

2.选择题

□ 单项选择题

（1）市场细分的客观基础是（　　　）。

A.需求的差异性　　　　　　　　B.需求的同质性

C.需求的客观性　　　　　　　　D.需求的有效性

（2）某制鞋厂选择青年这一消费群体，向他们提供所需的各种皮鞋，这种策略属于（　　　）。

A.产品/市场集中化　B.选择性专业化

C.产品专业化　　　　　　　　　D.市场专业化

（3）消费者对某种产品的需求和爱好差异较大，企业在选择目标市场策略时可采取（　　　）。

A.无差异性营销策略　　　　　　B.差异性营销策略

C.集中性营销策略　　　　　　　D.密集性营销策略

（4）一家玩具公司欲对玩具市场进行细分，用（　　　）组作为细分标准比较合理。

A.年龄、性别、家庭收入水平　　B.性格、职业、生活态度

C.购买时机、购买动机、用途　　D.购买频率、追求利益、年龄

（5）下列有关市场定位的说法正确的是（　　　）。

A.产品在市场上所处的位置　　　B.产品在消费者心目中所处的地位

C.产品的销售对象选择　　　　　D.产品的销售渠道选择

□ 多项选择题

（1）目标市场策略主要包括（　　　）。

A.无差异性营销策略　　　　　　B.集中性营销策略

C.差异性营销策略　　　　　　　D.多元化营销策略

（2）无差异性营销策略的优点有（　　　）。

A.成本的经济性　　　　　　　　B.规模经济效益

C.实施的便利性　　　　　　　　D.策略的针对性

（3）企业在进行市场定位时可以根据（　　　）来定位。

A.产品的特点　　　　　　　　　B.竞争对手的情况

C.顾客得到的利益　　　　　　　D.批发商和零售商

（4）有效市场细分应具备的条件包括（　　　）。

A.可衡量性　　　B.可接近性　　　C.差异性　　　D.同质性

（5）消费者市场细分的主要标准有（　　　）。

A.地理因素　　　　　　　　　　B.人口因素

C.心理因素　　　　　　　　　　D.行为因素

3.判断题

（1）凡是使消费者需求产生差异的因素，都可以作为市场细分的标准。（　　　）

（2）企业在选择目标市场营销策略时，应考虑到产品的同质性。例如，对于照相机、服装等可以有多种设计、多种式样的产品，企业应采用差异性营销策略。

（　　）

（3）无差异性营销策略追求的不是在较大市场上占有较少的份额，而是在较小的市场上占有较大的份额。（　　）

（4）每一个消费者就是一个细分市场，每个细分市场都是由需求和欲望相同的消费者组成的。（　　）

（5）目标市场营销是从市场定位开始的。（　　）

4.简答题

（1）用表格列出细分消费者市场的标准和主要变量，并说明细分时应注意的问题。

（2）目标市场营销策略有哪些类型？各有何优缺点？企业应如何选择目标市场营销策略？

（3）企业可以实施的市场定位策略有哪些？试举例说明。

二、基本能力提升

1.案例分析

专业化经营有无必要

背景与情境：

某城市一位食品公司副经理认为，发展专业化的保健食品店、营养饮食店、精美食品店能吸引新的顾客，使销售额不断增加。据他的调查分析，65岁以上的老年人数量在不断地增加，所以保健食品的销售额将不断提高，应该在商业中心区专门设立保健食品店，经营不同品种或具有不同特色的保健食品，这样可以吸引老年顾客，满足他们的需要。

另一位副经理不同意这种看法，他认为，老年保健食品和儿童食品相似，无须再专门经营什么老年保健食品。而且大多数老年顾客思想保守、勤俭持家，对食品的品种、质量要求并不太讲究，追求的是一种比较简单的生活方式，所以他们一般对保健食品的需求也不会太多，没有必要细分经营。

思考：

（1）两位副经理对食品市场细分采取了什么样的目标市场策略？他们的依据是什么？

（2）近几年，老年人的需求和购买力有什么变化？设立保健食品店对老年人是否有吸引力？

分析要求：

（1）根据两位副经理的看法，说明他们分别采用了何种目标市场策略。

（2）查阅资料，了解近几年人口资料的变化情况，从老年人的数量、需求特点、消费观念更新、购买动机等方面，分析老年人市场的特点，总结分析专业化经营究竟有无必要。

2.营销实训

市场细分

背景与情境：

随着市场营销知识学习的深入，你们对市场细分也很感兴趣，你们想了解为什么同一市场上，卖同样产品的商家有很多，它们面对市场是如何思考的？怎样设计产品和服务呢？你们想深入企业对这些问题进行了解吗？

训练目标：

（1）素质目标：与企业市场相关人员交流、沟通顺畅，小组成员配合密切。

（2）能力目标：结合企业实际能理解和掌握市场细分原理和方法，理解和掌握市场定位的原理和基本方法。

（3）知识目标：通过调研并结合实际，准确理解市场细分、市场定位、目标市场等陈述性知识。

实训步骤：

（1）每组4人，其中1人为组长，由组长组织成员讨论，明确调研思路，按分工各负其责，相互沟通，积极配合，共同完成本实训任务。

（2）根据本组所选企业经营商品类别，选择两种商品，详细了解这两种商品市场细分、目标市场选择、市场定位等实际情况。

（3）实际调查前，参与人员要从网络、图书馆等渠道收集市场细分、目标市场和市场定位策略等资料。

实训成果及要求：

（1）每组撰写一份调查报告，调查报告要说明调查什么企业，调查了两种什么产品、每种产品是如何进行市场细分的，详细说明细分的标准、如何选择目标市场并进行市场定位。

（2）报告呈现形式各组自定，报告不少于1 200字。

操作流程：

"市场细分"实训项目操作流程如图4-4所示。

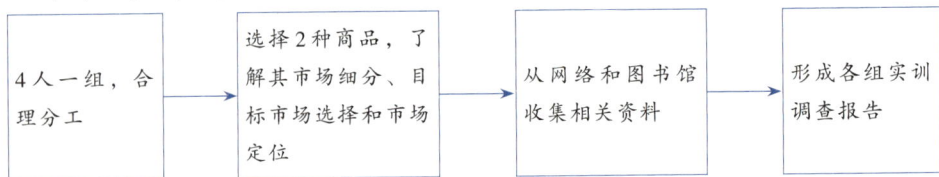

4人一组，合理分工	→	选择2种商品，了解其市场细分、目标市场选择和市场定位	→	从网络和图书馆收集相关资料	→	形成各组实训调查报告

图4-4 "市场细分"实训项目操作流程图

实训时间：

在学生开始学习本项目内容时，即可对学生分组，布置本次实训任务，让学生利用课余时间去收集资料，并积极撰写调研报告。在学生完成本项目学习后，用2个课时让各小组介绍并展示本组报告，其他组同学可发表个人意见，最后由老师点评。经过展示点评，各组认真修改、完善自己的实训报告，并把修改后的报告在班级微信平台上展示交流。

实训评价：

"市场细分"实训项目评价表见表4-3。

表4-3　　　　　　　　　　　"市场细分"实训项目评价表

项目	评价标准	分值（分）	小组个人自评（30%）	小组成员互评（30%）	教师评价（40%）	小计（分）
素养培养（∑30）	参与实训的态度端正，有浓厚的兴趣，小组讨论积极踊跃	10				
	能够根据情景和自身实际自主学习，能够主动提出关于市场细分的相关问题	10				
	能够结合调查，认识到市场细分工作的价值	10				
能力提升（∑20）	能够将所学的市场细分知识运用到实训任务中，学以致用	10				
	正确分析市场细分工作的相关内容	10				
知识应用（∑20）	熟练陈述市场细分、目标市场选择、市场定位等基本知识	10				
	熟悉市场细分标准、市场定位方法	10				
项目成果展示（∑30）	能够独立完成实训，完成任务及时，并能主动提出问题和解决问题	10				
	《市场细分调查报告》结构完整，无错别字，观点正确	10				
	《市场细分调查报告》汇报形式新颖，语速恰当，语言流畅，有感染力	10				
合计		100				

市场营销战略和策略规划

项目概述

　　企业要想在动态的环境中求生存、求发展，不但要善于挖掘顾客需求并满足其愿望，还要积极主动地适应不断变化的市场环境。市场营销活动的本质就是要使企业的目标和资源与不断变化的营销环境相适应。市场营销战略规划就是企业面对激烈变化的市场环境，为长期生存和发展而进行的长远谋划和思考，它是关系企业发展全局的科学规划，是每个企业开展市场营销活动时要做的头等大事。市场营销战略规划的目标和任务，需要靠具体的营销策略去实施。本项目将重点介绍市场营销战略规划、市场营销发展战略、市场营销组合策略等相关内容，从而为后面内容的学习做一个铺垫。

项目结构

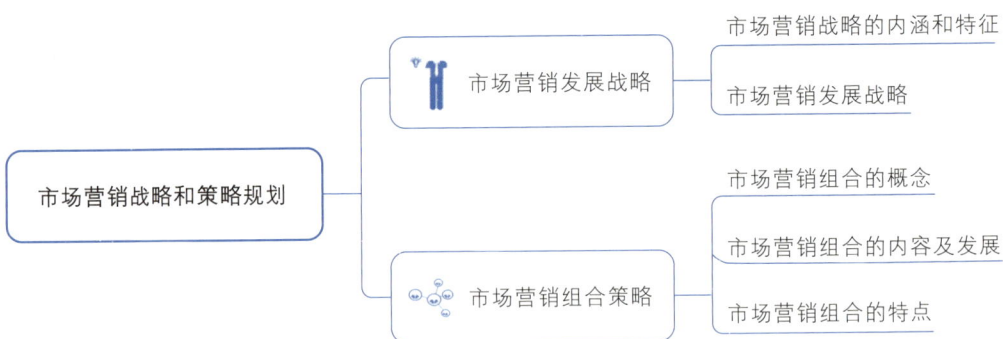

任务一　市场营销发展战略

任务目标

知识目标：通过本任务的知识学习，了解市场营销战略的含义、特征，市场营销发展战略的类型等知识。

能力目标：通过本任务的"案例解析"、"素质提升"和"创新实践"，熟悉市场营销发展战略制定的基本思路，初步掌握制定市场营销战略的基本技能。

素质目标：通过本任务的知识学习、"案例解析"、"素质提升"和"创新实践"等教学活动，明确做好发展规划的重要性，树立奋斗目标，做好职业生涯规划。结合"素质提升"中对"小米文化"和"创新实践"的思考与分析，关注企业营销战略与生态文明建设的关系，树立可持续发展理念和营销伦理道德，增强职业道德和社会责任感。

任务导入

从青岛海尔更名海尔智家看海尔智慧家庭战略落地

背景与情境：

2019年6月5日晚，青岛海尔股份有限公司发布公告，青岛海尔拟变更为"海尔智家股份有限公司"。代表全新品牌的"海尔智家"（如图5-1所示）将正式甩开家电的标签，向物联网时代全球生态品牌迈进。同时，海尔智慧家庭战略也再次浮出水面，从成套家电到衣食住娱的全生态体验，再到全场景解决方案第一提供商，海尔智慧家庭战略已全面开花。

图5-1　全新品牌的"海尔智家"

全球化品牌的布局，不仅让海尔智慧家庭全球用户可以选择多个品牌，而且海尔智慧家庭生态品牌布局也开始全球化。海尔智家正在全球创建生态品牌的引领地位，以用户需求与体验为中心构建开放生态。目前，海尔空气圈、衣联网、食联网等7大生态圈所构建的生态都是以用户为中心的。

在空气生态圈中，海尔前不久携手500家生态伙伴共同推进人居空气健康的生态建设，为用户打造个性极致的空气体验。比如，在海尔的体验馆内，当人们向海尔智能音箱说出"我要呼伦贝尔的空气"时，海尔的空调就能吹出和呼伦贝尔当地参数相同的空气；在美食生态圈中，海尔通过冰箱整合了美食、娱乐、农场、营养师等七大类200多家资源方，可以为用户提供购买、存储、烹饪、清洁、健康管理等一站式管家服务（如图5-2所示）；在洗护生态圈中，海尔衣联网与4 800多家生态资源方跨界合作，将洗衣机、智能衣柜、试衣镜等产品连接在一起，共同为用户提供洗、护、存、搭、购全生命周期的智慧解决方案。

图5-2　海尔智慧厨房

海尔正以智慧家庭为战略原点，通过从用户端到生态资源端的连接，为用户提供一站式生活服务。生态的搭建也直接体现在海尔的收益上，财报显示，青岛海尔2018年物联网生态收入28亿元，增长1 622%。

资料来源　佚名. 从青岛海尔更名海尔智家看海尔智慧家庭战略落地〔EB/OL〕.〔2019-11-05〕. http://mini.eastday.com/mobile/190607234617632.html#.

思考：

（1）市场营销战略对企业来说重要吗？为什么？

（2）请从营销道德与营销伦理的角度谈谈案例中海尔市场营销战略对你的启发。

学一学

一、市场营销战略的内涵和特征

1.战略

"战略"（strategy）一词最早是军事方面的术语，是指挥军队的艺术和科学。在现代，"战略"一词被引申至政治和经济领域，其含义也演变为泛指统领性的、全局性的、左右胜败的谋略、方案和对策。

2.企业战略

企业战略是指企业在竞争激烈的市场环境中，为了求得生存和发展而做出的长远性、全局性规划，以及为了实现企业愿景和使命而采取的竞争行动和管理业务的方法。企业战略具有总体性、长远性、方向性、竞争性、稳定性等特征。

（1）总体性。企业战略以企业全局为对象，规定了企业的全局性行动方略，着眼于企业的总体发展，追求总体协同效果。虽然战略必须考虑局部问题，但局部活动一定要服务于总体性战略活动的要求，对战略的实施发挥有效的支撑作用。

（2）长远性。战略规定了企业在今后相当长一段时间内的发展方向、目标以及工作的重点。一般来说，战略应当至少对企业未来3～5年的发展做出规划，某些情况下甚至可以考虑企业未来十年或更长时间的发展。企业战略的长远性是企业谋求长远发展要求的反应。

（3）方向性。战略规定了企业的未来发展方向，描述了企业的发展蓝图，具有行动纲领的意义。战略要求企业在战略期内的各项工作都要围绕战略制定的方向展开，同时要求各部门在战略方向的指引下充分发挥各自的积极性和创造力。

（4）竞争性。竞争性是企业战略的本质特征。没有竞争，也无所谓企业战略。企业战略的实质，就是通过对战略的制定和实施，维持、巩固或提高自己的竞争地位，努力使自身在同竞争对手的冲突中保持优势，从而使企业在激烈的市场竞争中生存、发展、壮大。

（5）稳定性。企业战略一经制定，在较长的时期内就要保持稳定，以利于企业各部门、各单位贯彻执行。当然，也不排除局部范围内的适当调整。

3.市场营销战略

市场营销战略是指企业在确定的总体战略指引下，根据市场等环境及自身条件的动态变化趋势，对企业市场营销活动做出的总体的、长远的、全局性的谋划。市场营销战略一般包括两方面内容，即企业的长远目标和实现目标的手段，后者也称市场营销策略或战术。

市场营销战略作为企业战略体系的一部分，同样具有总体性、长远性、方向性、竞争性、稳定性等企业战略的一般特征，同时还有两点值得注意：第一，市场营销战略是企业战略的一部分，要服从于企业的总体战略，以实现企业的总体战略目标为出发点；第二，市场营销战略是企业战略体系的核心，市场营销战略引导其他职能战略。

二、市场营销发展战略

企业发展新业务的战略有三种：密集型发展战略、一体化发展战略和多元化发展战略。

（一）密集型发展战略

企业在原有的市场上从事原来的业务，称为密集型发展战略。如果企业现有业务领域，即现有的产品或市场还有盈利空间，可以采用密集型发展战略。将这一战略进一步细化，可分为市场渗透战略、市场开发战略和产品开发战略三种形式，如图5-3所示。

重难点微课5-1

密集型发展战略

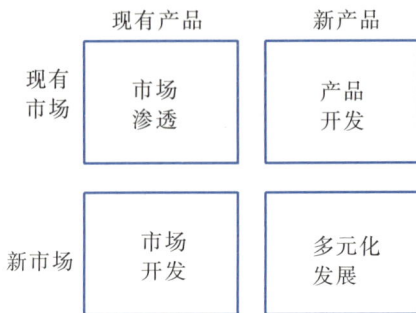

图5-3　密集型发展战略示意图

1.市场渗透战略

市场渗透战略是通过加强调研和宣传，利用现有产品，在现有的市场上争取更大市场份额，增加销售数量，以达到扩大企业业务这一目的的战略。扩大市场份额、增加销售数量的方法主要有以下三种：

（1）鼓励现有顾客多买。通过宣传、引导促进现有顾客提高现有产品的使用频率，增加产品的购买数量，达到多用、多买的目的。例如，宣传早晚都要刷牙，既有利于引导消费者养成良好的卫生习惯，又有利于促使消费者将使用牙膏、牙刷的次数增加一倍，从而促进牙膏、牙刷的销售。运用这种方法来扩大业务，不仅对本企业有利，而且对同行业和相关行业的竞争有利，从而得到它们的支持和协助，形成强大的宣传阵势。但这种方法只能有针对性地选用，不宜滥用。

（2）争取竞争对手的顾客。密切注视市场动态，抓住有利时机适时地采取市场攻势，占领竞争对手的市场，以扩大企业的市场份额。运用这种方法来扩大业务，有时会导致竞争对手的反感，加剧市场竞争。但是，如果时机合适、方法合理，也可能起到满足市场需求、填补市场空缺的积极作用，取得事半功倍的效果。

（3）争取尚未购买的潜在顾客。通过调查研究，分析潜在顾客尚未购买的原因，有针对性地采取相应的营销措施，促使潜在顾客尽快成为本企业的现实顾客。这种扩大业务的方法虽然难度较大，需要通过深入、细致的调查研究才能取得成效，但却是一种行之有效的方法，可以避免竞争，取得较好的营销效果。

2.市场开发战略

市场开发战略是通过增加市场开发费用和促销费用，以现有市场为基础不断向外扩张，开辟新的市场，以达到扩大业务目的的营销战略。市场开发的方式主要有以下三种：

（1）在原有销售地区内增加新的目标市场。通过社会舆论和广泛宣传，引导新的目标顾客购买和使用企业产品。

（2）增加新的销售渠道。改变由商业部门独家销售的单一渠道，增加网络销售、电视销售等方式，以灵活的销售方式来扩大销售业务。

（3）增加新的销售地区。将单一的内销产品打入国际市场；用外销产品占领国内市场范围；将城镇市场的成熟期产品销往农村市场等。通过增加新的销售地区，扩大产品市场范围，从而使产品掀起一个新的销售高潮。

3.产品开发战略

产品开发战略是通过增加产品开发费用，对现有产品进行改进，使现有产品以新的姿态投放到现有市场上，以增强竞争力、扩大销售业务的一种战略。产品开发的方式主要有以下三种：

（1）增加新的特色。根据目标顾客的需要对原有产品的功能、外观、色彩等方面进行改进，以体现自身的特色，激发潜在顾客的需求。

（2）增加新的档次。根据目标顾客的需求生产高、中、低档兼备的系列产品，以满足不同消费者的需要。

（3）增加新的换代产品。随着科技的发展，新的产品层出不穷。例如，从单缸洗衣机到双缸洗衣机，再到全自动洗衣机、带升温装置的洗衣机、带烘干装置的洗衣机等，洗衣机这一产品的功能不断完善，为消费者带来更大方便。

教学互动5-1

互动内容：

从可持续发展与循环经济的理念出发，思考企业营销战略与生态文明建设的关系。

互动要求：

请每位参与互动的同学结合本地一些企业的实例，积极陈述自己的见解，也可以和周围的同学简单沟通后回答。

（二）一体化发展战略

企业尝试从事与原业务相关的一些业务，称为一体化发展战略。如果企业所属行业的吸引力和增长潜力大，或企业在产品的产、供、销方面实行一体化能提高效率，提高企业的盈利能力或控制力，则可采用一体化发展战略。一体化发展战略是在现有业务基础上，通过收购、兼并、联合、参股、控股等方式，向现有业务的上游或下游方向发展，形成产、供、销一体化，以扩大现有业务。一体化发展战略包括后向一体化、前向一体化和水平一体化三种形式，如图5-4所示。

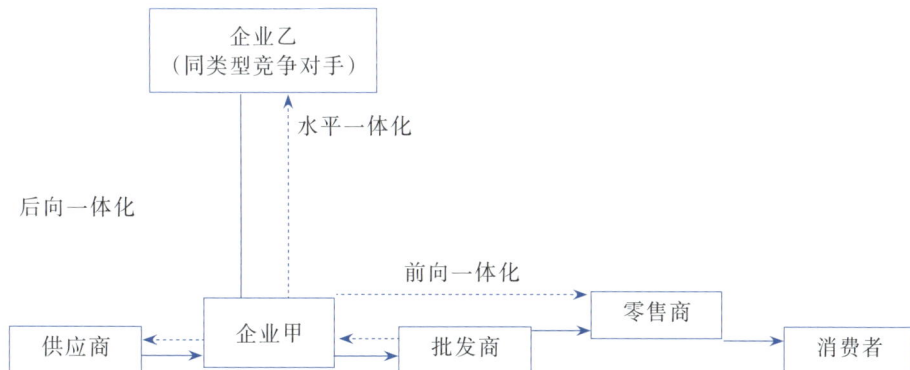

图5-4　一体化发展战略示意图

1.后向一体化

后向一体化是指企业在现有业务基础上，向上游的业务发展，即通过收买、兼并、联合等形式，拥有或控制企业的原材料、零部件及其他供应系统，实行供、产一体化。例如，汽车公司将汽车零配件生产厂家兼并，化工厂与化工原料厂合为一体等。后向一体化不仅扩大了现有业务，而且有利于保证原材料、零部件的供应及质量，因而也促进了现有业务的发展。

2.前向一体化

前向一体化是指企业在现有业务基础上，向下游的业务发展，即通过收买、兼并、联合建立经销系统，形成产、销一体化，或者是由现有的原材料生产企业向成品生产企业发展，形成产品生产一体化，进而达到产、供、销一体化。

3.水平一体化

水平一体化是指企业通过收买、兼并、联合同行业的企业，形成一体化经营的战略。对于大型企业、名牌企业，运用水平一体化战略，可以利用其他企业的场地、设备、人力、资金等资源，来扩大自己的业务；对于中、小型企业，运用水平一体化战略，可以利用其他企业的技术、知名度等，来提高本企业的业务素质，从而提高企业的声誉。

（三） 多元化发展战略

企业探索全新的领域，开发全新的业务，称为多元化发展战略。多元化发展战略是指企业利用现有资源和优势，运用资本运营的各种方式，投资发展不同行业的其他业务的营销战略。根据所利用的资源的不同，多元化可分为同心多元化、水平多元化和复合多元化三种类型。

1.同心多元化

同心多元化又称技术关系多元化，是指企业以现有业务领域为基础，利用现有的产品线、技术、设备、经验、特长等，增加产品的种类，向行业的边缘业务发展的战略。例如，医药公司经营花旗参糖、花旗参茶等保健食品、饮料，拖拉机厂增加小型货车的生产，彩电、洗衣机等厂家向全家电业务发展等。这种战略能充分发挥企业原有的技术优势，而且投资少、风险小、见效快，容易取得成功。

2.水平多元化

水平多元化又称市场关系多元化，是指企业针对现有目标市场上顾客的潜在需求，发展其他行业有关业务的战略。例如，民航机场、火车站或汽车站增加为旅客服务的商店、旅社、餐馆及金融机构等。这种战略目标顾客集中，可以充分利用企业的声誉，实现原有业务与新业务相辅相成、相互促进。

3.复合多元化

复合多元化是指企业利用人才优势、资金优势或根据联合经营的需要，投资发展与原有业务无明显关系的新业务的战略。例如，海尔集团不但生产冰箱、空调、洗衣机等家电产品，而且生产手机等新产品，还要涉足医药行业。

多元化经营使企业分散了风险，提高了企业经营的安全性，有利于企业向着有发展前途的新兴行业转移，在促进新兴行业发展的同时，也能带动原有业务的发展，形成老带新、新促老，企业不断发展的局面。

密集型发展战略、一体化发展战略和多元化发展战略各有利弊，企业在发展新业务的过程中，必须根据自身条件和外部环境的变化权衡利弊、进行选择，以规避投资风险，促进企业的发展。

教学互动5-2

互动内容：

美的集团生产经营空调、电风扇、电饭煲、微波炉、厨具、微电机、压缩机等多项产品，取得了不错的业绩。这种良好的发展态势得益于何种发展战略的运用？

互动要求：

请每位参与互动的同学结合所学的内容独立思考，积极陈述自己的见解，也可以和周围的同学简单沟通后回答。

案例解析5-1　　　　　　　　　　产品同质化，海尔差异化

背景与情境：

2019年4月15日，第125届广交会开幕。走进家电展区，冰箱、洗衣机、空调等产品琳琅满目。但纵览全场，家电功能卖点多有相似，而在海尔展区，每平方米位置都显示出其差异化，干湿分储、健康洗、"卖空气"……每平方米都展示出科技的独一无二。

冰箱：都在卖保鲜，海尔卖干湿分储

冰箱中具有保鲜、大空间等功能的产品很多，但连续11年蝉联全球第一的唯有海尔。海尔展出了首创的干湿分储冰箱，能实现干货不返潮、鲜果蔬不脱水。

洗衣机：都在卖干净洗，海尔卖健康洗

洗衣机功能类似，但有3款独属海尔：颐人洗衣机采用无外桶科技，引领行业"健康洗"趋势；融合纤洗护理机引领分区洗护新趋势；海尔紫水晶滚筒洗干组合，直驱大筒径洗涤更护衣，热泵干衣机5D正反转干衣不缠绕。

空调：都在"卖温度"，海尔"卖空气"

空调中具调温、除湿等功能的产品很多，但是展示从智慧自清洁、净化自清洁到新风自清洁的健康空气解决方案的唯有海尔。海尔研发了行业首款能换"新风"的空调，同时保持室内恒温、空气新鲜，不用开窗也能换新风。

热水器：都在卖死水，海尔卖活水

热水器中主打节能、安全等功能的产品很多，但卖活水的唯有海尔。海尔研发出了全球首台无水箱太阳能热水器，采用全新换热技术让洗澡水始终处于活水状态，终结污垢沉积难题。同时，制热速度提升20%，带来速热活水洗浴新体验。

燃气灶：都在卖大火力，海尔卖"防火墙"

燃气灶中具有大火力、熄火保护等功能的产品很多，但是能防干烧的唯有海尔。海尔研发出了中国第一台防干烧燃气灶，筑起了安全"防火墙"，烧干锅1分钟左右、灶具不坐锅3分钟左右自动熄火关气。

冷柜：都在卖冰冻，海尔卖0结霜

冷柜中主打节能、低噪声等功能的产品很多，但是能细胞级冷冻的唯有海尔。海尔首创行业细胞级冷冻，-38℃深冷速冻，锁住食材新鲜营养；通过立体射流送风技术，实现真正0结霜。

在"人单合一"模式的指导下，海尔为用户提供个性化家电服务的同时，驱动产品和服务的不断创新，不断升级用户美好生活体验。

资料来源　佚名.广交会观察：产品同质化，海尔差异化〔EB/OL〕.〔2019-10-27〕. https://haiercg.co.chinachugui.com/news/itemid-394965.shtml.

思考：

（1）你如何理解海尔的差异化？

（2）海尔的差异化产品和其营销战略有什么关系？

讨论分析：

个人：请每位同学根据背景与情境中给定的信息，在固定的学习本上写出自己对以上问题的看法。

小组：请同学们每6人为一组，1人为组长，1人做记录，然后讨论分析，形成小组意见，准备在班级交流。

班级：每个小组选1位代表在班级发言，陈述本组观点。

老师：老师记录各小组的陈述要点，最后进行点评。

做一做

【素质提升5-1】

小米文化

背景与情境：

小米的使命：始终坚持做"感动人心、价格厚道"的好产品，让全球每个人都能享受科技带来的美好生活

8年前，小米公司成立时就有一个宏大的理想：改变商业世界中普遍低下的运作效率。小米有勇气、有决心、有毅力推动一场深刻的商业效率革命：把每一份精力都专心投入到做好产品上，让用户付出的每一分钱都足有所值。

在众多领域中，小米都以一流的品质、紧贴成本的定价彻底改变了行业面貌，大大加速了产品普及。"感动人心，价格厚道"这八个字是一体两面、密不可分的整体，远超用户预期的极致产品，还能做到"价格厚道"，才能真正"感动人心"。

小米的愿景：和用户交朋友，做用户心中最酷的公司

优秀的公司赚的是利润，卓越的公司赢的是人心。小米是一家少见的拥有"粉丝文化"的高科技公司。对小米而言，用户非上帝，用户应是朋友。

为感谢米粉的一路相伴，小米将4月6日这一天定为"米粉节"，每年4月初都会举办盛大活动与米粉狂欢。同时自2015年起，每年年底小米都会举办小米家宴，邀请米粉回家吃"团圆饭"。同时小米员工还会自发地为米粉手写10万张明信片，这是

小米不一样的地方，是小米人发自内心、一笔一画亲手表达的情感，这是对愿景的最好诠释，这是和米粉交朋友的实际行动。

小米的核心价值观：真诚、热爱

真诚就是不欺人也不自欺；热爱就是全心投入并享受其中。

2010年，小米创始人共饮一碗小米粥，开启了"小米加步枪干革命"的故事。2018年员工5周年活动上，雷军说道："老员工是小米最宝贵的财富，没有老兵，没有传承。没有新军，没有未来。感谢有一帮志同道合的小伙伴，一起哭，一起笑，一起战斗！岁月数载，初心不变，始终真诚，永远热爱。"

资料来源　佚名. 小米文化［EB/OL］.［2019-06-04］. http://www.mi.com/about/culture.

思考：

(1) 小米文化和企业营销战略的制定之间有什么关系？

(2) 小米文化带给你什么启示？

(3) 从营销道德和营销伦理的角度来看，企业在发展过程中应承担哪些社会责任，对企业长远发展会有什么影响？

分析要求：

(1) 学生分组讨论案例；

(2) 每个学生结合问题进行小组讨论，并形成小组案例分析观点；

(3) 全班交流，各小组选派代表在班级陈述本组案例分析观点；

(4) 教师对各组陈述的观点进行点评；

(5) 把经过修改且附有教师点评的各小组案例分析观点展示在班级本课程平台上。

【创新实践 5-1】

(1) 列出 10 项以上食品不安全的事例。

(2) 列出 10 项以上食品安全的事例。

从伦理的角度分析为什么会出现食品不安全的事例？食品生产企业应如何制定其市场发展战略？在经营中应关注什么问题？撰写一份 800 字的分析报告。

分析要求：

(1) 学生分组讨论上述问题，形成本组有创新点的分析报告；

(2) 全班交流，各小组选派代表在班级陈述本组分析报告；

(3) 结合学生创新能力培养，教师对各组的分析报告进行点评。

任务二　市场营销组合策略

任务目标

知识目标：通过本任务的知识学习，能掌握市场营销组合策略的概念、内容及特征等具体知识。

能力目标：通过本任务的"案例解析"、"素质提升"和"创新实践"，能从产品、价格、渠道、促销四个方面分析4P理论营销的特点，说明4P理论在营销中的新变化。

素质目标：通过本任务的知识学习、"案例解析"、"素质提升"和"创新实践"等教学活动，明确相互合作的重要性。声、色、味不过五，有效组合就会产生无穷的魅力，树立团结协作、合作共赢的团队精神。结合对"市场营销组合方案"的思考和"创新实践"等活动，培养开拓创新、锐意进取、追求卓越的职业精神，提高职业素质和社会责任感。

任务导入

雀巢公司的市场营销组合

背景与情境：

当年雀巢公司对中国内地和中国香港市场进行了全面的市场调查，聘请对中国非常了解的专业人士共同研究、制定了以下市场营销组合策略：

1.产品策略

通过调查发现，影响人们购买咖啡的主要原因是口味。国际上咖啡的口味主要分为以苦味为主的英国口味、苦和酸涩并重的美国口味以及讲究淡味的日本口味。经过研究，雀巢公司认为中国内地的消费潮流受香港地区影响，于是将产品定位为英国口味。

2.价格策略

在美国市场上，雀巢是名牌，而其在中国内地的竞争对手麦氏咖啡属于杂牌，两者价格相差近30%，是否保持这种价格差呢？公司决定保持这种价格差，并同时以相应的促销策略进行配合。

3.渠道策略

为了显示产品的档次，一般只供给中档以上的商店，不在小店销售。

4.促销策略

在广告方面，以京、津、沪三大城市为突破口，在三大城市地方台和中央电视台同时播出广告，密集发送，传播"味道好极了"的良好品牌形象；利用公共关系促销，在三大城市多次举办名流品尝会，并为一些重要会议免费提供咖啡，形成名流只喝雀巢的时尚；在营业推广方面，采用中国内地消费者较为欢迎的买一赠一方式，即买咖啡赠伴侣、杯子等。

资料来源 佚名.雀巢公司的营销策略与管理［EB/OL］.［2019-09-28］. http://www.doc88.com/p-7748260543966.html.

思考：

（1）请你分析本案例中市场营销组合策略的具体运用有何特点。

（2）从本案例中你受到了什么启发？

学一学

一、市场营销组合的概念

市场营销战略规划的营销任务和目标、企业新业务发展战略，都要靠具体的策略和战术去实施。市场营销策略有很多，而且千变万化、魅力无限，这里主要分析市场营销组合策略。

市场营销组合是指企业可以控制的各种市场手段的综合运用，即综合运用产品（product）策略、价格（price）策略、渠道（place）策略、促销（promotion）策略等各种可能的手段，来实现企业市场营销战略的总目标，简称4Ps组合。

市场营销组合是现代市场营销理论中一个十分重要的概念。这一概念的提出和应用，从整体上满足了消费者的需求，体现了以消费者需求为中心的现代市场营销观念。它要求企业用最适合的产品，以最适宜的价格，通过最畅通的渠道，采用最相宜的促销手段，最好地满足目标市场的需求，从而取得最佳经济效益。企业要想组织起有效的市场营销活动，就要制定合理的市场营销组合，选择可行的方案，充分利用企业的有效资源，形成企业的经营特色，以提高企业的竞争力。

重难点微课5-2

市场营销组合

二、市场营销组合的内容及发展

一般说来，市场营销组合中所包含的可控因素及组合策略的内容主要有四大类，即产品、价格、渠道、促销。其中，每一类又包含了许多相关因素，每一类又可以形成一个组合，如产品组合、价格组合、渠道组合和促销组合等。

1.产品

产品的范围很广，产品是指一切用于满足顾客需求的有形产品、无形产品或思想观念。与产品相关的因素包括产品的开发与生产、产品的品牌与包装、产品的质量与保证等。经营者提供给消费者的产品应该是上述几个决策因素的有机组合，即全方位的产品。

2.价格

价格是产品价值的反映形式，是企业出售产品或劳务的经济回报，包括基本价格、折扣价格、折让、支付方式，支付期限、信用条件等。价格在市场营销组合中的地位非常特殊，因为消费者往往用价格来衡量产品的价值，而产品的价值是否与消费者的期望价值相符又会影响消费者的购买决策。在现代市场营销活动中，企业常常用产品价格来树立产品以及公司的形象，使其成为竞争的有力工具。

3.渠道

渠道是指企业使其产品进入和到达目标市场所开展的各种活动。它涉及一个企业怎样以最低的成本、通过合适的途径，将产品及时送达消费者手中。渠道包括选择产品销售的地点，保持适当的库存，选择适当的中间商与零售商，维持有效的流通等。简而言之，企业要想盈利，就必须在合适的时间，将合适的产品送到合适的地点，供消费者选购。

拓展阅读5-3

企业营销不能助长食品浪费

4.促销

促销是指企业利用各种信息媒体与目标市场进行沟通的各种活动。促销涉及以下几个方面：向潜在顾客介绍本企业的新产品、新品名、新式样等；激起潜在顾客购买该企业产品的欲望；使客户不断保持对该企业产品的信赖和兴趣，在顾客中树立企业完美的形象。促销的手段有人员推销、广告推销、营业推广和公共关系等。

随着市场营销环境的变化，市场营销组合策略的内容不断地发展变化。继4Ps之后，学术界又相继提出了其他的营销策略。

1986年，美国市场营销学家菲利普·科特勒提出"大市场营销"的概念，即在4Ps的基础上，再加上政治力量，即权力（power）和公共关系（public relation），形成6Ps。前者是国际贸易与政治越来越多联系的发展结果，而后者则意味着企业形象正在成为市场营销的一部分。后来，菲利普·科特勒在6P的基础上，又提出了战略上的4P，具体包括：调查（probing），即搞清楚市场由哪些人组成，市场都需要什么；分割（partioning），区分不同的买主，即进行市场细分；优先（prioritizing），哪些顾客对你最重要，即搞清楚目标市场、目标顾客；定位（positioning），在顾客的心目中树立产品形象。菲利普·科特勒还强调人的重要性，特别是各种营销人员和服务人员的言行、仪表、态度，因此，又加上一个P，即人员（people），于是出现了市场营销组合的11Ps组合策略。

总之，市场营销组合策略的内容随着时代的发展不断丰富，不断扩充新的内涵。不过，人们在制定市场营销组合策略时，习惯上在4Ps组合之上再单独进行其他的配套组合。因此，我们在规划市场营销组合策略时，还是以4Ps为主。

教学互动 5-3

互动内容：

查阅资料，了解企业市场营销组合策略的内容有哪些新的扩充，这些新扩充对企业的营销活动有什么影响。

互动要求：

请每位参与互动的同学结合一些企业的实例独立思考，积极陈述自己的见解，也可以和周围的同学简单沟通后回答。

三、市场营销组合的特点

1.可控性

市场营销组合因素对企业来说，都是相对可控制的因素。企业根据目标市场的需要，可以决定自己的产品结构，制定产品价格，选择分销渠道和促销方法等。对这些市场营销手段的运用与搭配，企业有自主权。但这种自主权是相对的，因为企业的市场营销过程不但要受自身资源和目标的制约，而且要受各种微观和宏观环境因素的影响和制约，这些环境因素是企业不可控制的变量。因此，市场营销管理人员的任务就是适当安排市场营销组合，使其与不可控制的环境因素相适应，这是企业市场营销取得成功的关键。因此，企业在综合运用营销组合策略时，既要合理安排好可控因素，又要灵活适应外部的不可控因素。

2.多重性

市场营销组合是一个复杂的结构。市场营销组合是产品、价格、渠道、促销（简称4Ps）的大组合，每个"P"中又包含若干个小因素，形成了各个"P"的亚组合，因此，市场营销组合是至少包括两个层次的复杂结构。企业在确定市场营销组合时，不但应求得4个"P"之间的最佳搭配，而且要注意安排好每个"P"内部的搭配，使所有因素实现灵活运用和有效组合。只有将这些因素综合地加以考虑，才能发挥市场营销组合的整体效用。有时市场营销的条件虽然相同，但不同的企业会有不同的组合。所以，企业开展整体的营销活动，必须针对目标市场的需求，选择最佳的市场营销组合策略。

3.动态性

市场营销组合是一个发展变化的动态组合，是变化着的经营艺术。市场营销组合包括产品、价格、渠道、促销四大因素，每个因素中又包含了许多子因素，每个因素都是不断变化的，是一个变量；同时又是相互影响的，每个因素都是另一个因素的潜在替代者，每一个变量的变动都会引起整个市场营销组合的变化，形成一个新的组合。在市场营销组合的动态变化过程中，它们组合出来的营销方式和方法是无穷的，企业营销策略的生命力、竞争力就存在于无常的变化和组合之中。因此，企业在制定营销组合策略时，处处要在"变"字上做文章，掌握这种动态的、变化的经营艺术。

4.整体性

市场营销组合是为实现企业的营销战略服务的。市场营销组合要受到企业市场营销战略定位的制约，即企业要根据市场营销战略定位，设计、安排相应的市场营销组合，才能发挥市场营销组合的整体增效作用。

教学互动5-4

互动内容：

"声不过五，五声之变，不可胜听也；色不过五，五色之变，不可胜观也；味不过五，五味之变，不可胜尝也。"（《孙子兵法·势篇》）

这段话告诉了我们一个什么道理？对我们学习市场营销知识有何启发？

互动要求：

请每位参与互动的同学先阐述这段话的具体含义，积极陈述自己的见解，也可以和周围的同学简单沟通后回答。

案例解析5-2　　　　　　　　麦当劳公司的营销组合

背景与情境：

美国麦当劳公司是举世公认的发展迅速的快餐连锁企业，该公司十分重视市场营销战略，并根据顾客的需求和竞争者的策略，调整其市场营销组合策略。麦当劳公司的市场营销组合策略见表5-1。

表5-1　　　　　　　　　　　麦当劳公司的市场营销组合策略

营销策略	营销组合
产品策略	标准的、稳定的、高质量的产品；服务时间长；服务速度快
价格策略	低价策略
渠道策略	组织特许连锁经营，扩展分店；营业场所选在顾客密集区域
促销策略	强有力的广告宣传，广告媒体以电视为主，内容针对年轻人的口味

资料来源　作者根据相关资料整理而成.

思考：

（1）运用市场营销组合的知识，描述麦当劳公司市场营销组合的特点。

（2）麦当劳公司的市场营销组合可在哪些方面进行优化？谈谈你的看法。

讨论分析：

个人：请每位同学根据案例提供的信息，在固定的学习本上记下自己的思考和看法。

小组：请同学们每6人为一组，1人为组长，1人做记录，小组每个成员都要陈述自己的观点，然后讨论分析，形成小组意见，准备在班级交流。

班级：每个小组选1位代表在班级发言，陈述本组观点。

老师：老师记录各小组的陈述要点，最后进行点评。

做一做

【素质提升5-2】

背景与情境：

一家生产洗衣机的企业的市场营销组合策略有以下两种方案，见表5-2。

表5-2 某洗衣机生产企业的两种市场营销组合方案

方案	产品	价格	分销	促销
1	质量可靠 负责维修	基本价格	各零售店	大量做广告 开展销会
2	提供配件 不管维修	折扣价格	各批发站	做少量广告

思考：

两种组合方案得到的效果肯定是不一样的，请从营销伦理和营销道德的角度分析哪种方案的效果更有助于企业的发展。

分析要求：

（1）学生分组讨论案例；

（2）每个学生结合问题进行小组讨论，并形成小组案例分析观点；

（3）全班交流，各小组选派代表在班级陈述本组案例分析观点；

（4）教师对各组陈述的观点进行点评；

（5）把经过修改且附有教师点评的各小组案例分析观点展示在班级本课程平台上。

【创新实践5-2】

请根据你所在学校的校园周边环境，讨论在学校门口做什么生意最赚钱。

（1）谈谈你的初步打算。

（2）在经营策略上你会有什么创新？

分析要求：

（1）学生独立思考，形成有创新点的分析结论；

（2）全班交流，学生在班级内陈述自己的分析结论；

（3）结合学生创新能力培养，教师对学生陈述的分析结论进行点评。

思考与练习

一、基本知识巩固

1.关键词和术语

企业战略：企业在竞争激烈的市场环境中，为了求得生存和发展而做出的长远性、全面性规划，以及为了实现企业愿景和使命而采取的竞争行动和管理业务的方法。

市场营销战略：是指企业在确定的总体战略指引下，根据市场等环境及自身条件的动态变化趋势，对企业市场营销活动做出的总体的、长远的、全局性的谋划。

一体化发展战略：在现有业务基础上，通过收购、兼并、联合、参股、控股等方式，向现有业务的上游或下游方向发展，形成产、供、销一体化，以扩大现有业务规模的营销战略。

多元化发展战略：指企业利用现有资源和优势，运用资本运营的各种方式，投资于不同行业的其他业务的营销战略。

市场营销组合：企业可以控制的各种市场手段的综合运用，即综合运用产品（product）策略、价格（price）策略、渠道（place）策略、促销（promotion）策略等各种可能的手段，来实现企业市场营销战略的总目标，简称4Ps组合。

2.选择题

□ 单项选择题

（1）某集团公司由烟草行业进入石油、化工、建筑、电子等许多领域开展经营活动，该集团实施的是（　　　）。

扫码同步测5

　A.同心多元化　　　　　　　　　　　B.水平多元化

　C.复合多元化　　　　　　　　　　　D.后向一体化

（2）海尔集团开发国际市场，进行国际化经营，这是运用（　　　）。

　A.市场渗透战略　　　　　　　　　　B.市场开发战略

　C.产品开发战略　　　　　　　　　　D.多元化发展战略

（3）某养鸡场原来向饲料公司采购饲料，现决定自己开办饲料厂，这是（　　　）。

　A.前向一体化　　　　　　　　　　　B.水平一体化

　C.同心多元化　　　　　　　　　　　D.后向一体化

（4）当企业所属行业缺乏有利的营销机会或其他行业的吸引力更大时，企业可实施（　　　），以实现企业业务的增长。

　A.密集型发展战略　　　　　　　　　B.一体化发展战略

　C.多元化发展战略　　　　　　　　　D.产品开发战略

□ 多项选择题

（1）菲利普·科特勒提出的"大市场营销"，是指在4P的基础上，再加上

（　　　）和（　　　）。

    A.公共关系　　　　B.产品品牌　　　　C.政治力量　　　　D.人员

（2）市场营销组合的特点有（　　　）。

    A.可控性　　　　　B.动态性　　　　　C.多重性　　　　　D.整体性

（3）市场营销战略是对企业市场营销活动做出的（　　　）谋划。

    A.总体的　　　　　B.长远的　　　　　C.全局的　　　　　D.具体的

（4）市场营销组合中所包含的可控因素有（　　　）。

    A.产品　　　　　　B.价格　　　　　　C.渠道　　　　　　D.促销

（5）市场营销组合是一个大组合，其中的促销组合又包括（　　　）。

    A.人员推销　　　　B.广告宣传　　　　C.营业推广　　　　D.公共关系

3.判断题

（1）市场营销组合是一个固定不变的静态组合。　　　　　　　　　　（　　　）

（2）企业通过收购、兼并、联合等形式获得发展，这是利用后向一体化的发展机会。　　　　　　　　　　　　　　　　　　　　　　　　　　　　　　（　　　）

（3）企业在一定时期内，可以"既获得企业规模迅速扩大，又降低企业经营风险"。　　　　　　　　　　　　　　　　　　　　　　　　　　　　　　　（　　　）

（4）在市场营销理论日新月异的今天，4Ps营销理论已经过时了。　　（　　　）

（5）市场营销组合策略要受企业市场定位战略的制约。　　　　　　　（　　　）

4.简答题

（1）市场营销战略和策略之间的关系如何？

（2）企业新业务发展战略有哪几种类型？适用情况和主要方式有哪些？试举例分析。

（3）市场营销组合策略包括哪些具体内容？

二、基本能力提升

1.案例分析

阳光食品公司的发展战略

背景与情境：

    阳光食品公司是我国S省一家大型乳品生产加工企业，其奶制品在当地市场的占有率高达80%。该公司的市场营销人员经过调查发现，我国奶制品市场潜力巨大，蕴藏着诱人的商机。如果一人一天喝一杯200毫升的牛奶，全国牛奶的销量将达到一个惊人的数量，但现在的总产量还远远达不到这个数量。同时竞争也日益激烈，如三元、蒙牛、伊利、光明、完达山、维维等，这些企业在奶制品市场上互相竞争。根据各种情况，阳光食品公司做出了步步为营、逐步拓展市场的战略决策。首先要解决的是优质奶源问题，为此公司到内蒙古呼伦贝尔市与当地企业合作，建立奶牛养殖基地并控股经营，很快进入了良性循环；接着为了提高生产能力又兼并了另外一家规模较小的同类奶制品生产企业；后来利用原有技术特点又开发出固体奶粉、豆奶、果奶、儿童食品等多种产品，并且全部使用"阳光"这一品牌。近几年，公司又新成立了销售公司，专门负责公司所有产品的市场拓展。

思考：

（1）阳光公司新业务拓展实行的是哪种发展战略？其依据是什么？

（2）在实施这种发展战略的过程中，其具体运用了哪些策略？

（3）请再举出其他的例子，说明市场营销战略和策略的运用。

2.营销实训

企业市场营销组合实例收集

背景与情境：

学习市场营销组合策略相关知识时，你对老师讲的一些案例产生了极大的兴趣，并利用业余时间从网上或实地调查收集到了一些企业市场营销组合的实例。

你能从产品策略、价格策略、渠道策略和促销策略等方面说明各种策略的具体内容，并且能较详细地介绍该企业市场营销组合的特点，指出值得学习和借鉴之处。

训练目标：

（1）素质目标：培养学生准确认识营销组合理论中的营销伦理和营销道德意识。

（2）能力目标：通过收集整理市场营销组合策略的真实案例，提高对市场营销组合策略的运用能力。

（3）知识目标：通过收集整理市场营销组合策略的真实案例，能够了解企业营销组合策略运用的实际情况，加深对市场营销组合策略基本知识和技能的了解。

实训步骤：

（1）每组4人，其中1人担任组长，由组长认真组织组员讨论，合理分工，各负其责，相互配合完成实训任务。

（2）根据每组所选企业经营类别，选择两种主要商品或两类商品，详细了解企业运用了什么样的市场营销组合。如果你经营这样一家企业，你会采用什么样的营销组合，并说明为什么。

（3）实际调查前，参与人员要从网络、图书馆等渠道收集企业市场营销组合的相关资料。

实训成果及要求：

每组写一篇实训报告（800～1 200字），报告要详细说明组员分工情况，你们调查了企业哪种产品或哪些商品类别，企业运用的营销组合有哪些，具体表现如何，说明你们分析的结果。详细说明如果你们经营这些商品，会选用什么样的营销组合，并说明选用的理由。

操作流程：

"企业市场营销组合实例收集"实训项目操作流程如图5-5所示。

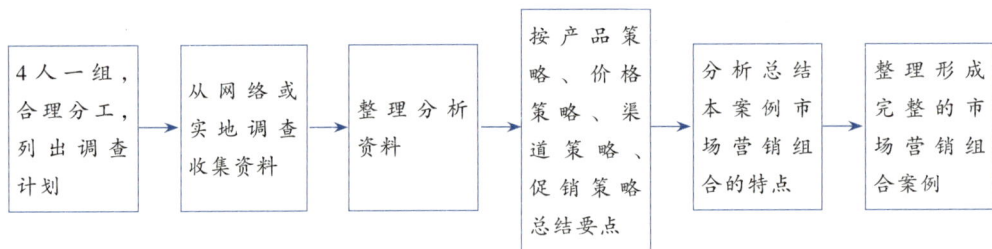

图5-5 "企业市场营销组合实例收集"实训项目操作流程图

实训时间：

在学生开始学习本项目内容时，即可对学生分组，布置本次实训任务，让学生利用课余时间从网上或实地调查收集资料，并积极撰写调研报告。在学生完成本项目学习后，用2个课时让各小组介绍并展示本组报告，其他组同学可发表个人意见，最后由老师点评。经过展示点评，各组认真修改、完善自己的实训报告，并把修改后的报告在班级微信平台上展示交流。

实训评价：

"企业市场营销组合实例收集"实训项目评价表见表5-3。

表5-3　　　　　　　　"企业市场营销组合实例收集"实训项目评价表

项目	评价标准	分值（分）	小组个人自评（30%）	小组成员互评（30%）	教师评价（40%）	小计（分）
素养培养（∑30）	参与实训的态度端正，积极性高，小组合作意识强，纪律性强，小组讨论积极踊跃	10				
	养成细致、严谨的工作作风，能主动提出关于市场营销组合策略的相关问题	10				
	能够结合企业市场营销组合策略，认识市场营销组合的价值	10				
能力提升（∑20）	能够将所学的营销知识运用到实训任务中，学以致用	10				
	对市场营销组合实例的组合特点分析恰当；产品、价格、渠道、促销都有具体内容	10				
知识应用（∑20）	能够正确认识和理解企业市场营销组合策略及内容	10				
	对市场营销组合的概念理解准确；所选案例具有典型组合特征	10				
项目成果展示（∑30）	能够独立完成实训任务且及时、主动，并能主动提出问题，解决问题	10				
	《市场营销组合实例收集报告》结构完整，陈述语言规范，报告无错别字，观点正确	10				
	《市场营销组合实例收集报告》展示汇报形式新颖，语速恰当，有感染力	10				
合计		100				

项目六

产品策略

项目概述

产品是企业开展市场营销活动的物质基础，整个市场营销活动过程都离不开产品。企业在进行营销组合时，首先要回答的问题是开发什么样的产品和服务来满足目标市场的需求。对产品策略的研究将使这一问题得到全面、系统的回答，而且营销组合中的渠道、价格、促销三个要素，也是以产品为基础来进行决策的。因此，产品策略是整个营销组合策略的基石。研究产品策略，必须明确产品的概念，树立整体产品的观念，在此基础上对产品组合、新产品的开发、产品市场生命周期，以及产品的品牌、包装与服务等加以决策和管理。本项目将对以上内容进行学习和了解。

项目结构

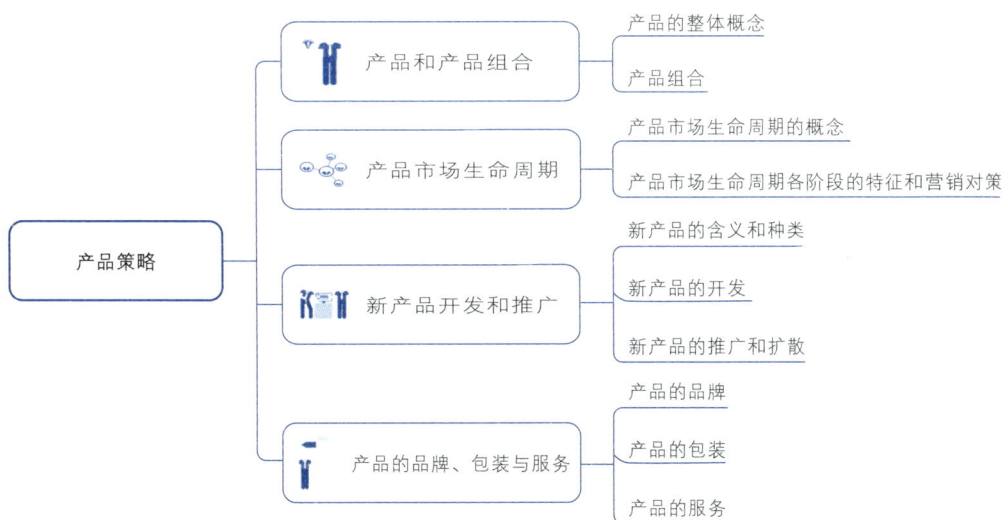

产品策略
- 产品和产品组合
  - 产品的整体概念
  - 产品组合
- 产品市场生命周期
  - 产品市场生命周期的概念
  - 产品市场生命周期各阶段的特征和营销对策
- 新产品开发和推广
  - 新产品的含义和种类
  - 新产品的开发
  - 新产品的推广和扩散
- 产品的品牌、包装与服务
  - 产品的品牌
  - 产品的包装
  - 产品的服务

任务一 产品和产品组合

任务目标

知识目标：通过本任务的知识学习，能正确描述产品、产品整体概念的内涵、产品组合、产品组合策略及产品组合策略的优化调整等。

能力目标：通过本任务的"案例解析"、"素质提升"和"创新实践"，培养运用产品组合的相关知识对某一个消费品生产企业的产品组合进行分析的专业能力。

素质目标：通过本任务的知识学习、"案例解析"、"素质提升"和"创新实践"等教学活动，树立全局观念和整体意识。产品是一个整体，人才及素质也是一个组合的整体，必须注意提高全面素质。结合对"华为公司的产品组合""海尔'知冷热'空调"等案例的分析和思考，关注民族品牌的发展，厚植家国情怀。

任务导入

厨房里的新科技

背景与情境：

随着智能化的变革发展，厨房里所有可以延伸的东西都将被视为探索方向：食材、厨电、橱柜、厨具……厨房电器市场进入了高增长期，未来厨房将成为一个独立发展的大市场，受到越来越多的人瞩目。

厨电品牌美尔科（如图6-1所示）将厨房打造为一个健康、开放的生活空间；烹饪过程与App联动起来，为用户提供一个集烹饪、社交、娱乐于一体的智慧厨房。美尔科智能灶基于独创的"智能控温"技术，13级变温区间，40℃~220℃的温控范围能够为用户提供更多烹饪想象；油温的控制、食材的温度、烹饪的时间、烹饪的过程都以量化的形式展现给用户；独有的味道记忆技术，能够协助用户记住"曾经"吃过的味道。未来，美尔科还将关注产品的关联性，对用户每日的食物摄入进行健康分析、时刻调整，为用户提供营养健康方案，满足用户轻松在线购物的需求。同时，美尔科也希望通过开放与各品牌合作，整合多方资源，来共同搭建一个智慧厨房生态圈，让更多用户能够享受到个性化的厨房极致生活体验！

图6-1 厨电品牌美尔科

科技的智能化应该以人为本，因此厨房智能化的价值应该更侧重于个性化服务，真正理解用户的需求，并根据用户的健康数据和饮食习惯提供个性化的智能生活服务，这样才能让消费者真正为智能埋单。

资料来源 佚名.厨房里的新科技，有颜值更健康〔EB/OL〕.〔2019-09-08〕. https://www.sohu.com/a/207364239_99989440.

思考：

（1）在现代市场竞争中，企业应该向消费者提供什么样的产品？

（2）从本案例中你受到了哪些启发？

学一学

一、产品的整体概念

产品的概念可以从狭义和广义两个角度来理解。狭义的产品是指通过生产劳动而生产出来的、具有特定物质形态的、用于满足消费者需要的有形产品，如面包、自行车、电视机等。广义的产品是指向市场提供的、能够满足人们某种欲望或需要的任何东西，包括有形的物品、无形的服务，以及人员、组织、创意或者它们的组合。所以，一部华为手机、一辆比亚迪汽车、一杯蜜雪冰城饮品是产品，一次旅行、一次在线咨询服务或家庭医生的建议也是产品。

企业市场营销活动的内容通常包括有形产品和无形服务两部分，所以在设计和销售产品时，营销人员必须从产品的整体概念出发，即市场营销中研究的产品是一个整体概念。关于产品的整体概念，学者们曾用三个层次来表述，即核心产品、形式产品和延伸产品（附加产品），这种研究思路与表述方式沿用了多年。但近年来，学者们更倾向于用五个层次来描述产品的整体概念，即核心产品、形式产品、期望产品、延伸产品和潜在产品，如图6-2所示。

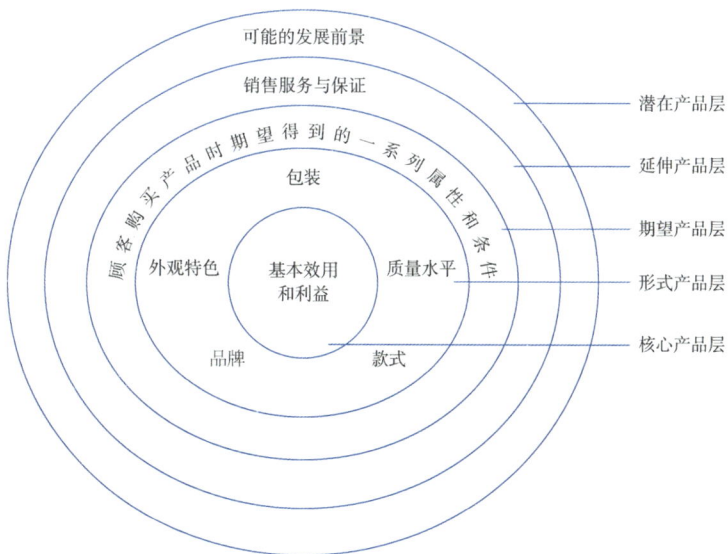

图6-2 产品的整体概念

1.核心产品

核心产品是指产品提供给购买者的基本效用和利益，即产品的使用价值。核心产品提出了这样一个问题：顾客真正想买的是什么？顾客购买一件产品或服务，不是为了占有产品本身，而是为了寻找能够满足自己某一方面需求和欲望的核心利益。例如，对宾馆来说，"休息和睡眠"是旅客购买的核心产品；购买空调是为了在炎热的夏季满足凉爽的需求，在寒冷的冬季满足温暖的需求。所以，产品实体只是产品效用和利益的载体，离开了功效，产品也就失去了存在的价值。因此，营销人员必须洞察顾客购买某种产品时追求的核心利益和要解决的问题，并在设计和开发产品时给予关注。

2.形式产品

形式产品是指核心产品借以实现的形式或目标市场对某一需求的特定满足形式，一般包括质量水平、外观特色、款式、品牌、包装五个方面的内容。产品的基本效用必须通过某些具体的形式才能得以实现。现代社会竞争日益激烈，在产品的设计上，企业除了要充实产品的核心利益外，还应重视对产品内在质量、包装、造型、商标的设计和营销策略的运用。例如，海尔洗碗机就以"海尔"的品牌名称、臭氧消毒、液晶显示、快速烘干等特征，及一流的质量水平、独特的外观造型出现在市场上，产品不但能满足顾客所需要的核心利益，而且功能完善，直观设定洗涤程序，让洗碗变得更轻松、更快捷。

3.期望产品

期望产品是指顾客购买产品时期望得到的一系列属性和条件。例如，旅客期望得到干净的床位、毛巾、香皂、浴液等产品；冰箱的购买者期望送货上门、服务周到等。产品如果达不到顾客的最低期望值，则难以被顾客接受，从而影响购买评价和重复购买。

4.延伸产品

延伸产品也称附加产品，是指顾客购买形式产品和期望产品时，附带获得的各种利益的总和，包括产品说明书、提供信贷、质量保证、安装、维修、运送、技术培训等。例如，民宿人性化的服务、鲜花与免费早餐等。附加产品超越顾客的期望，会给顾客带来额外的惊喜与满足。可以预见，在大多数企业更新换代水平逐步接近、信息技术高度发达的今天，利用产品实体因素来赢得竞争主动权的机会将越来越小，营销人员争夺顾客的主战场将逐步转移到售后服务上来。因此，能够有效提供附加产品的公司，必将在竞争中获胜。

5.潜在产品

潜在产品是现有产品的延伸和演进，最终可能发展成为未来的实质产品。许多企业通过对现有产品功能的附加和扩展，不断提供潜在产品，给予顾客的不仅仅是满意，还能使顾客在获得这些新功能的时候感到喜悦。潜在产品指出了产品未来的发展方向，也使顾客对产品的期望越来越高，这就要求企业必须不断寻求满足顾客的新方法，不断将潜在产品变为现实产品，这样才能给顾客更多的惊喜，更好地满足顾客的需求。

产品整体概念的五个层次，体现了以消费者为中心的现代市场营销观念，只有懂得产品整体概念的内涵，才能真正贯彻市场营销观念，全面满足顾客的需求。现代企业产品外延的不断扩展，缘于消费者需求的复杂化和竞争的白热化。在产品的核心功能趋同的情况下，谁能更快、更多、更好地满足消费者复杂利益整合的需求，谁就能赢得消费者，占有市场，取得竞争优势。

重难点微课6-1

产品的整体概念

教学互动6-1

互动内容：

根据不同消费者的需求，可开发专供学者著书立说的书斋式旅馆、供全家休闲度假用的家庭式旅馆、供人们社会交往的社交式旅馆等，这是在产品哪个层次上的拓展？

互动要求：

请每位参与互动的同学结合所学内容独立思考，积极陈述自己的见解，也可以和周围的同学简单沟通后回答。

二、产品组合

现代企业为了满足目标市场的需求、扩大销售、分散风险、增加利润，往往不可能只经营一种产品，当然也不可能经营所有产品，而且不同的产品在市场上的相对地位以及对企业的贡献也不相同。因此，企业需要对产品组合进行认真研究和选择。

（一）产品组合及相关概念

1.产品组合

产品组合是指一个企业生产或销售的全部产品的组成方式，即一个企业的业务经营范围或生产的产品结构。例如，上海家化联合股份有限公司是中国历史最悠久的日化企业之一，其产品组合涵盖护肤、彩妆、香氛、家用等多个领域，拥有"佰草集""六神""美加净""高夫""启初"等诸多中国著名品牌，每个产品系列还包括几个亚产品系列。美国通用电气公司的产品组合中一共包含了13条产品线，每条产品线下还有很多单独的产品。

2.产品线

产品线是指能满足同类需求，在功能、使用和销售等方面具有类似性质的一组产品，也称产品大类。例如，海尔集团向市场提供冰箱、空调、洗衣机、彩电等各类产品，并形成了4条产品线，每条产品线往往又由若干个产品项目构成。

3.产品项目

产品项目是指产品线内各种不同的产品。一种由型号、规格、品种、外观等构成的具体产品就是一个产品项目，它是企业产品目录中列出的每一个具体的产品单位。

（二）产品组合的因素

产品组合包括三个因素：产品组合的广度、产品组合的深度和产品组合的关联性。

1.产品组合的广度

产品组合的广度是指一个企业的产品组合中所拥有的产品线的数目。产品组合的广度反映了企业的经营范围，产品线越多，说明企业的经营范围越广。

2.产品组合的深度

产品组合的深度是指一个企业产品线中包含的产品项目的数量，即某一产品线内的产品项目数，多者为深，少者为浅。产品组合的深度一般反映企业产品专业化的程度，如专业服装店产品组合深度较深，而一般购物中心服装产品组合深度较浅。

3.产品组合的关联性

产品组合的关联性是指各条产品线在最终用途、生产条件、分销渠道或其他方面相关联的程度。

分析产品组合的广度、深度和关联性，对企业制定产品组合策略具有重要意义。一般情况下，扩大产品组合广度，可以拓展企业的经营领域，实行多元化经营，分散投资风险；增加产品组合的深度，可以使企业的产品线变得更加完整，适应更多的特殊需求，占领同类产品更多的细分市场，提高市场占有率；提高产品组合的关联程度，可以强化企业的市场地位，发挥企业在有关专业领域的综合优势，从而在某一特定市场赢得良好的声誉。

（三）产品组合策略及其优化调整

1.产品组合策略的种类

产品组合策略即企业根据市场需求和自己的营销目标，对产品组合的广度、深度和关联性进行的最优组合决策。常用的产品组合策略有以下五种：

（1）全面发展策略。全面发展策略是指企业着眼于向任何顾客提供他们所需的一切产品和服务，即要照顾到整个市场的需求。该策略要求企业尽可能增加产品组合的广度和深度，力求覆盖每一个细分市场，对产品组合的关联程度则没有限制。全面发展策略又可分为两种情况：一种是不考虑产品的关联性而努力增加产品线的深度和产品组合的宽度，即尽量研发任何有利可图的产品；另一种情况是在考虑一定关联性的前提下，尽量扩大产品组合的规模，扩大产品组合规模之后，关联程度仍然紧密。

（2）市场专业策略。市场专业策略是指企业专门向某一市场（某类消费者）提供所需的各种产品。例如，旅游公司向旅游市场提供旅游者所需的住宿服务、饮食服务、交通服务以及各种旅游纪念品。这种策略以满足同一类顾客的需求为出发点，尽量拓展产品组合的广度，并不强调其关联性。

（3）产品线专业策略。产品线专业策略是指企业只生产某一类产品，以不同的型号、款式来满足该类消费者的需求。这一策略强调产品组合的深度，不断拓展产品项目。

（4）产品项目发展策略。产品项目发展策略是指企业根据自己的专长，集中生产经营有限的甚至是单一的产品项目，以满足有限的或单一的市场需要。例如，汽车制造厂专门生产微型车，制冷设备厂只生产家用电冰箱，以满足某一市场需求。

（5）特殊产品发展策略。特殊产品发展策略是指企业利用自己的专长，专门生产经营某些销路好的特殊产品，以满足消费者的特殊需要。例如，生产残疾人用品或具有独特工艺的艺术品等。

教学互动6-2

互动内容：

某电视机生产企业为了在市场竞争中保持优势，不断研发微型电视、智慧屏电视和超薄电视等产品，其采取了什么样的产品组合策略？

互动要求：

请每位参与互动的同学结合一些企业的实例独立思考，积极陈述自己的见解，也可以和周围的同学简单沟通后回答。

2.产品组合策略的优化调整

企业的产品组合策略是根据企业的市场需求和企业的实力做出的决策。由于这些因素都处于不断发展变化之中，同时产品本身又具有市场生命周期，因此产品组合不是静态的，而是动态的。即使是极其合理的产品组合，也是暂时的。因此，企业必须对现有产品组合进行评价，以便不断调整产品组合，增删一部分产品线及产品项目，使产品组合经常处于一种较佳或最佳的状态。企业决定调整产品组合时，根据情况的不同，可选择以下策略：

（1）扩展产品组合。扩展产品组合即拓展产品组合的广度和深度，在目前的经营范围内，增加新的产品线和产品项目，搞多品种经营，扩大企业的经营范围。一种是关联扩展，即增加与现有产品线相关的产品，如肥皂厂在肥皂产品线之外增加洗衣粉、清洁剂等产品线；另一种是无关联扩展，即增加与现有产品线无关的产品，如香皂厂增加珠宝首饰产品。

（2）缩减产品组合。缩减产品组合即缩减产品组合的长度和深度，在目前的经营范围内，剔除那些进入衰退期的亏损产品、无发展前途的产品，以及市场不景气或能源、原材料供应紧张的一些次要的产品项目，以缩小经营范围，使企业可以集中资源发展获利多的产品线和产品项目。

（3）产品线延伸。产品线延伸意味着增加产品项目和产品品种，使产品的花色式样、规格丰富化，以满足消费者更广泛的需求和爱好。产品线的延伸主要针对产品的档次而言，具体的延伸策略有向上延伸、向下延伸、双向延伸和水平延伸。

①向上延伸：企业原来生产经营中、低档产品，逐渐增加高档产品项目。

②向下延伸：企业原来生产经营高、中档产品，逐渐增加低档产品项目。

③双向延伸：企业原来生产中档产品，在具有一定的市场优势后，同时增加高档产品和低档产品项目。

④水平延伸：企业在现有的产品线中增加同档次的并且与现有产品有适当差异的

产品项目。

（4）产品线现代化。随着新技术、新材料、新工艺的不断出现，消费者需求的变化，企业必须对产品线进行适时改造，不断提高产品线的现代化水平。不同的产品，其现代化水平有差异，企业必须根据科学技术发展状况、产品更新换代速度、竞争对手的策略、企业的实力，选择适当的时机和方式，实现产品线的现代化。

案例解析6-1 　　　　　　　　　　　　　　　**华为公司的产品组合**

华为公司经营的个人及家庭产品系列主要由手机、电脑、平板、智慧屏、VR眼镜、穿戴、耳机音箱、路由器、HarmonyOS九大产品线组成，每条产品线又包括若干个产品项目。多产品线组合通常是企业实施的多元化经营战略在产品组合上的体现。为便于分析研究，现选取一部分产品种类、项目来说明，见表6-1。

表6-1　　　　　　　　　　　　　　华为公司的产品组合情况

	手机	电脑	平板	智慧屏	穿戴
产品组合深度	HUAWEI Mate 50 HUAWEI Mate 50E HUAWEI Mate 50 Pro HUAWEI Mate Xs2 HUAWEI Mate X2 HUAWEI P50 Pocket HUAWEI P50 Pro HUAWEI P50 HUAWEI P50E	MateBook X Pro MateBook 16s MateBook D 16 MateBook E Go	HUAWEI MatePad Pro HUAWEI MatePad 11 HUAWEI MatePad Paper	华为智慧屏 V Pro 华为智慧屏 S86 Pro 华为智慧屏 SE Pro 华为智慧屏便携版	HUAWEI WATCH 3 Pro HUAWEI WATCH 3 HUAWEI WATCH GT 3 Pro 钛金属 HUAWEI WATCH GT 3 Pro 陶瓷 HUAWEI WATCH FIT 2
小计	9	4	3	4	5

资料来源　作者根据华为公司官网相关资料整理而成.

思考：

（1）华为公司的产品组合广度、深度和关联性如何？

（2）华为公司运用了哪些产品组合策略？

（3）收集华为公司的相关资料，了解民族品牌的发展，从营销道德和营销伦理的角度谈谈华为的生存之道。

讨论分析：

个人：请每位同学结合案例内容，在固定的学习本上写出自己对以上问题的看法。

小组：请同学们每6人为一组，1人为组长，1人做记录，然后讨论分析，形成小组意见，准备在班级交流。

班级：每个小组选1位代表在班级发言，陈述本组观点。

老师：老师记录各小组的陈述要点，最后进行点评。

做一做

【素质提升6-1】

海尔"知冷热"空调

背景与情境：

炎热的夏季，拥有一款"知冷热"空调，估计是所有人的梦想。海尔智能空调，自清洁更健康。健康空气，海尔智造。海尔空调根据家庭空气状况可以自动调节温度、湿度、净度，时时为家人提供健康好空气。海尔新风空调还能自动检测二氧化碳含量，自动开启新风功能，保障室内空气新鲜。

思考：

（1）你是如何理解海尔"知冷热"空调的？

（2）用整体产品的概念分析一下海尔的"知冷热"空调。

（3）从营销道德和营销伦理的角度谈谈空调生产厂商面对国家提出的"双碳"战略目标应该如何开发产品以打动消费者。

分析要求：

（1）学生分组讨论案例；

（2）每个学生结合问题进行小组讨论，并形成小组案例分析观点；

（3）全班交流，各小组选派代表在班级陈述本组案例分析观点；

（4）教师对各组陈述的观点进行点评；

（5）把经过修改且附有教师点评的各小组案例分析观点展示在班级本课程平台上。

【创新实践6-1】

列举一些企业的产品组合情况，说明产品组合的特点。

分析要求：

（1）学生分组讨论上述问题，形成本组有创新点的分析结论；

（2）全班交流，各小组选派代表在班级陈述本组分析结论；

（3）结合学生创新能力培养，教师对各组陈述的分析结论进行点评。

任务二 产品市场生命周期

任务目标

知识目标：通过本任务的知识学习，能够了解什么是产品市场生命周期、产品市场生命周期各阶段的特征和营销策略，描述产品生命周期理论对企业市场营销活动的价值等。

能力目标：通过本任务的"案例解析"、"素质提升"和"创新实践"，培养运用产品市场生命周期相关知识，判断市场上常见产品所处生命周期的阶段并制定相应的市场营销策略的专业能力。

素质目标：通过本任务的知识学习、"案例解析"、"素质提升"和"创新实践"等教学活动，珍惜青春年华，多学多干，让宝贵的青春年华发出应有的光和热。通过对"洗碗机研发厂家被取而代之"案例的思考，把握际遇，树立精益求精、不断创新的职业精神。

任务导入

尼龙的新用途

背景与情境：

尼龙是美国杜邦化学公司在1945年向市场推出的一种新产品，刚开始，公司主要是将尼龙用于军事上，用来做降落伞和绳索，后来公司的研究人员发现尼龙具有柔软、光洁、弹性强的性能，便开发用来做尼龙袜子，接着将尼龙开发为服装面料，后来又发现尼龙丝耐拉、耐磨，便用来做轮胎、地毯、窗帘等。杜邦公司成功地将尼龙市场逐步扩大，被消费者广泛接受。自行车的主要功能是代步，但在经济发达的国家，小轿车、摩托车等现代交通工具才是人们的代步工具，很多自行车厂家陷入了产品滞销的困境。但一些自行车厂家抓住了自行车娱乐和健身的功能，开发双人自行车、多人自行车等产品，大力开展宣传促销，在欧美等国家的市场上收到了很好的效果，并获得了相当的市场占有率。

思考：

（1）上述企业是如何延长产品的生命周期的？

（2）结合实际，谈谈你对产品生命周期的理解。

学一学

一、产品市场生命周期的概念

产品市场生命周期是市场营销学中一个十分重要的概念。它是指一种产品在市场上出现、发展到最后被淘汰的时间，是产品更新换代的经济现象。

任何一种产品在市场上的销售情况和获利能力都是不断变化的。产品市场生命周期的长短主要取决于产品上市后消费需求的变化速度、科学技术的发展速度、新产品更新换代的程度、企业营销的努力程度等。所以，有的产品市场生命周期长些，如电视机、汽车等，有的产品市场生命周期短些，如一些流行品。就大多数产品而言，产品市场生命周期的理论是完全适用的。

理解产品市场生命周期的概念时，应注意以下三个问题：

（1）产品市场生命和产品使用寿命是两个不同的概念，应加以区别。产品的使用寿命是指产品从开始使用到报废为止所持续的时间，即产品的耐用程度。而产品的市场生命是一种社会经济寿命。有的产品使用寿命很短，但它的市场生命周期很长，如鞭炮、肥皂等；有的产品使用寿命很长，但它的市场生命周期很短，如时装等。

（2）产品市场生命周期主要是指产品种类和品牌的市场生命周期。一般而言，产品种类的市场生命周期更长，如人们对电视机的需要，在新的产品种类取代电视机之前，电视机将长期处于成熟期。市场营销学研究产品市场生命周期，主要是研究产品品种、产品品牌的市场生命周期，以便分阶段采取不同的营销策略。

（3）同一产品在不同国家、不同地区所处的市场生命周期阶段往往不同。这就为企业开发新市场、延长产品市场生命周期提供了依据，因此在国际市场营销中具有重要意义。

二、产品市场生命周期各阶段的特征和营销对策

产品市场生命周期是根据产品在市场上的销售情况和获利能力来衡量的，一般包括四个阶段：投入期、成长期、成熟期和衰退期，如图6-3所示。

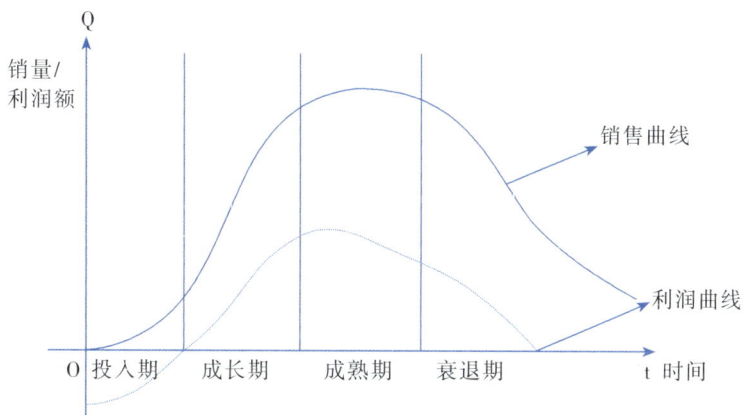

图6-3　产品市场生命周期示意图

由于产品在其市场生命周期的不同阶段具有不同特征，因此在营销过程中，企业应采取不同的对策。

（一）投入期的特征及营销对策

投入期是指产品进入市场的初级阶段。

1.投入期的特征

（1）销售量小且销售额增长缓慢。这是由于消费者对新产品不了解、不熟悉，只有极少数求新者购买，多数人观望，或不知道新产品上市，中间商对新产品的销售前景不明，不敢贸然进货。

（2）宣传推销费用大，企业利润很低甚至亏损。新产品在这一阶段需要投入大量的广告费用，以提高产品知名度。由于成本高、宣传费用大，出现亏损应属正常现象，因此营销者应保持清醒的头脑。

（3）竞争者少。技术含量较高的产品在投入期竞争者较少甚至没有竞争者。

（4）风险大。市场预测失误、新产品本身有致命的缺陷、上市时机选择不当、宣传不力等原因，都可能使新产品上市不久即夭折。

2.投入期的营销对策

重点是努力提高产品知名度，突出一个"准"字。

（1）单一品种或品牌进入市场，待新产品被接受后再不断多样化和差异化；广泛收集顾客使用新产品的信息，尽快改进新产品的缺陷；提高产品质量，降低生产经营成本。

（2）采取各种方式，加强促销宣传工作，努力提高产品知名度。广告宣传的重点应放在知晓产品的存在和产品的利益、用途上，促销方式应多种多样，如赠送样品、新产品演示、免费试用、技术培训、扶持中间商经销等，从而使产品尽快为消费者所接受而进入成长期。

（3）选择适当的销售渠道，减少流通费用。

（4）选择最佳的组合手段。将定价与促销手段进行组合，有四种策略可供选择：

①快速撇取策略，即企业以高价、高促销推出新产品。

②缓慢撇取策略，即企业以高价、低促销推出新产品。

③快速渗透策略，即企业以低价、高促销推出新产品。

④缓慢渗透策略，即企业以低价、低促销推出新产品。

教学互动6-3

互动内容：

一般情况下，新产品在投入期采用哪种定价与促销的组合手段效果最佳？

互动要求：

请每位参与互动的同学结合所学内容独立思考，积极陈述自己的见解，也可以和周围的同学简单沟通后回答。

（二）成长期的特征及营销对策

成长期是指产品在市场上的销售量迅速增长的阶段。

1.成长期的特征

（1）销售量迅速增长。产品已为消费者熟悉和了解，最初的购买者继续光顾，进行重复购买，保守的顾客也开始购买，促使销量不断增长。

（2）利润增加。可能达到整个生命周期的最高点。

（3）吸引竞争者加入。在高额利润的诱使下，新的竞争者进入市场，企业间为争夺市场份额的竞争日益激烈。

2.成长期的营销对策

重点是创名牌，提高偏爱度，突出一个"优"字。

（1）进一步完善产品。提高产品质量，增加花色品种，改进包装，使整体产品优于竞争对手。

（2）广泛分销。积极寻找和进入新的细分市场，发展网点，以扩大产品销路。

（3）价格稳中有降。原来以高价进入市场的产品，在适当的时机降低价格，以争取对价格敏感的消费者，并抑制竞争者的加入，千万不可轻易提价。

（4）改变广告宣传的重点。从提高产品知名度转为宣传产品的特色，树立起本企业及其产品的良好形象，重点宣传品牌商标，使消费者对本企业的产品产生偏爱，认牌购买，以保持原有顾客，争取新顾客。

一种新产品顺利进入成长期，说明这是一种成功的产品，它已摆脱了夭折的风险。但是，这并不等于创新产品的企业能成功利用这一产品获利，因为众多的竞争者完全可以采用"迟人半步"的新产品开发策略，既不用投入新产品的研发费用，又可针对新产品的缺陷加以改进提高，从而把创新产品的企业挤出市场。

（三）成熟期的特征及营销对策

任何一项产品的销售增长率达到某一点后，都会趋于下降，这时产品便进入了成熟期。市场上多数产品处于成熟阶段，尤其是"二大一长"（生产量大、销售量大、持续时间长）产品。

1.成熟期的特征

（1）销量最大。销量达到整个生命周期的最高峰，但增长速度缓慢，并渐趋稳定。

（2）利润平稳或下降。

（3）市场供应饱和，竞争激烈。一部分顾客开始转向购买新产品或替代品。由于存在行业内生产过剩的威胁，各个企业都采用有效的竞争手段来维持市场占有率，从而导致市场竞争激烈。

2.成熟期的营销对策

重点是延长产品生命周期，维持市场占有率，突出一个"改"字。

（1）市场改革。市场改革即开发新市场，寻找新客户。

①发现和进入新的细分市场，如一些产品在城市市场趋于饱和后，开始向农村市场转移。

②增加使用频率和使用数量，如对牙膏的使用，宣传每天早晚刷牙，饭后漱口，才能有效地保持口腔卫生。

③吸引竞争者的顾客和从未使用过本产品的顾客，使其成为本企业产品的使用者。

（2）产品改革。

①品质改良。提高产品质量，改进使用效果，使本企业的产品更可靠、更经济、更耐用、更安全等。

②特性改良。侧重增加产品的新特性，主要在产品的高效性、方便性、适用性等方面进行改进。

③形态改良。这是指产品外观的改进，包括采用新的包装、款式、风格、花色等，以增强产品的美感。

（3）营销组合改革。通过改变市场营销组合中的一个或几个变量，以刺激需求，扩大销量，如适当降价、增加广告投入、改善分销渠道、提供完善的售后服务等。

教学互动6-4

互动内容：

在成熟期，有人认为，增加广告投入是增强心理上的说服力，增加促销手段（如打折、赠品等）是增强财务上的说服力。你认为哪种说法更有效？

互动要求：

请每位参与互动的同学结合所学内容独立思考，积极陈述自己的见解，也可以和周围的同学简单沟通后回答。

（四）衰退期的特征及营销对策

1.衰退期的特征

（1）需求量、销售量明显下降。消费者兴趣转移，竞争过度，更新的产品开始进入市场，这些都导致产品销量急剧下降。

（2）利润减少或亏损。伴随着销量的迅速下降，利润也在锐减，甚至出现亏损。

（3）产品出现积压，仿制品充斥市场，竞争者或立即退出或缓慢地退出市场。

2.衰退期的营销对策

重点是掌握时机，调整市场，突出一个"转"字。

（1）立即放弃。对于确实没有必要继续经营下去的衰退产品或有其他更好的发展项目时，企业应果断放弃老产品，将企业的资源转到新的项目上去，或将老产品的所有权、生产技术转卖给一些有兴趣的企业。

（2）逐步放弃。如果立即放弃将造成较大的损失，企业可选择逐步放弃，即逐步减少投资和产品生产数量、放弃较小的细分市场、缩减分销渠道、降低促销费用、精减推销人员等，直到该产品完全被市场淘汰为止。对于决定放弃的产品，不管采取哪种方式，都必须承诺为以前的顾客提供必要的服务，以维护消费者的利益和企业的良好形象。

（3）继续经营。当企业判断竞争者将退出该产品市场时，可以采取这种策略，即继续沿用过去的策略，希望竞争者退出市场后，这种产品能增加盈利。采取这种策略时，企业必须对竞争者的动向有一个准确的判断。

案例解析6-2　　　　　　　　　　　　　　　　　**"摇摆者"相机的命运**

背景与情境：

美国产品在第二次世界大战后纷纷涌入欧洲市场，不久便有许多产品又匆匆退出欧洲市场，其中一个重要原因，就是没有根据产品在不同市场生命周期阶段的差异，采用适当的市场营销因素组合方案。美国拍立得公司在成功经营立即取相的照相机业务20年后，于1965年向处于成熟期的本国市场推出了廉价的大众化20型"摇摆者"

相机。由于该公司的良好声誉和立即取相的概念在美国市场深入人心，因此该产品很快获得成功。1966年，该公司按在美国的营销方案将"摇摆者"相机投放到法国市场，结果遭遇惨败。

思考：

（1）结合案例分析该公司"摇摆者"相机在法国惨败的原因。

（2）"顺势而为，借势而进，造势而起，乘势而上"是国学精髓，结合案例谈谈该公司应该如何做。

讨论分析：

个人：请每位同学结合案例内容和问题，在固定的学习本上写下自己的看法。

小组：请同学们每6人为一组，1人为组长，1人做记录，每个人都要陈述自己的看法，然后讨论分析，形成小组意见，准备在班级交流。

班级：每个小组推选1位代表发言，陈述本小组的观点。

老师：老师记录各小组的陈述要点，最后进行点评。

做一做

【素质提升6-2】

洗碗机研发厂家被取而代之

背景与情境：

某电器公司得知它的竞争对手已成功开发出自动洗碗机后，便将竞争对手的洗碗机带进实验室，从产品的功率、零件数目、种类及成本结构等方面进行综合评估。该公司将机器拆开，对每个零件加以研究，以找出可供改良之处，并研究竞争者的技术，对其生产设备、配料渠道等也进行了深入研究。结果这家公司很快开发出性能更好、价格更低的自动洗碗机，而且分销渠道较对手更有效。那家莫名其妙地当了老师的洗碗机研发厂家被逐出了洗碗机市场。

思考：

（1）洗碗机研发厂家的产品处于生命周期的哪个阶段？这一阶段应注意什么？

（2）洗碗机研发厂家的产品为什么会被取而代之？

（3）该电器公司在研发产品时应如何保持企业的可持续发展？

分析要求：

（1）学生分组讨论案例；

（2）每个学生结合问题进行小组讨论，并形成小组案例分析观点；

（3）全班交流，各小组选派代表在班级陈述本组案例分析观点；

（4）教师对各组陈述的观点进行点评；

（5）把经过修改且附有教师点评的各小组案例分析观点展示在班级本课程平台上。

📋 【创新实践6-2】

　　列举两种你购买过的产品，试对其市场生命周期进行分析说明，分析每种产品处于市场生命周期的哪个阶段，并说明你分析判断的理由。

　　分析要求：

　　（1）学生独立思考，形成有创新点的分析结论；

　　（2）全班交流，学生在班级内陈述自己的分析结论；

　　（3）结合学生创新能力培养，教师对学生陈述的分析结论进行点评。

任务三　新产品开发和推广

任务目标

　　知识目标：通过本任务的知识学习，能够理解新产品的含义和种类，了解新产品开发的过程及要求，掌握新产品的推广和扩散策略等。

　　能力目标：通过本任务的"案例解析"、"素质提升"和"创新实践"，培养根据市场消费需求的变化不断开发新产品、推广新产品的专业能力。

　　素质目标：通过本任务的知识学习、"案例解析"、"素质提升"和"创新实践"等教学活动，认识创新的意义，"创新是一个民族进步的灵魂，是一个国家兴旺发达的不竭动力，也是中华民族最深沉的民族禀赋"。结合对"国产手机创新不断"案例的思考，树立民族自豪感，强化创新意识和创新精神。

任务导入

将"脑袋"打开一毫米

　　背景与情境：

　　美国有一家生产牙膏的公司，其生产的牙膏质量好、包装精美，深受广大消费者的喜爱，营业额不断增长，前10年每年营业额的增长率为10%～20%，令董事会雀跃万分。不过，业绩进入第11年、第12年及第13年时就停滞了下来。董事会对此感到不满，便召开管理人员会议，商讨对策。会议中，有位年轻的经理写了一张纸条递给总裁，那张纸条上只写了一句话："将现有牙膏的开口扩大1毫米。"总裁看后，决定更换新的包装。试想，开口扩大1毫米，每天牙膏的消费量将多出多少倍呢？这个决定，使该公司第14年的营业额增加了32%。

　　思考：

　　（1）你对年轻经理的创意有何看法？

　　（2）企业应如何做好产品的创新工作？

学一学

一、新产品的含义和种类

（一）新产品的含义

市场营销中的新产品是一个广泛的概念，从不同的角度理解有不同的含义，既指绝对的新产品，又指相对的新产品。固然，市场上出现的前所未有的崭新的产品项目是新产品，但这些新产品并不是经常出现的，这些产品往往在功能、材料、结构等方面略作改变，并与原来的产品产生差异，甚至只要产品单纯由原来的市场进入新的市场，都可视为新产品；在消费者方面，新产品则是指能进入市场给消费者提供新的利益和新的效用而被消费者认可的产品。可见，"新"的意义是相对的，可以相对于老产品，可以相对于企业，也可以相对于市场。从这种相对的意义上来理解新产品，对做好新产品的开发和市场转移具有重要意义。总之，产品整体概念中任何一部分的创新、变革或改革，都可以理解为一种新产品；任何产品，只要能给顾客带来某种新的满足和新的利益，都可以看作一种新产品。

（二）新产品的种类

根据新产品的含义及新颖程度，市场上的新产品可划分为以下四种类型：

1.全新的新产品

全新的新产品也称新发明的产品、真正创新的产品，是指首次采用新原理、新技术、新材料研制成的前所未有的产品。例如，汽车、电视机、电话、飞机、计算机等产品的问世，都是全新的新产品的诞生。这种新产品依赖科学技术的进步，它的使用对人类的发展、社会的进步、人们的生产和生活方式会产生深远影响，一般的企业是不容易提供的。全新的新产品一般都是大企业开发出来的。

2.换代新产品

换代新产品即革新现有产品，是指在原有产品的基础上，采用或部分采用新技术、新材料、新工艺，使产品的性能有显著提高的产品。例如，电视机由黑白电视机到彩色电视机，再到数字电视机。换代新产品的技术含量较高，在原有产品的基础上性能提高较大，从事市场营销的企业在产品的创新中应重视这种新产品的开发。

3.改进新产品

改进新产品即改进现有产品，是指对现有产品在结构、材料、性能、款式、包装等方面进行改进，由基本型派生出的改进型产品。改进新产品的结构更合理，功能更齐全，品质更优良，款式更美观，更受消费者的欢迎，如在电脑上增加手写、声音输入装置等，从而大大方便了消费者的使用。改进新产品进入市场后，比较容易被消费者所接受，但竞争者也极易仿制，所以竞争会比较激烈。

4.仿制新产品

仿制新产品是指企业对国内外已经研制出来的产品进行引进或模仿而生产出来的

产品。对本企业来说，这种产品是企业第一次生产出来的产品，所以也称本企业的新产品或新牌子的产品。在新产品的开发中，合理的仿制是允许的，只要有市场需求，又有生产能力，企业就可以借鉴现成的样品和技术开发本企业的新产品。但企业一定要注意，不能违反《中华人民共和国专利法》《中华人民共和国商标法》，还要注意对原有产品进行改进，以突出某一方面的特点。

这四种类型新产品的创新程度是不同的。其中，全新的新产品的创新程度最高，仿制新产品的创新程度最低。一般而言，创新程度越高，企业需要投入的资源越多，开发风险也越大。因此，企业必须按照一定的科学程序进行新产品的开发。

教学互动6-5

互动内容：

下列产品分别属于哪种类型的新产品？

（1）全自动洗衣机　（2）电火锅　　（3）各种化妆品

（4）药物牙膏　　　（5）洗碗机　　（6）新能源汽车

互动要求：

请每位参与互动的同学结合所学内容独立思考，积极陈述自己的见解，也可以和周围的同学简单沟通后回答。

二、新产品的开发

（一）新产品开发的基本要求

1.有需求

满足顾客需求，是新产品的基本功能。顾客需求有两种：一种是眼前的现实需求；另一种是潜在需求。企业要开发出成功的新产品，关键是能发现市场上的潜在需求。

2.有特色

开发出来的新产品要有区别于其他产品的特性，要体现一个"新"字，应具有较强的独创性、时尚性、适应性，能满足顾客新的需求和欲望。

3.有能力

新产品的开发需要耗费大量的人力、物力和财力，是一项难度很大的工作。因此，企业应全面考虑，量力而行。

4.有效益

效益包括经济效益和社会效益。从经济效益来考虑，新产品除了要收回全部的研制费用以外，还要取得一定的利润；从社会效益来考察，新产品必须安全可靠，节约能源。

（二）新产品开发的方向

开发新产品的最大难题之一是创意的缺乏，企业不知该从哪个方向、哪些方面来突出"新"。根据产品的不同性能，新产品的开发方向可以从以下五个方面考虑。

1. 多能化

一种产品具有多种功能，一物多能，一物多用，能够同时满足消费者的多种需要，如多功能治疗仪、多功能手表等。

2. 小型化、微型化

从产品的体积和重量方面改进，使产品的体积更小、重量更轻，如超级本、掌中宝等。

3. 简易化

从产品的结构、使用方法上改进，力求产品结构简单、使用方法易懂易掌握，如电饭煲、智能型洗衣机等。

4. 多样化

从产品的形式、规格、包装、颜色等方面改进，使产品具有不同规格、不同形式等。这类新产品是最多的，如火锅有炭火锅、电火锅、铜火锅、不锈钢火锅等。

5. 公益化（节能化）

从节约能源、控制污染、不产生公害等方面来考虑，使产品省煤、省水、省电、省油或能利用最新的能源，如太阳能、风能、核能、潮汐能等。这样的新产品无疑大有前途，如太阳能汽车等。

另外，健美化、个性化、高档化、绿色化等也是重要的发展方向，企业也可以考虑。

（三）新产品开发的程序

开发新产品，实际上就是产品创新的过程，这是一项高风险的艰巨工作，企业必须慎之又慎。开发新产品的过程大致要经过以下八个阶段，如图6-4所示。

创意 → 筛选 → 形成概念产品 → 初拟营销规划 → 业务分析 → 产品研制 → 市场试销 → 商业化

图6-4 新产品开发程序示意图

1. 创意

所谓创意，就是对满足一种新需求的设想，即提出开发新产品的想法、主意、点子，这是开发新产品的基础与起点。一些"异想天开"的构思往往独具创意。例如，能像鸟一样在空中飞翔该多好，于是就出现了飞机的构思；能在家里看电影就好了，于是就出现了电视机的设想。当然，新产品的构思并不是漫无目的地胡思乱想，这一过程必须与企业的经营范围、目标、资源相吻合。新产品的构思来源是多方面的：

（1）消费者和用户的需求。

（2）技术人员和业务人员的灵感。

（3）竞争者的启发。

（4）经销商的建议。

（5）其他来源，包括营销调研公司、咨询公司、科技研讨会、产品展销会、博览会以及政府出版的行业指导手册等。

2.筛选

筛选的目的是尽可能快地找到好的创意，结合企业的资源能力和实际情况，淘汰那些不可行的构思，把有限的资金用于少数有潜力的新产品上来。例如，预计一个产品的构思市场前景很好，但开发难度大，需要投入较多的资金和较长的时间，如果开发失败，就会面临较大的损失。这时候，企业必须正确评估自身实力，如果企业风险承受能力较弱，则应果断放弃。

3.形成概念产品

产品的创意仅仅是一种设想，而消费者想要的不是设想，他们只会购买具体的产品。因此，新产品的构思经过筛选后，要进一步将其发展成为更具体明确的概念产品，即用文字、图形、模型对已经成型的产品构思进行详尽、具体、形象的描述，从而在消费者心目中形成一种潜在产品的特定印象。

4.初拟营销规划

在确定了最佳的产品概念之后，企业还要初步拟定市场营销规划，这个营销规划在以后的发展过程中还要不断补充、修正。营销规划的内容包括：具体描述目标市场，对概念产品进行市场定位，投产后几年内的销售额、市场占有率、利润目标及不同时期的市场营销组合策略等。

5.业务分析

业务分析的主要目的是考察新产品的预计销售额、成本和利润，以便分析判断新产品的营销规划在目标市场商业活动中的可行性，即经济效益如何。业务分析的内容包括需求分析、成本分析和利润分析三部分。

6.产品研制

经过业务分析认为有开发价值的概念产品，就可交给生产部门试制，即把概念产品变为实体产品，把抽象的东西具体化。这一阶段包括设计、制造、测试、鉴定等几个阶段。

7.市场试销

市场试销的目的在于预测新产品上市后可能出现的情况，以预估或降低新产品可能遇到的风险。尽管并非每个企业、每个产品都要进行市场试销，但实践证明，市场试销是新产品开发过程中的一个重要环节。如果决定试销，必须注意以下事项：

（1）选定的试销地区必须具有代表性，必须能够通过局部来推断整体；试销地区的数量应适中，太少不能说明问题，太多则会增加成本负担。

（2）在试销期间，企业应重点了解平均再购周期、竞争和试销成本等情况。试销的目的在于了解未来实际的购买情形，因此应根据再购周期来判断，以排除冲动性购买因素的影响。在竞争方面，企业必须注意，应在不使竞争者有充分仿制时间的原则下，尽可能通过较长的时间来观察各种情形。同时，企业必须考虑成本问题，试销期越长，成本支出越大，其中的成本不仅指绝对成本，更重要的是指机会成本。

（3）企业应有效收集试销情报，并对其进行分析和研究，最终得出相应的结论，见表6-2。

表6-2 产品试销情况分析表

试销结果		分析	结论
试用率	再购率		
高	高	试销成功	成功产品，抓紧时机上市
高	低	用后不满意	或改进设计，或放弃
低	高	产品是好的	需加强宣传，开发新客户
低	低	无前途	失败产品，停止开发

8.商业化

如果新产品试销效果良好，取得了预期效果，就可以批量投产上市，即商业化。这时，产品进入市场生命周期的投入期，以后可以按产品市场生命周期策略进行营销。应注意的是，企业要合理确定推出新产品的时机、推出新产品的目标市场选择和营销对策的运用等问题，以保证新产品开发成功。

三、新产品的推广和扩散

企业可以根据消费者试用新产品的过程和消费者对新产品的反应差异，做好市场推广和扩散工作。

（一）根据消费者试用新产品的过程，做好市场推广和扩散工作

消费者试用新产品的过程一般可分为五个阶段：知晓阶段、兴趣阶段、评价阶段、试用阶段、采用阶段。消费者是或快或慢地经历了这些阶段，还是直接忽略了某些阶段，主要取决于消费者、产品或者购买情景等具体情况。

1.知晓阶段

消费者认识到一项新产品的存在，但还缺乏了解。

2.兴趣阶段

在广告宣传刺激的作用下，对新产品产生兴趣，开始了解有关新产品的信息。

3.评价阶段

对新产品的价值进行分析、评估，考虑是否试用这种新产品。

4.试用阶段

开始少量试用新产品，并根据试用的感觉修正对新产品的评价。

5.采用阶段（再购买及扩散阶段）

试用新产品感到满意后，消费者决定正式购买，并重复使用该产品。

企业要做好新产品的推广和扩散工作，就不能使目标市场的消费者长期停留在起初的三个阶段，必须采取有效措施，促使消费者尽快进入试用阶段，加快新产品的推广进程。

教学互动6-6

互动内容：

党的十八大以来，习近平总书记高度重视创新发展，在多次讲话和论述中反复强调创新，把创新摆在国家发展全局的核心位置。面对日益激烈的市场竞争，企业也要不断地创新。企业的产品创新应如何展开？除了产品创新，企业还可以有哪些方面的创新呢？

互动要求：

请每位参与互动的同学结合所学内容独立思考，积极陈述自己的见解，也可以和周围的同学简单沟通后回答。

（二）根据消费者对新产品的反应差异，做好市场推广和扩散工作

新产品上市后，由于潜在的消费者对新产品的反应存在明显差异，因此推广花费的时间也就不一样。根据顾客采用新产品的态度，可以将顾客划分为五种类型：

1. 创新采用者

创新采用者也称为"消费先驱"，富有个性，敢于冒险，信息灵通，经济宽裕，对新产品很敏感。这部分人在全部使用者中约占2.5%，他们是投入新产品时的极好目标。

2. 早期采用者

早期采用者一般比较年轻，经济状况良好，对新事物较敏感，他们对早期采用新产品具有一种自豪感，他们的行为对周围的消费者往往产生较大的影响。这部分人在全部使用者中约占13.5%，他们是推广新产品时的极好目标。

3. 中期采用者

中期采用者在深思熟虑后又不愿意赶"潮流"，这部分人在全部使用者中约占34%。

4. 晚期采用者

晚期采用者表现得多疑和优柔寡断，对新事物不敏感，在大多数消费者购买新产品后才会采取行动，这部分人在全部使用者中约占34%。

5. 最晚采用者

最晚采用者一般比较保守，对新产品持怀疑态度，固守传统的消费观念，他们是最后采用新产品的人，这部分人在全部使用者中约占16%。

新产品要打开市场，关键是做好前两种人的营销工作。企业要特别注意创新采用者和早期采用者的心理特征和他们通常接触的信息媒体，以便采取一定的促销手段，把有关新产品的信息传递给他们，通过他们的带头试用，使中、晚期采用者模仿跟进，这样新产品的销路就会扩大，这也是新产品进入市场并获得成长与发展的一般规律。这里的关键是要识别创新采用者和早期采用者，他们一般较年轻，有一定的社会地位，经济条件较好，有一定的专长，有比较敏捷的思维能力，有较强的社会活动能力等。

案例解析6-3   **"随身听"的创新故事**

背景与情境：

索尼公司的创始人之一盛田昭夫曾在其自传《我与索尼》一书中讲述了袖珍式立体声录放机的创新故事。

一次，井深先生提着索尼公司生产的便携式录音机，头戴一副耳机，走进盛田昭夫的房间。从一进门，井深先生便一直抱怨这台机器如何笨重。盛田昭夫问其原因，他解释说："我想欣赏音乐，但又怕妨碍别人，所以就戴上了耳机，可以边走边听。不过这家伙太重了，实在受不了。"井深先生的烦恼让盛田昭夫思索良久，他马上邀请技师着手研究袖珍式立体声录放机。盛田昭夫对这一绝妙的创意倾注了极大的热情。样品出来后，不但体积小，音质也极佳。他不顾一些人的反对，毅然将其命名为"Walkman"。不出盛田昭夫所料，新产品投放市场后，空前畅销，在世界各地引起了轰动。盛田昭夫欣喜地说："正是这一不起眼的小小产品，改变了世界上几百万、几千万人的音乐欣赏方式。"

资料来源 佚名.产品市场生命周期与新产品开发策略［EB/OL］.［2019-08-11］. https://wenku.baidu.com/view/c564e23e356baf1ffc4ffe4733687e21af45ffff.html.

思考：

索尼公司的成功说明了什么？请再举出一些类似的例子，并进行分析。

讨论分析：

个人：请每位同学在固定的学习本上写下自己的认识，再举出一些产品创新的例子，并简单说明成功的原因或新产品的新奇独特之处，或就某一类产品的创新提出创意或点子。

小组：请同学们每6人为一组，运用头脑风暴法谈谈自己的看法，说明自己的认识和见解，然后小组成员共同讨论，形成小组意见，准备在班级交流。

班级：每个小组推选1位代表在班级发言，陈述本组的观点和新创意、新思路。

老师：老师在黑板上对各小组陈述的观点和对新产品的创意进行简要记录；各小组陈述完毕后，老师结合各小组的陈述内容进行评价，对见解独特、创意新颖的小组予以鼓励。

做一做

【素质提升6-3】

国产手机创新不断

背景与情境：

智能手机和移动互联网的普及让我们享受了科技发展的成果，但多年以来苹果和三星垄断智能手机高端市场，国产手机只不过是廉价和低端的代名词。但是最近几年，国产手机强势崛起，产销两旺，堪称商业奇迹。

在2019年年初的MWC世界移动通信大会上，以华为和OPPO为代表的中国企业在屏幕设计、摄影技术、5G通信等黑科技方面更是引领潮流，而在一系列亮相背后都是国内厂商对研发的巨大投入，自研实力让世人瞩目。在2019年3月26日的华为新品发布会上，华为消费者业务部CEO余承东更是手持P30 Pro全程"吊打"三星和苹果。

2019上半年手机市场旗舰频出，尤其是4月10日面世的OPPO Reno，是一部非常具有科技含量的手机，目前看来，只有OPPO Reno和华为P30 Pro这两款产品是有足够资本争夺2019年上半年安卓机皇的国产旗舰手机。

国内厂商的你追我赶，在技术上的不断进步，代表着中国的科研实力日渐增强。竞争日渐激烈，实则是创新上的联手出击，中国品牌的再次加速发力，已经令苹果、三星、索尼等国际品牌开始忧虑，目前其创新能力已经逐渐落后。毫无疑问，中国智能手机品牌正在一步步引领智能手机新风尚。

资料来源　佚名.国产手机创新不断 OPPO Reno自研实力让世人瞩目［EB/OL］.［2019-09-10］.https://www.360kuai.com/pc/90277ed4219b11c49?cota=4&tj_url=so_rec&sign=360_57c3bbd1&refer_scene=so_1.

思考：

（1）手机创新还会有什么趋势？

（2）谈谈你对国产手机创新不断的看法。

（3）你认为企业在手机创新和市场开发过程中，应注意哪些营销道德和营销伦理问题？

分析要求：

（1）学生分组讨论案例；

（2）每个学生结合问题进行小组讨论，并形成小组案例分析观点；

（3）全班交流，各小组选派代表在班级陈述本组案例分析观点；

（4）教师对各组陈述的观点进行点评；

（5）把经过修改且附有教师点评的各小组案例分析观点展示在班级本课程平台上。

【创新实践6-3】

列举最近一段时间你所接触的新产品，并对其进行分析，该新产品新在什么地方？做出购买决策并说明原因。

分析要求：

（1）学生分组讨论上述问题，形成本组有创新点的分析结论；

（2）全班交流，各小组选派代表在班级陈述本组分析结论；

（3）结合学生创新能力培养，教师对各组陈述的分析结论进行点评。

任务四　产品的品牌、包装与服务

任务目标

知识目标：通过本任务的知识学习，了解产品品牌、产品包装、产品服务的概念及基本要求，认知产品品牌策略，掌握产品包装和销售服务的基本策略等。

能力目标：通过本任务的"案例解析"、"素质提升"和"创新实践"，培养根据市场营销状况对企业产品品牌、产品包装的认知能力，提升服务意识；培养在营销活动中的服务能力和服务技巧。

素质目标：通过本任务的知识学习、"案例解析"、"素质提升"和"创新实践"等教学活动，树立品牌意识、质量意识、环保意识。结合对"建立顾客档案"案例的思考与分析，强化质量意识，培养诚实守信、遵守诺言的职业素养和精神。

任务导入

解读超豪华品牌的奥秘

背景与情境：

2019年上海车展中，兰博基尼品牌带来了全新的Huracán EVO、Huracán EVO敞篷版和首款SUV兰博基尼Urus三款车型（如图6-5所示）。与此同时，超级豪华跑车的至高典范Aventador SVJ敞篷版作为私密鉴赏车型，于Ad Personam高级个性化定制工作室内展出，彰显极致个性魅力。

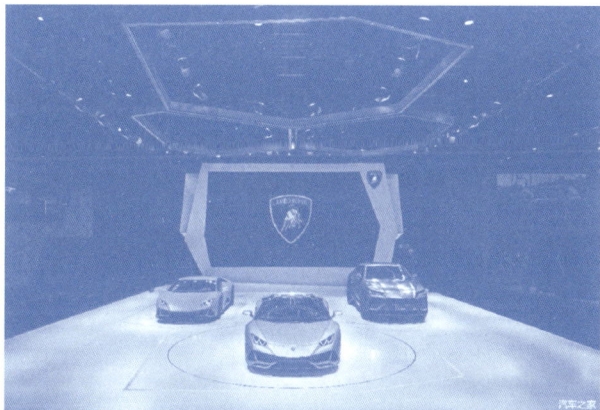

图6-5　Huracán EVO、Huracán EVO敞篷版和首款SUV兰博基尼Urus三款车型

2018年，中国内地、中国香港与中国澳门市场兰博基尼的销量相较2017年增长29%，再创历史新高。根据其在中国的发展战略，预计2019年的销售还会出现一个新的高峰，会比2018年增长50%。兰博基尼在中国市场受欢迎的原因之一是其强大的动力性能。驾驶者感受到的强大动力、澎湃声浪、充满激情的驾驶体验等等，正是兰博基尼希望带给消费者的情感共鸣。

兰博基尼是超级豪华品牌，通过完美的产品、完善的服务，以及围绕品牌进行的一系列营销活动，让中国消费者踏上了一段非常美妙的兰博基尼之旅。兰博基尼不断地了解市场，倾听消费者的需求，不断了解未来可以给中国市场乃至全球市场带来什么样的惊喜。兰博基尼还开展了试驾活动，很多人体验到了驾驶过程中的便捷性及舒适性。

资料来源　佚名.解读超豪华品牌的奥秘——兰博基尼上海车展专访［EB/OL］.［2019-10-22］. http://sh.qihoo.com/pc/92180d08813f05c34?cota=3&sign=360_e39369d1&refer_scene=so_1.

思考：

（1）上述案例带给你什么启示？

（2）如何理解品牌带给企业及产品的价值？

◼ 学一学

一、产品的品牌

在市场经济条件下，企业拥有市场将比拥有工厂更重要。拥有市场的唯一办法就是拥有占市场主导地位的品牌，品牌意味着产品的质量、产品的声誉、产品的特色，品牌既可以增加产品价值，也是促进产品销售的决定性因素。

（一）品牌的含义

重难点微课6-2

产品的品牌

品牌，俗称牌子，由名称、符号、图形或这些因素的组合形成，是制造或经销商加在产品上的标记，用来识别产品或服务的制造商和经营者，以区别竞争者的同类产品。品牌是一个集合概念，一般由以下三部分组成：

1.品牌名称

品牌名称是指品牌中可以用语言称呼的部分，如可口可乐（饮料）、长虹（电视机）等，用于经营者及其产品的商业宣传活动。

2.品牌标志

品牌标志是指品牌中可以识别、辨认，但不能用语言称呼的部分，包括专门设计的符号、颜色、图案、字体等。比如麦当劳金色的M标志、迪士尼乐园的米老鼠和唐老鸭图案等，它们都是为了产生视觉效果。

3.商标

商标是指经政府有关部门注册登记，受法律保护的整个品牌或该品牌的某一部分。其具有区域性、时间性、专用性等特征。

品牌与商标既有联系又有区别。一般来说，品牌与商标是整体与部分的关系，所有的商标都是品牌，但品牌不一定是商标。品牌是一个商业名称，其主要作用是宣传商品；商标是一个法律名称，可受到法律的保护。品牌与商标是密切联系在一起的，品牌的全部或其中一部分经注册后，具有法律效力，就成为商标。

在《中华人民共和国商标法》中，只有注册商标与非注册商标之分，而无商标与品牌之分。由于它们密切相联且基本作用相同，因此人们习惯上把品牌与商标当作同义词来表述。

（二）产品品牌策略

1.品牌使用策略

品牌使用策略即决定是否使用品牌。使用品牌能给企业带来许多好处：第一，能将企业的产品与竞争者的产品区别开来，便于消费者认牌购买；第二，能够吸引具有品牌忠诚性的顾客，建立稳定的顾客群；第三，取得的商标专用权受到法律保护，可以防范他人侵犯自己商标的行为；第四，知名品牌是企业宝贵的无形资产，能为企业带来长久的稳定的效益。因此，现在市场上绝大部分商品都使用品牌，包括一些传统上不用品牌的商品，如食盐、水果、蔬菜等，也出现了品牌化倾向。当然，使用品牌是要付出代价的，包括设计费、制作费、注册费、广告费等，并且要承担品牌在市场上失败的风险。因此，如果使用品牌对促进产品销售作用甚微，甚至得不偿失，就可以不使用品牌。

不使用品牌的商品有以下五种情况：

（1）新创企业尚未定型的产品。

（2）不会因生产者的不同而形成质量特性的产品，如电力、煤炭、钢材等。

（3）消费习惯上不是认牌购买而是按实物、样品选购的产品，如白纸、布匹等。

（4）生产简单、没有一定的技术标准、选择性不大的产品。

（5）临时性或一次性生产的产品，如一次性的纪念品等。

2.品牌归属策略

品牌归属策略即决定使用谁的品牌。其一般有以下四种选择：

（1）使用制造商品牌，也称生产者品牌。

（2）使用中间商品牌，也称销售者品牌。

（3）同时使用制造商品牌和中间商品牌，也称双重品牌。

（4）生产者借用他人的品牌，也称定牌（贴牌），一般指出口企业按外国买主的要求，在自己的产品上使用买主指定的牌名、商标。定牌是通过支付费用的方式，取得他人品牌的使用权。

3.家族品牌策略

家族品牌策略即品牌名称的选择。其一般有以下四种选择：

（1）个别品牌策略，即企业为其各种不同的产品分别使用不同的品牌。

（2）统一品牌策略，即企业所有产品都使用同一品牌。

（3）分类品牌策略，即企业依据一定的标准对产品进行分类，然后对各类不同的产品分别使用不同的品牌。例如，食品和化肥、裤子和中药等使用不同的品牌，以免相互混淆。有时企业虽然生产经营同一类产品，但存在着明显的质量差异，这时也需要使用不同的品牌。

（4）统一品牌和个别品牌并用策略，也称主品牌与副品牌策略，即企业对不同的产品分别使用不同的品牌，但每个品牌前均冠以统一的企业名称或统一的品牌名称。

（三）品牌战略决策

企业只有经过科学有效的运营，才有可能获得较高的品牌知名度和美誉度，因此，品牌的运作常被提到战略的高度。企业做出品牌战略决策时，一般有以下四种选择：

（1）产品线扩展策略，即在同样的品牌名称下，在相同的产品种类中增加新的产品，如新的口味、形式、颜色、包装等。最好的产品线扩展策略应是夺取竞争品牌的市场份额而不影响企业其他产品的销售。

（2）品牌延伸策略，即企业利用已成功的品牌推出改良产品或新产品。例如，海尔在成功研发出海尔冰箱后，相继推出海尔洗衣机、海尔空调、海尔彩电和海尔电脑等产品。品牌延伸策略可使新产品被市场迅速接受，大幅度降低广告宣传等费用，同时可延长品牌生命，提升品牌价值。但一定要注意防止品牌过度延伸，它会使企业定位丧失，淡化甚至损害原有的品牌形象。所以，企业在品牌延伸策略上应慎重行事，最需要注意的是延伸产品与原产品有无冲突。

（3）多品牌策略，即企业在同样的产品类别中引入多个品牌。

（4）新品牌策略，即企业为推出的新产品设计一个新品牌，而不用原来的品牌。

教学互动6-7

互动内容：

海尔集团将其家电类产品命名为"海尔小神童""海尔小王子""海尔先行者"；可口可乐公司生产的饮料，使用"可口可乐""雪碧""芬达"等品牌。它们分别使用了哪一种品牌策略？

互动要求：

请每位参与互动的同学结合所学内容独立思考，积极陈述自己的见解，也可以和周围的同学简单沟通后回答。

二、产品的包装

俗话说："人靠衣装，佛靠金装，商品靠包装。"在市场营销中，包装是形成产品差异的重要手段，是一种经济有效的宣传手段，被称为"货架上的广告"。目前，包装已得到社会的日益关注，企业应该做出相应的包装决策，不仅为社会利益，而且为企业的现实顾客和企业目标服务。

（一）包装的含义和要求

包装是指设计、制作容器或包扎物，并运用容器或包扎物将商品盛装的一系列活动。从营销的角度看，包装可以从两个方面来理解：一是静态的，指盛装产品的容器或包扎物；二是动态的，指设计、生产容器或包扎物并将产品包裹起来的一系列活动，即包装产品的操作过程。二者的统一构成了产品的包装，产品的包装反映了产品的外在质量，是产品质量不容忽视的一个重要组成部分。

（二）包装的基本要求

1. 包装的大小

包装的大小主要受消费者的使用习惯及购买力的影响。一般来说，日用消费品小包装使用比较方便。

2.包装的形状

包装的形状主要取决于产品的形状和性质。一般来说，产品的包装有利于产品的存放搬运，并能美化产品，吸引顾客的注意。例如，服装、装饰品和食品的包装，应设法向顾客直接显示商品本身，应考虑采用透明包装、开窗包装或在包装上附加产品的彩色照片。

3.包装的颜色

颜色能影响人们的情绪，进而影响人们的购买行为。包装的颜色应美观大方，图案形象生动，色彩鲜艳和谐，不搞模仿，不落俗套，具有艺术感染力，给人耳目一新的感觉。

4.包装的材料

包装材料的选用除了应有效保护产品外，还应该考虑材料与环境保护的关系，如选用多功能、简单化、容易回收的绿色包装材料等，以保护生态环境。近年来，随着环保意识的增强，提倡绿色营销的呼声越来越高，包装材料与资源运用、包装物与环境保护必须联系起来，包装应兼顾社会利益，努力减轻消费者负担，节约社会资源。为此，有的企业提出了"商品包装趋向于零"的口号，尽量减少包装物对环境的污染，禁止使用有害包装材料，实施绿色包装战略等。

5.避免过度包装

包装上的产品说明应充分体现企业对社会公众的责任感，坚决反对利用包装弄虚作假、欺骗和损害消费者利益的行为。必须考虑包装材料与产品价值和质量水平相匹配，既不能出现低值产品高级包装、小商品大包装、欠量包装、过度包装，也不能出现"一等产品、二等包装、三等价格"的现象，从而影响产品的销售。

拓展阅读6-1

《限制商品过度包装要求——食品和化妆品》国家标准

（三）产品包装策略

鉴于包装在营销中的重要性，企业必须运用适当的包装策略，充分体现产品的魅力，激发顾客的购买欲望。可以采用的产品包装策略有以下几种：

1.类似包装策略

类似包装策略是指企业所有产品的包装都采用共同或相似的形状、图案、颜色、特征等。这种策略能节省企业的包装设计及制作成本，使顾客容易识别商品出处，壮大企业声势，扩大影响，利用企业及其产品的声誉带动新产品上市，促进销售。这种策略一般只适用于质量水平不存在差异的产品，如果企业的产品相互之间质量差异太大，就不宜采用这种策略。

2.差异包装策略

差异包装策略是指企业的各种产品都有自己独特的包装，在设计上采用不同的风格、色彩和材料。这种策略能避免因个别产品销售失败而对其他产品造成影响，但会相应增加包装设计和新产品促销的费用。

3.组合包装策略

组合包装策略是指在同一包装中放入相关联的若干产品。例如，把茶壶、茶杯、茶盘放在一起进行包装，装有各种规格套筒扳手的工具箱，装有各种化妆品的化妆盒等。这种策略便于顾客配套购买商品，既方便使用，也可扩大产品的销售。

4.附赠品包装策略

附赠品包装策略是指在包装物内附赠奖券、实物等。例如，在儿童用品中附赠玩具、卡片是最流行的一种做法，也有利用包装物抽奖，或同一商品同时采用正常包装与赠品包装等方法。这种策略可以提高购买频率，吸引顾客重复购买，也可以作为介绍新产品和进行市场调整的手段。但要让顾客真正得到实惠，要能有效对顾客产生刺激，切忌利用赠品宣传进行商业欺诈，这会严重损害企业的形象。

5.再使用包装策略

再使用包装策略是指包装物里的产品用完后，包装容器还可以有其他用途，以此给予消费者额外的利益。例如，把酒瓶设计成精致的花瓶或仿造古董，从而使酒瓶具有一定的欣赏价值，或者将盛装物品的袋子作为手提袋等。这种策略一方面使顾客得到了额外的使用价值，另一方面，这些包装物在再使用的过程中还能起到广告宣传的作用。企业在使用这种策略时要注意适度，不能过分追求其他用途而使产品价格过高，否则会抑制消费者购买。

6.等级包装策略

等级包装策略是指企业依据产品的不同档次、用途、营销对象等，采用不同的包装。例如，高档商品的包装要显得名贵精致，中低档商品的包装可简单朴素，儿童商品的包装可用动物或卡通人物形象，老年人商品的包装可简易实用，以此来迎合不同消费者的心理需求。

7.改变包装策略

改变包装策略是指企业为了克服现有包装的缺点，或者为了吸引新顾客，而改变产品现有的包装，采用更具吸引力的新式包装。在适当的时候改变产品包装，可重塑企业产品形象，使顾客产生一种新奇的感觉，从而刺激需求，促进销售。采用新的包装材料、形式、技术，既可用于产品防伪，打击仿造者的嚣张气焰，又可体现现有产品的特点及消费新潮流，节省包装成本。改变包装策略已被许多企业的实践证明是一种行之有效的策略。

8.绿色包装策略

拓展阅读6-2

包装瘦身重健康 绿色消费成时尚

随着消费者环保意识的增强，绿色营销已成为企业经营的主流。因此，企业在设计产品包装时，选择可重复利用或可再生、易回收处理、对环境无污染的包装材料，更容易赢得消费者的好感和认同。例如，用纸质包装替代塑料包装，既美化了包装，又顺应了发展潮流，一举两得。

9.礼品式包装策略

包装华丽，富有欢乐色彩，包装物上通常冠以"福""禄""寿""禧""吉祥如意"等字样及问候语，其目的在于增添节日气氛，满足人们交往礼仪的需要。

10.个性化包装策略

个性化包装追求包装的造型、色彩、图案的个性化，以吸引顾客眼球，引起顾客的注意。同时，个性化包装能赋予产品一定的象征意义，满足消费者的个性需求。

教学互动6-8

互动内容：

某些产品的包装上有警示标签，它提醒顾客某些危险，或提示顾客安全使用产品。例如，香烟的外包装上印有"吸烟有害健康"字样。请你谈谈在产品包装上印有警示标签的意义。

互动要求：

请每位参与互动的同学结合所学内容独立思考，积极陈述自己的见解，也可以和周围的同学简单沟通后回答。

三、产品的服务

产品在市场上的竞争能力，不仅取决于产品的质量、性能、品牌、包装等，在很大程度上还取决于产品的售前、售中、售后服务工作的优劣。企业的质量保证、服务承诺、服务态度和服务效率，已成为消费者判定产品质量、决定购买与否的重要条件。企业的服务水平只有与顾客期望的服务水平基本相符，而且有独特的内容，才可能在服务方面形成差异化的竞争优势。

（一）产品服务的概念

所谓产品服务，是指以实物产品为基础的行业，为支持实物产品的销售而向消费者提供的附加服务。其目的是保证消费者在购买和使用产品的过程中，获得更大的效用和满足，使所购产品的效用充分发挥。产品越复杂，顾客对各种附加服务的依赖就越强，企业就越需要提供这类服务。

对许多产品而言，销售服务不是可有可无的，而是产品的延伸和销售的继续，是保证全面满足顾客需求的重要组成部分。例如，空调企业在向市场提供空调产品时，必须向顾客提供上门安装服务、维修服务、使用说明书等。缺乏这些服务，顾客对空调的购买就会失去兴趣，或在使用的过程中遇到许多麻烦。

（二）产品服务的过程及内容

产品服务按营销活动的过程可分为售前服务、售中服务和售后服务。

1.售前服务

售前服务是指通过研究消费者的心理，在顾客购买产品之前向顾客提供的服务。例如，提供各种产品信息，提供技术咨询，为顾客介绍产品；根据顾客的不同需求，协助顾客挑选产品；迅速报价，加强联系等。其目的在于方便顾客，激发购买欲望，强化购买动机。

2.售中服务

售中服务是指在销售过程中为顾客提供的各种服务。例如，礼貌热情地接待顾客，为顾客精心挑选产品、包装产品，对产品进行操作示范等。其目的在于影响顾客的心理感受，增强顾客的信赖感，最终促成交易。

3. 售后服务

售后服务是指商品售出以后向顾客提供的各项服务。例如，送货上门、安装调试、技术培训、提供信贷、定期保养、保证更换、按合同提供零配件等。其目的在于保证顾客所购产品的价值充分发挥，解除顾客的后顾之忧，提高顾客满意程度，促进重复购买。

（三）产品服务策略

1. 热情周到策略

企业在提供服务时，应站在顾客的角度，从服务项目、服务水平、服务方式等方面，想顾客之所想，急顾客之所急，做到既热情周到，又尊重顾客。

从服务项目来看，各种不同的服务项目，对不同行业的顾客来说，其重要性是不同的，如免费送货上门和维修服务对家居和电子计算机的购买者来说，其重要性就有显著差别。企业需要通过调查，对顾客要求的服务项目，按重要性的大小进行排列，然后做出决定，在顾客认为最重要的服务项目上使顾客充分满意。对于服务水平，一般情况下，较高的服务水平将使顾客得到较大的满足，因此就会有较高的重复购买率。服务水平的高低，应视服务项目的重要性和顾客的要求区别对待。在服务方式上，企业应考虑固定服务、流动服务、服务的收费和有关修理服务的提供，这在很大程度上取决于顾客的需求和竞争者的策略，企业可灵活做出选择。

2. 回访客户策略

企业的营销服务人员或营销主管要经常回访客户，深入细致地了解客户对企业产品和服务的意见、建议甚至抱怨，以进一步改进企业的营销活动和销售服务。

3. 质量保证策略

在提供销售服务的过程中，企业必须依据国家法律、法规的要求，对"三包"等其他保证真正兑现，绝不食言。这将促使顾客放心购买产品，也有利于产品销售量的真正扩大。

4. 及时解难策略

及时解难策略主要是指在售后服务方面，企业应抽调优秀的专业人员组建专门的服务机构，以履行产品的服务职能，保证随时随地或限时（如必须在24小时之内）解决顾客在使用产品过程中遇到的疑难问题或提供修理服务等。

5. 差异化服务策略

在服务的范围和质量上，企业应形成自己的特色，力求比竞争者更好、更快、更有效地满足顾客需求。差异化服务可体现在送货服务差异化、安装服务差异化、咨询服务差异化、培训服务差异化、维修服务差异化等方面。这种策略已成为当今许多企业在竞争中取胜的关键策略。

案例解析6-4　　　　　　　　　　　　　　　　**品牌延伸需慎重**

背景与情境：

品牌延伸类似一根弹性很差的橡皮筋，它可以伸展，但不能超过既定的尺度。随着品牌的延伸，其功能可能会逐步减弱，直到完全衰竭。例如，一说到"娃哈哈"，在过去，人们马上会想到果奶，但今天，娃哈哈是什么？是果奶还是纯净水？是八宝粥还是童装？概念就不那么清楚了。三九集团最著名的产品是"三九胃泰"，然而其"三九冰啤"却让人的胃怎么也舒畅不起来。

思考：

请再举出一些品牌延伸成功或失败的案例，谈谈你是如何看待品牌延伸的。

分析讨论：

个人：请每位同学在固定的学习本上写出自己认为品牌延伸成功或失败的例子，以及自己对品牌延伸的看法。

小组：请同学们每6人为一组，1人为组长，1人做记录，小组每个成员都要发表自己的看法，然后讨论分析，形成小组意见，准备在班级交流。

班级：每个小组选1位代表在班级发言，陈述本组观点。

老师：老师在黑板上对各小组的看法进行简要记录；各小组陈述完毕后，老师结合各小组的陈述内容进行点评。

做一做

【素质提升6-4】

建立顾客档案

背景与情境：

现在许多商场和饭店都有建立"顾客档案"的做法，给人留下了深刻的印象。在北京，一家商场推出了大件商品回访制度，引来了大批回头客。顾客凡在此商场购买大件商品，商场就为顾客建立档案，并在3个月内派专业人员回访了解使用情况，解决出现的问题，此后则每年回访一次。显然，该商场的做法解除了消费者的后顾之忧，不仅真正体现了服务意识，也是为自己赢得市场的最好办法。

在上海，一家饭店的促销手段也值得称道：友情追踪。饭店把来该店办过宴请的顾客的信息收集起来，建成档案。每当顾客的喜庆日子来临，店家就送上贺卡、鲜花等礼物以示祝贺。于是，顾客对该饭店产生了好感，也心甘情愿地成为其"回头客"。

"海信"集团按照国际质量标准ISO 9001将服务细分为话务服务、登门服务、维修服务、电话回访、信函回复等9类，每一类又可分解为一系列操作执行环节和规范细致的标准。海信推出"天天服务系统"，其核心理念就是把服务贯彻到从产品设计到售后的经营全过程中。在产品的售前阶段，服务应该是精益求精地追求产品质量；在售中、售后阶段，服务应更多地体现为给用户提供专业知识，让消费者既明白又放心地使用产品。

资料来源　佚名.产品和产品组合策略［EB/OL］.［2019-08-09］. https://wenku.baidu.com/view/81e2a2eb102de2bd960588da.html.

思考：

（1）建立顾客档案对企业发展有什么影响？

（2）结合自己的实际，谈谈你对企业建立顾客档案的切实感受。

（3）从营销道德和营销伦理的角度来说，为了防止顾客个人信息或隐私泄露，企业在建立顾客档案后应该如何保护客户的个人信息？

分析要求：

（1）学生分组讨论案例；

（2）每个学生结合问题进行小组讨论，并形成小组案例分析观点；

（3）全班交流，各小组选派代表在班级陈述本组案例分析观点；

（4）教师对各组陈述的观点进行点评；

（5）把经过修改且附有教师点评的各小组案例分析观点展示在班级本课程平台上。

【创新实践6-4】

在企业的经营过程中，你认为品牌、包装和服务之间有直接的关系吗？在购买商品的过程中，你注重哪一方面？为什么？

分析要求：

（1）学生分组讨论上述问题，形成本组有创新点的分析结论；

（2）全班交流，各小组选派代表在班级陈述本组分析结论；

（3）结合学生创新能力培养，教师对各组陈述的分析结论进行点评。

思考与练习

一、基本知识巩固

1.关键词和术语

产品的整体概念：向市场提供的、能够满足人们某种欲望或需要的任何东西，包括有形的物品、无形的服务，以及人员、组织、创意或者它们的组合。

产品组合：一个企业生产或销售的全部产品的组成方式，即一个企业的业务经营范围或生产的产品结构。

产品线：能满足同类需求，在功能、使用和销售等方面具有类似性质的密切相关的一组产品，也称产品大类。

产品市场生命周期：一种产品在市场上出现、发展到最后被淘汰的时间，它是产品更新换代的经济现象。

新产品：产品整体概念中任何一部分的创新、变革或改革，都可以理解为一种新产品，它能给顾客带来某种新的满足和新的利益。

品牌：由名称、符号、图形或这些因素的组合组成，是制造商或经销商加在产品上的标记，用来识别产品或服务的制造商和经营者，以区别竞争者的同类产品。

2.选择题

□ 单项选择题

（1）产品组合的深度是指（　　　）。

A.产品线的多少　　　　　　　　　B.产品项目的多少

C.产品线的关联程度　　　　　　　D.产品大类的多少

（2）企业以高价配合高强度的促销向市场推出新产品，这一策略可称为（　　　）。

A.快速渗透策略　　　　　　　　　B.缓慢渗透策略

C.快速撇取策略　　　　　　　　　D.缓慢撇取策略

（3）延长产品生命周期的主要途径是（　　　）。

A.产品改革　　　　　　　　　　　B.市场改革

C.营销组合改革　　　　　　　　　D.前三者的总和

（4）企业利用自己已经成功的产品品牌推出改良产品或新产品，这是（　　　）策略。

A.产品线扩展　　　B.品牌延伸　　　C.统一品牌　　　D.多品牌

（5）既为消费者的使用提供方便，又有利于商品连带销售的包装策略是（　　　）策略。

A.附赠品包装　　　B.礼品包装　　　C.组合包装　　　D.再使用包装

□ 多项选择题

（1）下面说法中正确的有（　　　）。

A.产品市场生命周期是指产品的市场寿命、经济寿命

B.任何一种产品都必须经历引入期、成长期、成熟期、衰退期

C.某一产品在不同的市场所处的生命周期就不同

D.市场营销学分析的主要是产品种类的生命周期

（2）品牌是一个集合概念，一般包括（　　　）三部分。

A.品牌名称　　　　B.品牌标志　　　C.品牌化决策　　　D.商标

（3）投入期营销活动的重点有（　　　）。

A.提高产品质量，努力降低成本　　　B.提高产品的知名度

C.提供完善的售后服务　　　　　　　D.降低价格，加大打折的力度

（4）形式产品是核心产品借以实现的形式，主要由（　　　）等特征构成。

A.质量水平　　　B.功能和效用　　　C.特征和款式　　　D.品牌和包装

（5）新产品的种类包括（　　　）。

A.国际新产品　　　B.换代新产品　　　C.全新的新产品　　　D.改进新产品

3.判断题

（1）谁拥有最先进的产品，谁就拥有市场。　　　　　　　　　　　　　（　　　）

（2）产品市场生命周期的长短主要取决于企业的技术、资金、管理水平等因素。

（　　　）

（3）多品牌是指同一企业在同一产品上使用两个或多个品牌。　　　　（　　　）

（4）对于进入衰退期的产品，企业承担的市场风险最大，必须果断放弃。（　　）

（5）由于包装的价值是产品价值的一部分，因此产品的包装必须与产品本身的价值相符合。（　　）

4.简答题

（1）如何理解产品的整体概念？树立产品的整体概念有何重要意义？

（2）产品在其市场生命周期的不同阶段各有何特征？应采取的营销对策如何？

（3）企业应如何做好新产品的推广和扩散工作？

（4）商标与品牌的关系如何？品牌策略有哪几种？企业怎样才能创品牌？

（5）从营销的角度考虑，企业可以实施的包装策略有哪几种？试举例说明。

二、基本能力提升

1.案例分析

芭比娃娃

背景与情境：

美国马特尔公司的芭比娃娃自1959年投放市场以来，几十年来畅销不衰。该公司延长芭比娃娃产品成熟阶段的成功经验，一是瞄准社会热点职业，不断更新芭比娃娃的服装，如从问世之初的时装模特，到后来的律师、企业家、医生、飞行员等；二是不断开发衍生产品，这使得很多美国家庭三代都钟爱芭比娃娃。

一天，一位父亲花了10.95美元购买了一个芭比娃娃，并作为生日礼物赠送给女儿，他很快就忘记了此事。过了几天，女儿对父亲说："芭比需要新衣服。"原来，女儿发现了附在包装盒里的商品供应单，其提醒小主人说，芭比应当有自己的一些衣服。父亲想，让女儿在给洋娃娃穿衣服的过程中得到某种锻炼，再花点钱也是值得的。于是他花了45美元，买回了"芭比系列装"。

过了一个星期，女儿又说得到商店的提示，应当让芭比当"空中小姐"，说一个女孩在她的同伴中的地位取决于芭比的身份，还噙着眼泪说她的芭比在同伴中是最没"范"的。于是，父亲又掏钱买了空姐衣服，接着又是护士、舞蹈演员的行头。这一下，父亲的钱包又少了35美元。

然而，事情还没有完。有一天，女儿得到"信息"说她的芭比喜欢上了英俊的"小伙子"凯恩。不想让芭比"失恋"的女儿央求父亲买回凯恩娃娃。望着女儿腮边的泪珠，父亲还能说什么呢？于是，他又花费11美元让芭比与凯恩成双结对。

洋娃娃凯恩进门，同样附有一张供应单，提醒小主人别忘了给可爱的凯恩添置衣服、浴池、电动剃须刀等物品。没有办法，父亲又一次打开了钱包。

事情总该结束了吧？没有。女儿宣布芭比与凯恩准备"结婚"，为了不给女儿留下"棒打鸳鸯"的印象，父亲忍痛破费让女儿为婚礼"大操大办"。父亲想，这下女儿总该心满意足了。谁知有一天，女儿又收到了商品供应单，说她的芭比和凯恩有了爱情的结晶——米琪娃娃。这让父亲哭笑不得。

资料来源　阿当.芭比智设"美金链"［EB/OL］.［2019-08-12］. http://blog.sina.com.cn/s/blog_5a7b34820100a84t.html.

思考：

（1）马特尔公司制定了什么样的产品策略？谈谈你的感想。

（2）请再举出使用这种策略的实例，并进行分析。

分析要求：

（1）从企业采用的产品组合策略、产品市场生命周期策略、新产品开发策略等方面进行分析。

（2）结合案例内容，分析消费者愿意购买的原因，并说出你的想法。

2.营销实训

产品策略

背景与情境：

当你们学习了产品策略以后，你们很好奇，很想结合实际产品，认真分析一下产品的构成、产品市场生命周期各阶段及产品组合策略，以加深对所学产品策略知识的理解。

训练目标：

（1）素质目标：会运用市场营销产品策略的专业知识与企业营销人员沟通，会精心选择问题，巧妙地提出问题。

（2）能力目标：结合实际产品分析产品组合、产品市场生命周期等产品策略基本问题。

（3）知识目标：通过实地调研，深入理解产品、产品构成、产品市场生命周期、服务策略等陈述性知识。

实训步骤：

（1）每组4人，其中1人为组长，由组长组织成员讨论；小组成员分工，明确调查思路，按分工各负其责，相互沟通，积极配合，共同完成实训任务。

（2）根据各组所选企业经营商品类别，选择两种商品，详细了解每种商品的构成，该商品处在市场生命周期哪个阶段以及服务策略等相关产品策略的内容。

（3）实际调查前，参与人员要从网络、图书馆等渠道收集产品策略的相关资料。

实训成果及要求：

（1）每组撰写一份调查报告，报告要说明调查了什么企业，什么产品，该产品的结构、市场生命周期及产品服务策略。

（2）报告呈现形式各组自定，报告不少于1 200字。

操作流程：

"产品策略"实训项目操作流程如图6-6所示。

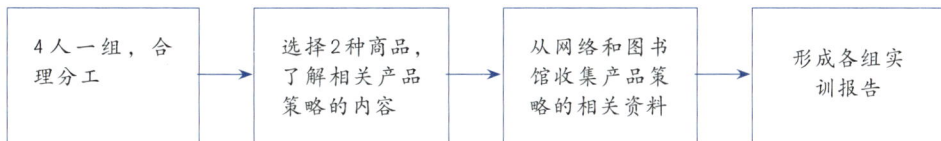

| 4人一组，合理分工 | → | 选择2种商品，了解相关产品策略的内容 | → | 从网络和图书馆收集产品策略的相关资料 | → | 形成各组实训报告 |

图6-6 "产品策略"实训项目操作流程图

实训时间：

在学生开始学习本项目内容时，即可对学生分组，布置本次实训任务，利用课余时间去网上或实体企业收集资料，并积极撰写调研报告。在学生完成本项目学习后，用2个课时让各小组介绍并展示本组报告，其他组同学可发表个人意见，最后由老师点评。经过展示点评，各组认真修改、完善自己的实训报告，并把修改后的报告在班级微信平台上展示交流。

实训评价：

"产品策略"实训项目评价表见表6-3。

表6-3　　　　　　　　　　　"产品策略"实训项目评价表

项目	评价标准	分值（分）	小组个人自评（30%）	小组成员互评（30%）	教师评价（40%）	小计（分）
素养培养（∑30）	参与实训的积极性高，小组合作意识强，小组讨论积极踊跃	10				
	表现出细致、严谨的工作作风，能主动提出关于产品策略实训的一些问题	10				
	能够结合本次实训，认识到产品策略在企业营销工作中的价值	10				
能力提升（∑20）	能够将所学的产品策略知识运用到实训任务中，学以致用	10				
	具有结合实际产品正确分析产品构成、产品市场生命周期策略的能力	10				
知识应用（∑20）	结合实际，理解产品构成、产品市场生命周期、服务策略等相关知识	10				
	熟练掌握产品策略分析的基本思路和方法	10				
项目成果展示（∑30）	能够独立完成实训任务，并能主动提出问题，解决问题	10				
	《产品策略实训报告》结构完整，无错别字，观点正确	10				
	《产品策略实训报告》展示形式新颖，语速恰当，语言流畅，有感染力	10				
合计		100				

定价策略

项目概述

价格是市场营销组合中一个十分敏感而又难以有效控制的因素。定价不仅直接影响企业盈利目标的实现，而且直接关系到顾客对产品的接受程度；同时，定价最易引起社会各方面的重视，也是一种重要的竞争手段。定价目标是否明确，直接影响到定价因素的分析是否科学，定价程序是否合理；定价方法、策略选用如何，价格调整是否恰当，直接关系到企业营销目标的实现情况。因此，本项目主要从市场营销的角度，介绍企业的定价目标、影响价格目标实现的因素、企业的定价方法和定价策略、价格的调整等内容。

项目结构

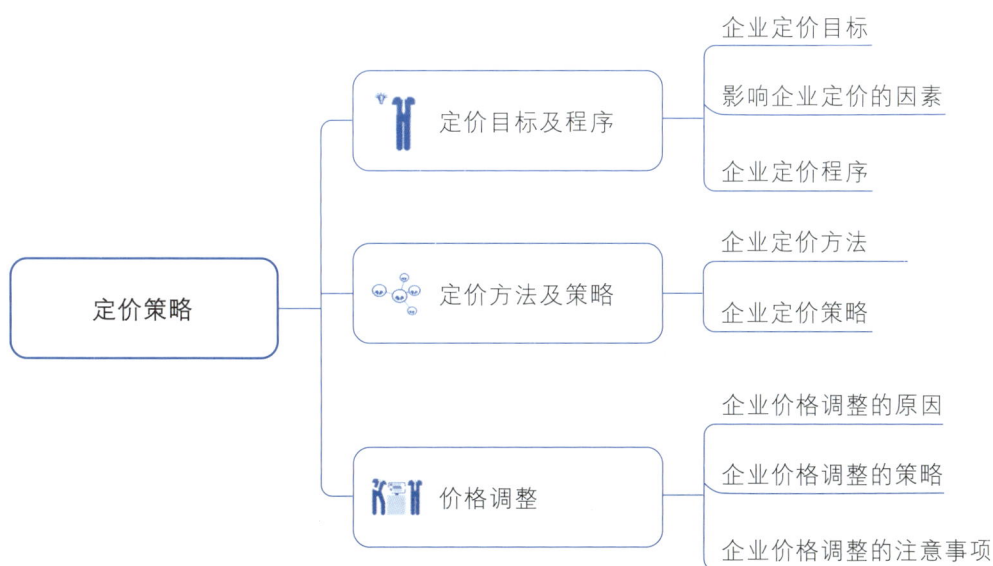

定价策略

- 定价目标及程序
  - 企业定价目标
  - 影响企业定价的因素
  - 企业定价程序
- 定价方法及策略
  - 企业定价方法
  - 企业定价策略
- 价格调整
  - 企业价格调整的原因
  - 企业价格调整的策略
  - 企业价格调整的注意事项

任务一　定价目标及程序

任务目标

知识目标：通过本任务的知识学习，能正确描述企业的定价目标、影响企业定价的内外部因素、定价的基本程序等。

能力目标：通过本任务的"案例解析"、"素质提升"和"创新实践"，能结合企业产品价格，理解企业定价目标的能力。

素质目标：通过本任务的知识学习、"案例解析"、"素质提升"和"创新实践"等教学活动，培养对定价工作合理统筹、全面考量的职业能力，树立全局意识和精益求精的职业精神。结合"谁会接受降价手术"案例的思考与分析，树立正确的价值导向，在定价过程中自觉践行营销职业道德和营销伦理。

任务导入

"第二杯半价"背后的秘密

背景与情境：

本来销量不佳的一杯饮料，打上"第二杯半价"（如图7-1所示），立马成了爆款。经典的"第二杯半价"促销方法，背后有什么秘密？

图7-1　"第二杯半价"

"第二份半价"的商品往往只有1~2种，这种设定能使单品销量迅速攀升。一方面，商家可以借此推出新品；另一方面，商家会加强对供应链的掌控，提前准备，保证出品的速度和效率。一些商家推出"第二杯半价"等促销活动的饮品也可能是"特例单品"。例如，平时顾客点单不多的产品，出于尽快消耗原料的目的，需要加快销售和推荐；还有一种情况，是为涨价作铺垫。单品的价格涨了，但由于"第二杯半价"的策略，提价部分和第二杯均摊对冲，会让消费者有一点"赚到了"的心理。而对于新顾客来说，可能他们根本没发现促销活动之前，商家刚刚涨过价。

采用"第二杯半价"，至少有两个好处：一是商家利润最大化。对于只打算买一杯饮品的顾客来说，"第二杯半价"不会影响他的购买行为；对于本来就打算买两杯饮品的顾客，相当于获得了七五折优惠；对于可买可不买第二杯的顾客来说，可能为了获得优惠买第二杯，或动员周围的人买第二杯。于是，商家既用折扣吸引了对价格敏感的人群，实现了促销，也没有给那些对价格不敏感的人折扣，这种营销策略比简单的打折更能增加利润。二是"第二杯半价"作为一种营销手段，效果十分明显：制造优惠噱头，维护客户关系，带动额外消费。必须承认，比起直接打折或优惠，"第二杯半价"无疑自带营销噱头。

资料来源 佚名."第二杯半价"背后的营销小心机，90%的人没真正算明白！［EB/OL］.［2019-11-30］. http://dy.163.com/v2/article/detail/ES5Q4VGF05389WIG.html.

思考：

（1）企业通过定价策略能不能提升销售额？为什么？

（2）你认为定价时应考虑哪些因素？

学一学

一、企业定价目标

对于商品价格，马克思政治经济学的观点和市场营销学的观点是不一样的。马克思政治经济学的观点认为，价格是商品价值的货币表现，价格是严肃的、不能随意变动的，价格与利润密切地联系在一起，定价是一门科学。市场营销学的观点认为，价格是市场变化的灵敏反应，是调节市场供求关系的"一只看不见的手"，价格是活泼的，可变亦可不变，定价是科学和艺术的统一。我们所探讨的定价方法、定价策略、定价技巧、价格调整策略等，突出体现了定价的艺术性和灵活性。

所谓定价目标，是指企业希望通过价格手段的运用而达到的预期营销效果。由于市场环境和企业状况不同，因此不同企业的定价目标也会有所不同。一般来说，企业的定价目标有以下六种：

1.以获取当前最大利润为定价目标

以获取当前最大利润为定价目标即企业的定价目标是目前能够从市场上获取最大利润。这几乎是所有企业的共同愿望，但追求最大利润并不等于追求最高价格。当一个企业的产品在市场上处于某种绝对优势地位时，如拥有专卖权或垄断地位等，固然可以实行高价策略，以获得超额利润，然而，由于市场竞争的结果，任何企业想在长时期内维持一个过高的价格都是不可能的，必然会遭到来自各方面的抵制。诸如需求减少、代用品加入、竞争者增多、购买行为推迟等，甚至会引起公众的不满而遭到政府的干预。因此，企业可以把追求最大利润作为一个长期的指导思想，同时选择一个适应当前环境的短期目标来确定实际价格。

2.以提高市场占有率为定价目标

市场占有率也称市场份额，市场占有率是企业经营状况和产品竞争力状况的综合反映。较高的市场占有率可以保证企业产品的销路，便于掌握消费者的需求变化。所以，企业一般尽量保持或提高市场占有率，并以此作为定价目标。

3.以实现预期投资收益率为定价目标

预期投资收益率即利润相对投资总额的比率。企业对于所投入的资金，都期望在预期时间内分批收回。因此，企业在定价时一般在总成本之外加上一定比例的预期盈利，以预期收益为定价目标。在产品成本不变的情况下，价格的高低往往取决于企业确定的投资收益率的大小。如果投资收益率低于同期银行存款利率，这种投资是不划算的。一般说来，只有企业在同行业中处于领导地位，或者是全新产品、受保护产品或没有竞争者的产品时，才适宜选用此种定价目标，否则定价太高会遭到用户排斥。

4.以应付或防止竞争为定价目标

价格是市场竞争的重要手段，在激烈的市场竞争中，无论厂商的规模大小，其对于竞争者的价格都很敏感。实力雄厚的大企业能左右市场价格，为了保持自己的市场地位，往往以稳定商品的价格为主要目标，有时会有意识地通过低价倾销的手段去应付和避免竞争，以击败竞争对手或阻止新的竞争对手的出现，然后制定对企业有利的垄断价格。而实力较弱的企业则紧随市场主导企业的价格或以此为参考，并与其保持适当的差异。

5.以维持企业生存为定价目标

维持生存的定价目标是企业处于不利环境时的一种特殊的过渡性目标，目的是使企业能够继续生存。当企业由于生产能力过剩、市场竞争激烈，或顾客需求发生变化，造成产品积压、资金周转困难，从而影响企业生存时，企业就会给自己的产品制定较低的价格，以求收回成本，使企业得以继续经营下去，这时生存比获利更重要。但这只能作为企业面临困境时的短期目标，一旦出现转机，企业应马上选择其他定价目标。

6.以维持高品质产品形象为定价目标

以维持高品质产品形象为定价目标即企业的定价目标是维持市场上产品质量领导者的形象。采用这种定价目标的企业必须制定高价，一方面使顾客产生优质产品的印象，另一方面收回优质产品生产和开发研究的高额费用。名牌产品多采用这种定价目标。

此外，企业还可以保证中间商合理利润、保护生态环境等为定价目标。

教学互动 7-1

互动内容：

在全新产品市场生命周期的早期阶段，为尽快收回成本，企业应选择哪一种定价目标？

重难点微课 7-1

互动要求：

请每位参与互动的同学结合所学内容独立思考，积极陈述自己的见解，也可以和周围的同学简单沟通后回答。

定价的艺术

二、影响企业定价的因素

企业定价除了要考虑定价目标外，还要考虑其他影响因素。这些影响因素主要包括企业的内部因素和外部因素，如图 7-2 所示。

内部因素	定价目标、成本
外部因素	市场需求、竞争、政府

价格决策 → 定价方法 定价策略

图7-2 影响企业定价的因素

（一）产品成本

成本是商品价格的主要组成部分，也是定价的基础。产品成本包括制造成本、销售成本和储运成本等。企业为了保证再生产的实现，通过商品的销售，既要收回成本，又要实现一定的利润。因此，成本是产品定价的最低限度。从长期来看，任何产品的价格都应高于所发生的成本，这样在生产经营过程中所发生的耗费才能从销售收入中得到补偿，企业才能获取利润。企业必须了解成本的具体构成及变化情况，努力降低成本，扩大销售，增加盈利。

（二）市场需求状况

市场需求是影响企业定价的重要因素。当产品价格高于某一水平时，产品将无人购买，因此市场需求是产品定价的上限。所以，企业在制定价格时，必须了解价格与需求的关系、需求价格弹性等因素。

1.价格与需求的关系

一般而言，市场需求随着价格的上升而减少，随着价格的下跌而增加，需求曲线是一条从左上方向右下方倾斜的曲线，如图7-3所示。

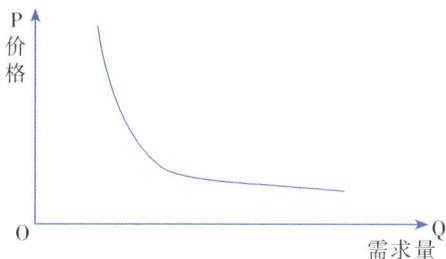

图7-3 需求曲线

需求曲线表明，价格与需求之间成反比例关系，即价格下降，需求增加；价格上升，需求减少。但是，也有一些产品的价格与需求之间呈同向变化的关系，如能代表一定的社会地位和身份的装饰品、显示经济实力的标志性产品或有价值的收藏品等。

2.需求价格弹性

价格的变动会影响市场需求，那么需求对价格的变动将会做出多大的反应呢？这就必须了解需求价格弹性。

需求价格弹性，简称需求弹性，它是指由价格变动引起的需求相应变动的比率，反映了需求变动对价格变动的敏感程度。需求弹性的大小一般根据需求弹性系数来测定。需求弹性系数反映了需求量变动率与价格变动率的比值，用$|E_P|$来表示：

$$需求弹性系数（|E_P|）= \frac{需求量变动率}{价格变动率} = \frac{\Delta Q/Q}{\Delta P/P} = \frac{\Delta Q}{\Delta P} \cdot \frac{P}{Q}$$

式中：P代表价格，ΔP代表价格变动量；Q代表需求量，ΔQ代表需求变动量。由于价格与需求呈反向变动的关系，因此需求弹性系数小于零，为方便起见，常用绝对值来表示。

不同产品具有不同的需求弹性，对价格的制定影响很大。

（1）$|E_p|>1$，富于弹性。需求的变动对价格的变动十分敏感，价格较小幅度地下降或上升，可能引起需求量较大幅度地增加或减少。这种产品的需求是有弹性的，这时应该降低价格，以刺激需求，实现薄利多销。

（2）$|E_p|<1$，缺乏弹性。需求的变动对价格的变动不敏感，价格的变动对需求的影响不大。这时，企业可以适当提高产品的价格，以增加企业的总收益。因为对于缺乏弹性的商品，降价会减少企业的收益。

（3）$|E_p|=1$，单一弹性。需求的变动与价格的变动反向同幅度。价格下降10%，需求量就增加10%，对企业总收益影响不大。这时，企业应采取通行价格，以实现预期的利润。

（4）$|E_p|=0$，完全无弹性。需求的变动对价格的变动一点都不敏感，价格的任意变化都不会引起需求量的变动。这时，企业可适当提价，当然，这也有个幅度问题。

（5）$|E_p|\to\infty$，完全有弹性。需求的变动对价格的变动有无穷大的敏感性。这时，企业应综合考虑各种因素，努力使自己的产品以市场上的通行价格出售。

需求弹性的大小主要受产品的需求程度、产品的独特性和知名度、产品的替代性、产品的供求状况、购买时间等因素的影响。在市场营销活动中，在供需关系一定的情况下，顾客的议价能力对交易价格的形成也有很大的影响。

教学互动7-2

互动内容：

男士服装和中草药，这两种商品的需求弹性如何？应如何定价？

互动要求：

请每位参与互动的同学结合所学内容独立思考，积极陈述自己的见解，也可以和周围的同学简单沟通后回答。

（三）市场竞争状况

企业的定价是一种竞争行为，任何一次价格的制定或调整都会引起竞争者的关注，并可能导致竞争者采取相应的对策。同时，竞争者的定价行为也会影响本企业产品的定价，迫使本企业做出相应的反应。所以，企业在定价时，必须考虑竞争者产品的质量和价格，将它们作为自己定价的出发点。

（四）政府的法律政策

所有国家的政府都有自己的经济政策，对市场价格的制定和调整也都有相应的限制和法律规定。例如，《中华人民共和国价格法》《中华人民共和国反不正当竞争法》，就对价格的制定做出了种种限制。因此，企业在定价时要了解相应的法律法规和政策要求，以及企业的定价权限等。

三、企业定价程序

定价程序是指企业对影响定价的诸多因素进行分析评估，并结合企业自身和产品的具体情况决定产品价格的一系列步骤。定价程序如图7-4所示。

选择定价目标 → 测定需求价格弹性 → 估算成本 → 分析竞争者的产品和价格 → 选择定价策略和方法 → 制定最终价格

图7-4　定价程序

1.选择定价目标

如前所述，定价目标是企业在定价时有意识要达到的目的。任何企业都不能孤立地制定价格，而必须按照企业的战略目标来制定价格。

2.测定需求价格弹性

企业首先应调查了解市场需求结构，了解不同价格水平上人们的购买数量；其次分析需求价格弹性。

3.估算成本

产品成本一般分为两类，一类是固定成本，另一类是变动成本。固定成本包括厂房设备折旧费、房地租金、利息、办公费用、高级管理人员薪金等。这些费用不随生产和销售多少产品的变化而变化，即使未开工也必须负担。所以，当产量等于零时，总成本等于固定成本。变动成本是指随产品的产量和市场投放量的变化而变动的成本，主要是生产和市场营销方面的费用，包括原料及燃料费用、储存费用、运输费用、促销费用等。

4.分析竞争者的产品和价格

产品的最高价格取决于市场需求，最低价格取决于产品的总成本。在最高价格与最低价格的幅度内，企业究竟给产品定价多少，取决于竞争者的同种产品的价格水平。企业必须了解和研究竞争者的产品质量和价格，将其作为自己制定和调整价格的依据。

5.选择定价策略和方法

企业通过对成本、供求状况、竞争环境等一系列因素进行分析研究后，可采用适宜的定价策略和方法制定价格或调整价格。定价目标、定价策略实质上是实现定价目标的思路和措施，定价方法是对产品价格进行计算或确定的方法，是将定价策略与具体价格水平联系起来的重要环节。实践中，可供选择的定价方法有三种：成本导向定价法、需求导向定价法、竞争导向定价法。这部分内容将在下面的任务中详述。

6.制定最终价格

企业在制定最终价格时，还要分析政府有关的政策法规、企业的定价政策、消费者的心理、企业的合作伙伴方面的意见，经过计算分析，最终确定产品价格。

案例解析7-1　　　　　　　　　　　　　　　谁把电视价格打下来了？

背景与情境：

如今，电视机这个客厅的"气氛担当"，不仅卖得越来越大，价格还越卖越便宜。

前几年，43英寸是市场上的主流，价格普遍在两三千元，而现在在京东平台上小米最新款的43英寸电视机，优惠之后只需799元。

在京东平台上，小米卖得最好的电视是55英寸的，2022年最新款优惠后只需1 299元，其次是75英寸的大电视机，领完优惠券后价格也不过2 999元，65英寸的到手价为1 899元。无独有偶，海信vidda55英寸的4k高清电视机，价格也是1 299元，海信AI声控电视65英寸和75英寸的到手价分别是2 349元和3 099元。苏宁易购上卖得更低，小米品牌43英寸和55英寸的电视，比京东分别便宜了40元，综合排名前几位的TCL金属全面屏55英寸、海信65英寸等电视机售价也大多在一两千元。创维、海信、TCL等品牌的85英寸电视机五六千元就能拿下，75英寸的普遍卖两三千元。

电视机价格卖得越来越便宜，是多种因素叠加的结果，一方面原材料成本在不断下降，另一方面市场需求不足，企业不得不通过降价来拉动销售的增长，与此同时，优惠政策或补贴的释放也是电视卖得越来越便宜的一个因素。据了解，2022年下半年，商务部等13个部门印发了《关于促进绿色智能家电消费的若干措施》，"2022全国家电消费季"正式开启，多地相继推出家电补贴、以旧换新等举措，促进家电更新需求及市场的活跃。在市场销售低迷以及竞争激烈的背景下，企业纷纷采用降价的手段来拉动销量的增长。

资料来源　倪毓平. 谁把电视价格打下来了？［EB/OL］.［2022-10-25］. https://mp.weixin.qq.com/s/y50kW3ou7m5HWVJKMW_59A.

思考：

（1）上述案例中，导致电视机价格下降的因素有哪些？

（2）除此之外，你认为还有哪些因素可以影响企业产品的定价？

讨论分析：

个人：请每位同学结合案例内容，在固定的学习本上记下影响产品定价的因素。

小组：请同学们每6人为一组，1人为组长，1人做记录，小组每个成员都要发表自己的看法，然后讨论分析，形成小组意见，准备在班级交流。

班级：每个小组选1位代表在班级发言，陈述本组观点。

老师：老师记录各小组的陈述要点，最后进行点评。

做一做

【素质提升7-1】

谁会接受降价手术

背景与情境：

一位留美归来的年轻医学教授在一座大城市里开了一家医院。为了打造民营医院的品牌，教授聘请了很多著名的医学专家坐诊，还不断提升护士、护工的服务水平。但是，由于不是公立医院，患者总是对医院的治疗效果抱着怀疑的态度，不敢前来就诊。看到医院总是冷冷清清的，教授很着急，到处寻找可以改变现状的经营方案。在一个电视节目中，教授偶然看到了媒体大肆抨击公立医院的医生在手术前收红包的现象。看到这则报道，教授灵机一动："既然大家都这么反感手术收红包，如果我的医院搞一个'谢绝红包，手术降价优惠'的活动，不是就能吸引患者光顾了吗？"说做就做，教授的"降价手术"活动很快就在医院铺开了。然而，降价手术并没有为医院带来多少客源，少数愿意接受降价手术的患者在手术后对手术的效果似乎都颇有微词。其中一位进行胆结石切除手术的病人，因为总是怀疑医生在手术时把医用棉花留在了他的肚子里，结果患上了神经衰弱。对此教授万分疑惑，为什么大家不愿意接受他货真价实的降价手术呢？

资料来源　佚名. 苹果橘子营销学〔EB/OL〕.〔2019-10-27〕. https://max.book118.com/html/2016/0420/40923696.shtm.

思考：

（1）本案例中大家为什么不愿意接受降价手术？

（2）你认为手术定价时应考虑哪些因素？

（3）请从营销道德与营销伦理的角度分析在医疗产品的定价中应注意的问题。

分析要求：

（1）学生分组讨论案例；

（2）每个学生结合问题进行小组讨论，并形成小组案例分析观点；

（3）全班交流，各小组选派代表在班级陈述本组案例分析观点；

（4）教师对各组陈述的观点进行点评；

（5）把经过修改且附有教师点评的各小组案例分析观点展示在班级本课程平台上。

【创新实践7-1】

甲、乙、丙三家超市为了促销一种定价相同的商品，分别选择了几种不同的降价方式：甲超市先降价20%，后又降价10%；乙超市连续两次降价15%；丙超市一次降价30%。如果你想购买这件商品，会选择到哪家超市购买这种商品呢？请说明理由。

分析要求：

（1）学生分组讨论上述问题，形成本组有创新点的分析结论；

（2）全班交流，各小组选派代表在班级陈述本组分析结论；

（3）结合学生创新能力培养，教师对各组陈述的分析结论进行点评。

任务二　定价方法及策略

任务目标

知识目标：通过本任务的知识学习，能正确描述企业定价方法，新产品定价策略、折扣，和让价策略、心理定价策略、促销定价策略、产品组合定价策略等。

能力目标：通过本任务的"案例解析"、"素质提升"和"创新实践"，培养能结合企业产品的实际定价情况，从多个角度分析认识企业的定价方法和定价策略的专业能力。

素质目标：通过本任务的知识学习、"案例解析"、"素质提升"和"创新实践"

等教学活动，培养学生在定价过程中遵循规律、讲究技巧的逻辑思维能力。结合"T恤的定价策略""折让策略的运用"等案例，培养把握机遇、随机应变的职业素养，在定价中的伦理问题思考中，自觉践行价格制定过程中的营销职业道德和营销伦理，强化遵守国家有关价格制定的法律法规意识。

■ 任务导入

T恤的定价策略

背景与情境：

在一家时装专卖店，一件新的夏装T恤刚上市，专卖店定价1 000多元，你虽然觉得很时尚，但花上千元钱买一件中档T恤又好像不值得，于是决定还是等等看吧。然而，这种T恤还是被少部分崇尚潮流的年轻人买走了。经过半个月，恰逢"五一"假期，这种T恤进行促销，打8折出售，这时又有一部分原来持观望态度的人把它买下。终于到了季末，专卖店进行清仓甩卖，产品全部5折出售。这时，很多像你一样忍了好几个月的人终于出手了，你乐呵呵地以500元左右的低价捧回了原价上千元的T恤。但到了下一季末，这种T恤竟以2折的价钱被堆放到专卖店的门前供大家抢购。

不少抢先购买新品的人都有过类似的经历。很多时候，新品上市的定价都大大超出产品的真实价值，但还是有一部分收入较高、对价格不敏感、喜欢尝鲜的人愿意购买。随着产品的一次次降价，产品的价格慢慢向它的真实价值靠拢，最后在成本之上停止下降。

资料来源　作者根据相关资料整理而成.

思考：

（1）这家时装专卖店运用了什么新产品定价策略？

（2）结合自己的实际，谈谈你对商品价格的感受。

■ 学一学

一、企业定价方法

定价方法是企业确定价格、实现定价目标所采用的具体方法。由于价格的高低主要受成本、市场需求、竞争状况等因素的影响，因此从这三个方面考虑，企业的定价方法就可以归纳为成本导向定价法、需求导向定价法和竞争导向定价法。

（一）成本导向定价法

成本导向定价法就是在成本的基础上，加上一定比例的利润而构成产品基本价格的定价方法，即以产品的成本作为定价的基本依据，定价时较少考虑市场需求和竞争状况。具体包括：

1.成本加成定价法

成本加成定价法即以产品的成本为基础，加上预期的利润，结合销售量等有关情况，确定产品价格水平的方法。其计算公式为：

P=单位产品总成本×（1+加成率）

式中：P代表价格。

这种定价方法的关键在于确定成本加成率。一般情况下，确定成本加成率大小的主要依据是产品的性质、特点、市场供求关系和需求弹性。通常，高档消费品或生产批量较小的产品，其成本加成率可大些；一般生活必需品或生产批量大的产品，其成本加成率应小一些。

成本加成定价法是企业最基本、最普遍采用的定价方法，其应用范围广泛，生产者、中间商以及建筑业、农业部门经常采用这种定价方法。它的优点是计算简便易行，能保证企业获得预期利润；缺点是忽视了市场需求的变化和竞争的影响，缺乏灵活性，而且它只是从卖方的角度来考虑，不一定切合实际。成本加成定价法在产品销量与产品成本相对稳定、竞争不太激烈的情况下可以采用。

2.目标利润定价法

目标利润定价法也称投资收益率定价法，它是根据企业的总成本和估计的总销售量，加上按投资收益率确定的目标利润来制定价格的方法。其计算公式为：

P=（总成本+目标利润）÷预计销售量=单位产品成本+目标利润÷预计总销量

这种方法计算简便，可以保证企业实现既定的目标利润，使企业管理具有计划性；不足之处是没有考虑价格与需求之间的关系，忽略了竞争者产品的价格对企业产品销量的影响。如果在目标期内实际销量小于预期销量，那么目标利润就很难实现。所以，这种方法适用于市场占有率较高或带有垄断性的产品。

3.变动成本定价法

变动成本定价法也称边际成本定价法或边际贡献定价法，是指计算价格时所依据的产品成本仅计算变动成本，而不计算固定成本，也就是按变动成本加预期的边际贡献来制定产品价格的方法。边际贡献是指产品销售收入与产品变动成本之间的差额。这样确定的价格水平比正常定价低得多，可以刺激销量。只要价格高于变动成本，企业就可获利，这部分收益弥补固定成本之后如仍有剩余，就形成了企业的纯收入，否则将发生亏损。其计算公式为：

P=（总变动成本+边际收益）÷总产量=单位产品变动成本+单位产品边际贡献

这种定价方法通常适用于两种情况：一是当产品积压时，企业如果坚持以总成本为基础定价，就难以为市场所接受，销售量会受到影响；二是订货不足、生产经营能力过剩、企业开工不足时，与其让设施闲置，不如以变动成本定价的低价来扩大销售、维持生存，同时尽可能减少固定成本的亏损。所以，在企业经营不景气、销售困难、生存比获利更重要或企业生产能力过剩时，只有降低售价才能扩大销售，这时就可以采用变动成本定价法。

（二）需求导向定价法

需求导向定价法是以消费者对产品的价值感受和需求强度为依据来制定产品价格的方法。这是伴随着营销观念的更新而产生的新型定价方法，面对商品供应的日益丰富和消费需求的不断变化，企业已经认识到，判定产品价格是否合理，最终并不取决于生产者或经销商，而是取决于消费者和用户。合理的定价，不仅使消费者获得了公平交易的满足，还应成为刺激消费者产生再次购买欲望的手段，所有这些都赋予了定价强烈的艺术性，需求导向定价法正是定价艺术性的集中体现。具体包括：

1.理解价值定价法

理解价值定价法又称认知价值定价法，就是根据目标顾客对商品价值的认识程度和感觉来确定价格的方法。消费者在购买商品时，总会在同类产品之间进行比较，从而选择那些既能满足其需求，又符合其支付标准的商品，当价格水平和消费者对商品价值的理解大体一致时，消费者就会顺利购买。例如，一位消费者在便利店喝一杯饮品、吃一块儿点心要付20元，在饭店的咖啡厅，同样的东西需要付58元，如果送到饭店的房间里享受，需要付98元，价格一级比一级高，这并不是由于成本的增加导致的，而是由于附加的服务和环境气氛为产品增加了价值，消费者对产品的感受、理解不同导致的。

理解价值定价法的关键是要正确地估计顾客的认知价值。如果估计过高，会导致定价过高，从而影响销售；如果估计过低，会导致定价过低，产品虽卖出去了，但影响收益。所以，为了加深顾客对商品价值的理解程度，提高其愿意支付的价格限度，企业在定价时，应首先搞好市场定位，突出产品特色，使消费者形成一种有利于企业的价值印象。

2.市场可销价格倒推法

市场可销价格倒推法也称反向定价法，即根据市场上同类产品的价格或消费者能够接受的价格，估算出本产品在市场上的零售价，倒推出产品的批发价和出厂价，再同成本比较，最后定出价格的方法。其计算公式为：

$$批发价 = \frac{市场可销零售价}{1+ 批零差率}$$

$$出厂价 = \frac{市场可销批发价}{1+ 进销差率}$$

市场可销价格的确定，可通过主观评价、市场调查或试销评估的方法来确定。批零差率和进销差率一般可由买卖双方共同协商，按利润合理分配，或依据一般行情来确定。这种方法比较适合批发商和零售商采用。

3.需求差异定价法

需求差异定价法又称差别定价法，是指在特定的条件下，同一产品或服务可按不同的价格出售。这种价格不一定完全反映成本的差异，而是以顾客需求差异为基础，充分体现了定价的灵活性。

（1）因顾客不同的差异定价，即对同一产品或服务，根据顾客不同的需求强度，制定不同的价格或不同的顾客在同一价格下，享受不同的配套服务。例如，对批发商和零售商采用不同的价格；有的公共交通工具对学生折让、对老人免票等。

（2）因产品形式不同的差异定价，即对同一产品，根据不同式样、花色、规格等，制定不同的价格，并且这种价格上的差异与成本差异不成比例。例如，式样新颖的服装可比式样陈旧的服装定价高些。

（3）因时间不同的差异定价，即对同一产品或服务，在不同的季节、不同的月份、不同的日期，甚至不同的时间，制定不同的价格。例如，旅游景点在旅游旺季和淡季的价格标准不相同。

（4）因地域不同的差异定价，即企业为处于不同位置的产品或劳务制定不同的价格，即使它们的成本费用没有任何差异。例如，影剧院、体育场前排和后排的票价不相同。

采取需求差异定价法，应符合下列条件：一是市场能够细分，细分后的市场相互独立，互不干扰；二是市场中高价与低价竞争者不能并存；三是价格差异适度，不致引起消费者的反感。

（三）竞争导向定价法

竞争导向定价法是以市场上相互竞争的同类产品的价格为依据，确定自己产品价格的方法。具体包括：

1.随行就市定价法

随行就市定价法又称通行价格定价法，是以本行业的平均价格水平或本行业中占主导地位的企业的价格水平作为定价基础的方法。平均价格水平往往被认为是"合理价格"，容易被市场接受。同时，企业试图与竞争对手和平相处，避免恶性价格战产生的风险，而且这种通行价格一般也能为企业带来适度的利润。这种定价方法主要适合产品差异较小的行业，如钢材、粮食、其他原材料或高度竞争型市场。

2.竞争价格定价法

竞争价格定价法是一种主动竞争的定价方法，是指企业根据本企业的实际情况及与竞争对手的产品差异状况，以高于或者低于竞争者的价格来出售产品的方法。采用这种定价方法，首先要了解竞争对手的价格策略和方法，然后把本企业的产品与竞争对手的产品进行分析、比较，找出本企业产品具有的优势，作为制定主动出击价格的依据，最后根据上述竞争形势和有利条件，制定出本企业产品的价格。采用这种定价方法的关键是知己知彼，随时调整价格，这充分体现了定价的灵活性，一般为实力雄厚或产品独具特色的企业所采用。

3.投标定价法和拍卖定价法

大宗物资采购、工程项目承包、仪器设备引进、矿产能源开发等大都采用招标和投标的交易方式。在投标定价法中，投标价格是投标者根据竞争者的报价估计确定的，而不是按照自己的成本费用确定的。拍卖定价法是指预先展示所出售的商品，在一定的时间和地点，按一定的规则，由买主公开叫价，引导购买者报价，利用买方竞购的心理，从中选择最高价格成交。拍卖定价法具有竞争公开、出价迅速、交易简便的特点，多在古董、高级艺术品、房产等商品的交易时采用此法。

教学互动7-3

互动内容：

我国图书的定价属于何种定价方法？北京故宫博物院的门票，旅游淡季40元/

人，旅游旺季60元/人，这采用了哪种定价方法？

互动要求：

请每位参与互动的同学结合所学内容独立思考，积极陈述自己的见解，也可以和周围的同学简单沟通后回答。

二、企业定价策略

企业运用不同的定价方法确定了产品的基本价格后，还要根据市场环境、产品特点、消费心理、销售条件等，运用灵活的定价策略和技巧，对产品的基本价格进行调整和修正，以促进销售，增加盈利。定价策略多种多样，在此仅介绍企业常用的五种定价策略。

（一）新产品定价策略

新产品的定价十分重要，它对新产品能否打开市场起着重要作用。由于消费者对新产品不熟悉，因此新产品定价的自由度很大。

重难点微课7-2

新产品定价策略

1.撇脂定价策略

撇脂定价策略即向市场高价投放新产品，价格远高于价值，力求在短时间内收回全部成本并获取利润的策略。这就像从牛奶中撇取油脂一样，所以称取脂定价或撇脂定价。

这种策略的优点：一是易于企业实现预期利润；二是能够掌握市场竞争及新产品开发的主动权；三是能够树立高档名牌产品形象；四是便于价格调整，一开始的高价为后面降低价格留有充分的余地。例如，华为的Mate系列手机，Mate 50 Pro最新上市定价6 799元起，最高达7 799元。该型号手机彰显了用户高端、大气的身份和地位。这种策略的缺点是在高价抑制下，销路不易扩大，而且高价厚利，极易诱发竞争，使企业获得高额利润的时间比较短。

采用这种定价策略主要是利用消费者对新产品好奇、求新的心理动机。新产品刚上市时，竞争产品还未出现，新产品的新颖性和优越性会降低人们对价格的敏感度，而且在细分市场上，总有一些追求时尚和标新立异、乐于接受新生事物的消费者，他们有较高的支付能力和较强的购买欲望，愿意支付高于平均水平的价格，以获得特定数量的新产品和服务。

2.渗透定价策略

渗透定价策略即向市场低价投放新产品，以吸引顾客、扩大销售、提高市场占有率的策略。采用这种定价策略，主要是利用消费者求廉求实的心理，在新产品上市时，以低价刺激人们的需求，给消费者留下经济实惠的感觉和印象，从而取得顾客的信赖。

这种策略的优点：一是能够迅速打开销路、占领市场，并渗透更多的细分市场，以提高市场占有率；二是能够树立良好的企业形象；三是低价薄利不易诱发竞争，能够有效阻止新竞争者的加入，便于企业长期占领市场，实现利润最大化。例如，美国最早发明了传真机，并制定了很高的价格，日本生产的传真机比美国晚了两三年，定价却比美国的传真机低40％，日本传真机几乎一夜之间就占领了市场，只有一家生产少量特别产品的美国小传真机公司幸存下来。这种策略的缺点：一是低价销售产品，本利回收期长；二是企业在市场竞争中价格变动余地小，难以应付短期内骤然出现的竞争和需求的变化；三是低价容易使消费者产生便宜没好货的联想。

在某种情况下，渗透定价策略可紧随撇脂定价策略，即企业可对新产品制定一个较高的初始价格，以吸引对价格不敏感的消费者，收回初期的投入后，接着运用渗透定价策略，以吸引对价格敏感的消费者，并提高市场占有率。需要注意的是，渗透定价策略不是减价让利，更不是亏本经营，而是抓住时机、立足长远，通过市场占有率的提高和规模经济的形成来降低成本，提高企业的市场竞争能力。

3.满意定价策略

满意定价策略是介于撇脂定价策略和渗透定价策略之间的一种定价策略。在这种策略下，企业的价格水平适中，同时兼顾厂商、中间商和消费者的利益，各方面都能顺利接受。有的企业在竞争中处于优势地位，有条件采用撇脂定价策略获得高额利润，但为了使各方面满意，从长计议，还是采用满意定价策略，制定一个各方面均可接受的"温和价格"，故也称君子定价策略。

这种策略的优点是制定的价格具有较大的合理性，既可以避免高价带来的竞争风险，又可以防止低价可能导致的损失，以保持价格稳定，按期实现企业的盈利目标。这种策略的缺点是比较保守，可能会使企业丧失更大的盈利机会。这种策略适用的条件：一是产品在市场上的供求基本平衡；二是竞争不太激烈，企业对利润的短期追求不太迫切，财务状况较好；三是产品的需求弹性较大，并希望维护较长时期平稳的价格。

（二）折扣和让价策略

企业为了鼓励顾客的某些行为，如提早付款、批量购买等，会对基本价格进行修正，实行价格折扣和折让，以适应消费者的偏好和需求变动。折扣和让价策略充分体现了定价的灵活性，主要包括以下几种方式：

1.现金折扣策略

现金折扣策略即对按约定日期付款或提前付款的顾客给予一定的价格折扣，其目的在于鼓励顾客提前支付货款，以加速企业资金周转，减少呆账风险。现金折扣率一般应高于银行同期贷款利率，否则，买主宁愿采用延期付款的方法。

2.数量折扣策略

数量折扣策略即根据顾客购买数量的多少给予一定的价格折扣，以鼓励顾客购买更多的货物。一般来说，购买数量越大，折扣幅度越大。

数量折扣分为累计数量折扣和非累计数量折扣。累计数量折扣的目的在于鼓励顾客经常购买本企业的产品，从而建立一种长期的合作关系；非累计数量折扣的目的在于鼓励顾客进行一次性的大量购买，以便于企业大批量生产和销售。

3.交易折扣策略

交易折扣策略又称功能折扣策略、中间商折扣策略，是指企业对处于不同渠道的中间商或同一渠道中不同环节的中间商，按其在渠道中所发挥的功能、承担的风险给予不同的折扣。交易折扣的目的在于鼓励各类中间商充分发挥其潜在功能，调动各类中间商的积极性，从而取得渠道最佳的使用效果。

4. 季节折扣策略

季节折扣策略又称季节差价策略，是企业给那些在非旺季购买季节性强的商品或服务的顾客提供的一种减价，使企业的生产和销售在一年四季保持相对稳定。生产厂商利用这种折扣鼓励批发商、零售商提早进货，在淡季购买，以减少企业的仓储压力，实现均衡生产和上市。例如，空调生产厂家对淡季进货的批发商或零售商给以季节折扣。

5. 推广让价策略

推广让价策略是指中间商替制造商进行产品促销活动时，制造商给予中间商一定的补贴。例如，零售商为制造商的产品在当地的报刊上做广告、开辟专门的橱窗陈列某制造商的产品、为制造商的产品举办展销会等，制造商对此应给予一定的补贴。补贴的具体做法多种多样，如支付一部分广告费，或在货价上给予减让，或免费供应一部分产品等。

（三）心理定价策略

企业在给产品定价时，一方面要从经济的角度考虑定价，另一方面要根据消费者的购买动机和心理感受来定价。心理定价策略主要有以下六种：

1. 尾数定价策略

尾数定价策略又称奇数定价策略，是指对多数日用品或低档商品，在定价时保留价格尾数，以零头数来标价的定价策略。例如，定9.90元，而不定10元，使价格与整数有一定的差额，并保留在较低一级的档次。这是根据消费者求实、求廉的心理，使消费者感觉价格低廉。但它一般只适用于价格较低的产品，尾数使用奇数效果更好。

2. 整数定价策略

对一些高档耐用的消费品，特别是一些消费者不太了解的商品，消费者往往以价格高低来衡量产品质量的优劣。对于这些商品，企业在定价时可合零凑整，采用整数定价策略，利用"一分钱一分货"和方便快速的心理，使价格上升到较高一级的档次。例如，一台电视机标价2 500元，而不标价2 498元，以提高顾客的购买欲望。

3. 如意定价策略

如意定价策略是根据消费者追求吉利、好兆头的心理，在定价时加以适当利用的定价策略。例如，采用一些吉祥的数字来给产品标价，如"8""9""6"，以及888元（发发发）、168元（一路发）等，往往能收到较好的效果。

4. 声望定价策略

企业利用消费者仰慕名牌和"价高质必优"的心理，对在消费者心目中享有很高声望的产品制定较高价格的定价策略。例如，一些名牌产品（名烟、名酒）、有名望的商店（老字号）、标志性的高级消费品（高级轿车、钻石、香水、精美瓷器、水晶、珍珠等），价格定得都较高。这样一方面能够显示商品的档次和企业的声望，另一方面迎合了消费者的求名心理，满足了较高收入消费者的需要。

5.招徕定价策略

招徕定价策略也称特价品定价策略、牺牲品定价策略，即企业利用消费者求廉的心理，在一定时期内，有意识地将某几种商品的价格定得特别低，以招徕顾客，借以带动和扩大其他正常价格产品销售的定价策略。现在，一些超级市场和百货商店几乎天天都有"特价""惊爆价""减价"等商品，就是这种策略的运用。

6.习惯定价策略

有些商品在顾客心目中已经形成了一个习惯价格，符合其标准的价格就会被顺利接受，偏离其标准的价格则会引起疑惑。因此，对这类商品，企业在定价时要按照消费者已经形成的习惯心理，力求维持产品价格不变，避免价格波动带来不必要的麻烦。如果必须变价，企业应同时改变包装或品牌，避开习惯价格对新价格的影响，引导消费者逐步形成新的习惯价格。

（四）促销定价策略

促销定价策略是指企业在某些情况下，临时把价格定得低于目录价格，甚至低于成本，以促进销售。促销定价策略主要有以下四种：

1.牺牲品定价策略

牺牲品定价策略也即招徕定价策略或特价品定价策略，具体参见前述心理定价策略的内容。

2.特别事件定价策略

企业利用某个特定的时间或场合、某种特别的节日或某些重要的社会活动日，将价格大幅度地降低，以吸引顾客。例如，一些商店利用寒暑假开学前的时机，降低学习用品的价格，吸引学生购买。

3.现金回扣策略

有些制造商在特定的时间内向顾客提供现金回扣，以刺激他们购买本企业的产品，达到清理存货的目的。

拓展阅读7-1

4.心理折扣策略

企业首先给产品制定很高的价格，然后大幅度降价出售，如标出"原价×××元，现价×××元"。企业采用这种策略时，不得违反有关法规，如虚增原价、所标原价无根据或所标原价非本次降价前的售价等。

防止价格陷阱

（五）产品组合定价策略

如果企业经营多种产品，而且这些产品之间存在某些关联性时，定价就应综合考虑。一般有以下六种情况：

1.产品线定价策略

一个企业通常不仅仅销售一个产品，而是销售各种各样的系列产品，这时，企业应适当确定产品线中相关产品之间的价格差异，这就是产品线定价策略。例如，服装店可将男式衬衫分为三个档次，分别定价为258元、368元和598元，顾客自然会把这三种价格的衬衫分为低、中、高档，即使这三种价格都有所变化，顾客仍会按他们的习惯去购买某一档次的产品。如果一条产品线上两种产品的价格差异不大，顾客就会购买性能较高的产品；反之，如果价格差异较大，顾客就会更多地购买性能较低的产品。

2.单一价格定价策略

企业的产品品种较多而成本相差不大时，为了方便顾客挑选和内部管理，可以将全部产品实行单一价格。比如：一些自助餐厅，每位顾客进店用餐，不管你吃多少，只有一个价格；城市的公交车、地铁等实行一票制等。

3.选择产品定价策略

许多企业在提供主要产品的同时，还提供与主要产品密切相关，但又可独立使用的产品，如汽车上的报警器、餐厅里的酒水等。企业可将选择产品的价格定得很低以吸引顾客，也可定得很高来获取利润。

4.附带产品定价策略

附带产品又叫互补产品，是指必须和主要产品一起使用的产品，如照相机的胶卷、计算机的软件、刀架上的刀片、录音机的磁带等。企业往往将主要产品的价格定得较低，以吸引顾客，这种商品称为"引诱品"，而把与主要产品一起使用的附带产品的价格定得较高，以谋取最大利润，这种商品称为"俘虏品"。一般而言，引诱品应当是使用寿命长的商品，而俘虏品应当是易耗品。当顾客以较低的价格买了引诱品以后，不得不以高价来买俘虏品，如把剃须刀的价格定得较低，而把配套刀片的价格定得较高。

5.组合产品定价策略

企业可以将相关产品组合在一起，为它制定一个比分别购买这些产品更低的价格，进行一揽子销售。例如，电脑公司把电脑硬件、软件和维修组合在一起，旅游景点的参观套票等，但要注意不能搞硬性搭配。

6.副产品定价策略

肉类加工和化工等企业在生产过程中往往会有副产品，只要买主愿意支付的价格大于企业储存和处理这些副产品的费用，企业就可以接受。这样能够减少企业的支出，为主要产品制定更低的价格，提高企业的竞争力。

教学互动7-4

互动内容：

顾客去饭店吃饭，除了点饭菜之外，可能还会点酒水、饮料等，许多饭店的酒水价格很高，而饭菜的价格相对较低，有的饭店却相反，你认为哪一种定价策略效果更好？

互动要求：

请每位参与互动的同学结合所学内容独立思考，积极陈述自己的见解，也可以和周围的同学简单沟通后回答。

折让策略的运用

背景与情境：

某服装店制订了一个打折方案。首先定出一个打折的期限，第一天打9折，第二天打8折，第三、四天打7折，第五天打6折，……，第十天打3折，后两天打1折。顾客只要在打折销售期间任何一天去购买，都可享受到相应的折扣和优惠。结果第一天、第二天来的顾客不是很多，第三天顾客就开始成群结队地来到商店，第五天打6折时顾客就像潮水般涌来抢购，以后连日顾客爆满。还没到最后一天，所有的商品都被顾客买光了。

思考：

（1）本案例对你有何启发？

（2）这家服装店运用这一打折方案成功吗？

讨论分析：

个人：请每位同学根据案例内容，在固定的学习本上写下自己对该服装店打折方案的看法。

小组：请同学们每6人为一组，1人为组长，1人做记录，小组每个成员都要陈述自己的观点，然后讨论分析，形成小组意见，准备在班级交流。

班级：每个小组选1位代表在班级发言，陈述本组观点。

老师：老师记录各小组的陈述要点，最后进行点评。

做一做

【素质提升7-2】

定价中的伦理问题

背景与情境：

"孩子在郑州上学，不知道怎么了，突然要我们寄几千元钱给她，来了才知道剪一次头发就花了6 000元。"洛阳市民李先生和张先生相约赶到郑州，一起到郑州市消协投诉他们的孩子理发遭遇高消费一事。

张先生说，他的女儿小玉和李先生的女儿小丽在郑州市一所警校上学。一天下午，小玉和小丽逛街时看到某美容美发店门口写有"剪发20元，洗发38元"的标语，两个人就进去剪发。

剪发签字时，上面就写着"洗发10元，剪发20元"，但后来一结账，单子上就变成了6 000元！小玉说："我们剪发一共花费1.2万元，但身上只带了100多元，从下午2：30到晚上10：25，我们拿不出钱，他们就不让走。"没办法，她们只好向学校同学打电话借钱，一共交给该店9 800元，办了一张该店的卡，才得以脱身。

资料来源　佚名. 郑州天价理发店被罚50万 湖南籍老板曾称有后台［EB/OL］.［2019-10-27］. http://news.sohu.com/20080407/n256131914.shtml.

思考：

（1）你是怎样评价该美容美发店的非伦理化定价行为的？

（2）谈谈你听到或遇到的企业非伦理化定价事件，分析企业在定价过程中要注意哪些营销道德和营销伦理问题。

分析要求：

（1）学生分组讨论案例；

（2）每个学生结合问题进行小组讨论，并形成小组案例分析观点；

（3）全班交流，各小组选派代表在班级陈述本组案例分析观点；

（4）教师对各组陈述的观点进行点评；

（5）把经过修改且附有教师点评的各小组案例分析观点展示在班级本课程平台上。

【创新实践7-2】

（1）相互关联的产品怎么定价？

（2）相互替代产品怎么定价？

（3）比较两种定价方法，说明产品组合定价时应注意什么。

分析要求：

（1）学生分组讨论上述问题，形成本组有创新点的分析结论；

（2）全班交流，各小组选派代表在班级陈述本组分析结论；

（3）结合学生创新能力培养，教师对各组陈述的分析结论进行点评。

任务三　价格调整

任务目标

知识目标：通过本任务的知识学习，能正确描述企业主动调整产品价格原因和策略、企业对竞争者调价的对策，熟悉企业价格调整的注意事项等。

能力目标：通过本任务的"案例解析"、"素质提升"和"创新实践"，培养结合实际产品与企业面对的市场情景，能准确分析企业调价的方法及原因的专业能力。

素质目标：通过本任务的知识学习、"案例解析"、"素质提升"等教学活动，培养随机应变、灵活主动、积极适应的职业素养。结合定价策略中存在的不良现象的思考，做到不贪得无厌、见利忘义，更不能以利害义，坚守做人底线，树立诚实守信、诚信经营、遵纪守法的职业精神。

任务导入

巧妙定价出奇效

背景与情境：

有一家专门经营儿童玩具的商店，有一次购进了造型极为相似的两种玩具小鹿，一种是日本生产的，一种是中国生产的，标价都是9.9元/只。出乎意料的是，两种造型可爱的小鹿就是卖不动，店员们认为定价太高，纷纷建议老板降价促销。可是，精明的老板经过一番思考，不仅没有采纳大家降价促销的建议，反而做出了将中国生产小鹿的售价提高到15.9元/只的决定，并让店员们把它与日本生产的9.9元/只的小鹿放在一起卖。光顾这家商店的顾客看到两种相似的小鹿，价钱相差如此悬殊，就忍不住询问。此时，售货员按老板的安排，告诉顾客：价钱不同是因为产地不同、进货渠道不同，其实质量并没有什么区别。经过仔细比较，顾客发现两种小鹿玩具确实差不多，自然觉得买日本生产的小鹿特别划算，遂产生了一种买了便宜、得了实惠的心理。不出半个月，日本产的小鹿就卖光了。这时，老板又让售货员把中国生产的小鹿玩具标上原价15.9元，现价9.9元，减价出售。光顾这家商店的顾客看到减价，又以为买了便宜、得了实惠，并广而告之，不久，中国生产的小鹿也卖光了。

资料来源　言守义. 别具一格的赚钱怪招［J］. 晚报文萃，2010（19）：61.

思考：

（1）这种调价方式对你有什么启发？

（2）想想还有哪些奇妙的定价策略给你留下了深刻的印象。

学一学

一、企业价格调整的原因

（一）企业提高价格的原因及顾客的反应

1.企业提高价格的原因

企业提高价格可能招致顾客和经销商的抱怨，并会引起企业销售人员的不满，但许多企业有时仍不得不提价。企业提高价格主要有以下四个方面的原因：

（1）产品成本提高。原材料价格上涨等原因使企业成本、费用不断增加，而企业技术进步和生产效率的提高跟不上原材料价格上涨的速度，原材料价格上涨因素不能在企业内部消化时，就要考虑提价。

（2）产品过度需求。当产品供不应求，企业的生产不能满足市场需求时，采取提价策略既能促进生产经营规模的扩大，又能限制消费，促进商品供求平衡。

（3）通货膨胀。企业为了应付通货膨胀，有时也不得不提高产品价格。

（4）竞争的需要。将产品价格提到同类产品之上，以树立高档产品形象。

2.企业提高价格时顾客的反应

有利的反应是：顾客会认为企业产品质量好，价格自然高，或认为这种产品畅销，供不应求，以后价格可能还要涨，应及早购买。不利的反应是：企业想多赚钱、随便乱涨价等。

（二）企业降低价格的原因及顾客的反应

1.企业降低价格的原因

（1）商品供过于求。商品出现大量积压，占用大量仓库和流动资金，从而影响生产的正常进行，为了摆脱困境，在采用其他营销策略无效的情况下，企业就要采用降价策略。

（2）市场占有率下降。在激烈的竞争中，企业的市场占有率逐渐降低，为了夺回失去的市场，企业必须采取降价策略。

（3）成本降低。企业的成本费用比竞争者低，企业想通过降低价格来控制市场，或者希望通过降价提高市场占有率，从而扩大生产和销售。

2.企业降低价格时顾客的反应

有利的反应是：认为企业让利于顾客。不利的反应是：产品卖不出去了；质量有问题；产品已经老化，很快会被新产品所替代；产品价格可能还要降低，等等再买；企业可能经营不下去了，要转行，将来售后服务没有保证等。

顾客对企业调价的反应将直接影响产品的销售，企业应认真分析研究，采取恰当的对策。

二、企业价格调整的策略

（一）提价策略

1.直接提高产品价格

根据市场情况和竞争对手的调价情况，直接提高产品价格。但价格上涨之后，企业应表现出同情顾客的姿态，应有一套完整的沟通计划告诉顾客价格上涨的原因。

2.变相提价

通常的做法是产品价格不变，但减少免费项目或增加收费项目。例如，减少产品的折扣；减少产品的功能、服务；对原先提供的某些服务，如送货与安装等，单独收费；使用便宜的材料和配件作为替代品，或采用廉价的包装材料等。

3.在产品线上加入高价产品

这种方法等于在无形中提高产品的价格，使涨价不会显得那么明目张胆。

企业决定提高产品价格时，还必须考虑是一次大幅度提价还是多次小幅度提价。对后一种方式，消费者可能更容易接受。

（二）降价策略

1.直接降价

根据市场情况和竞争对手的调价情况，直接降低产品价格。

2.变相降价

（1）在价格不变的前提下，通过增加免费服务项目，如送货上门，免费安装、调试等手段，降低价格。

（2）随产品赠送优惠券或礼品，以达到暗中降价的效果。

（3）维持原价，但增加单位产品的含量，以此来降低价格。

（4）改进产品的性能和质量，或增加折扣种类等，以此来降低产品价格。

降低价格可以提高企业产品的竞争能力，在一定的时期内刺激需求、增加销量。但其缺陷也不可忽视，可能会引起竞争对手之间的价格战，导致两败俱伤。

（三）应对竞争对手调价的策略

如果竞争对手率先调整价格，那么企业也要采取相应的对策。企业必须首先了解竞争对手调价的有关问题：第一，竞争对手为什么要调价；第二，竞争对手调价是长期行为，还是临时的措施；第三，竞争对手调价会对本企业产生什么影响；第四，其他企业对竞争对手的调价有何反应；第五，对企业可能做出的每一种反应，竞争对手以及其他企业会有何反应。弄清这些问题后，企业可采取适当的应对措施。

1.维持原价

如果竞争对手降价的幅度较小，本企业的市场份额不会失去太多，则保持原有的价格不变。

2.维持原价，并采取非价格手段进行反击

企业可改进产品质量、增加服务项目、加强与顾客的沟通等，这比单纯降价更有竞争力。

3.跟随降价，保证原有的竞争格局

当不降价会导致市场份额大幅下降，而要恢复原有的市场份额将要付出更大的代价时，企业应考虑跟随降价。

4.提价并推出新产品来围攻竞争对手的降价产品

这将贬低竞争对手降价的产品，同时提升企业产品的形象，不失为一种有效的价格竞争手段。

拓展阅读7-2

5.推出更廉价的产品进行反击

企业可以在市场占有率下降、对价格很敏感的细分市场上采用这种策略进行反击，但应避免出现恶性价格竞争，导致两败俱伤。

价格战的利与弊

教学互动7-5

互动内容：

市场的竞争应以价格竞争为主，还是以非价格竞争为主？

互动要求：

请每位参与互动的同学结合所学内容独立思考，积极陈述自己的见解，也可以和周围的同学简单沟通后回答。

三、企业价格调整的注意事项

1.调价产品的数量

这是指对一系列产品的价格进行调整，还是对某一种产品的价格进行调整。

2.价格调整的方式

价格调整的方式多种多样，包括明调、暗调等。明调是直接改变标价；暗调是采用其他方式和营销手段与竞争对手周旋，使产品的实际价格发生改变。

3.价格调整的幅度

实力较强的企业可选择少次数、大幅度的价格调整方式；实力较弱的企业一般采用多次数、小幅度的价格调整方式。

4.价格调整的时间

何时向顾客宣布及何时正式开始执行新的价格，都是企业调价时应该注意的问题。

5.其他相应的营销措施

这包括包装或广告收费、产品质量改善、提供配套服务等。

教学互动7-6

互动内容：

在价格调整时，你认为明调和暗调哪一种效果好？

互动要求：

请每位参与互动的同学结合所学内容独立思考，积极陈述自己的见解，也可以和周围的同学简单沟通后回答。

案例解析7-3　　　　　　　　　　　被抛弃的"11次降价"

背景与情境：

无印良品再度迎来了价格调整，这已经是在中国市场的第11次降价。此次降价范围主要集中在床品、T恤和文具。新尺寸的床品价格降到560元，降价幅度约为36%。一件T恤从原先的78元降到了58元，部分文具商品，从吊牌价35元降到18元，降价近50%。公告中还特别表示，这是"为了中国做出的改变"。

然而，无印良品的价格这样一降再降似乎也没有挽回颓势，从早先进入中国市场火爆的"中产标配"，到如今频频降价也于事无补，无印良品究竟发生了什么？它所面对的可能不仅仅只是消费者层面的危机。

资料来源　吾言.无印良品"11次降价"仍被抛弃！［EB/OL］.［2019-10-29］. https：//baijia-hao.baidu.com/s?id=1636459690017451433&wfr=spider&for=pc.

思考：

（1）结合案例并查阅相关资料，分析大幅度的降价为什么没有挽回无印良品的颓势？

（2）企业调整价格时，需要考虑哪些因素？

讨论分析：

个人：请每位同学在固定的学习本上列出自己受到启发的要点，并列出感受较深的内容。

小组：请同学们每6人为一组，1人为组长，1人做记录，小组每个成员都要发表自己受到的启发和感受，然后讨论分析，形成小组意见，准备在班级交流。

班级：每个小组选1位代表在班级发言，陈述本组观点。

老师：老师在黑板上把各小组的陈述观点按一定的标准进行记录；各小组陈述完毕后，老师结合各小组的陈述内容进行补充，并对案例分析情况进行总结评价。

做一做

【素质提升 7-3】

背景与情境：

对市场营销中的定价策略，有人有不同的意见，以下所列是现在存在的一些不良现象：原价20元，现价19.8元，销量就会大量增加，这是自作聪明；原价70元，提高至100元，限量打7折销售，买的人就多，这是欺诈；超市4元一瓶的啤酒，酒吧要20元一瓶，这是在牟取暴利；原价300元的大衣，无人问津，商家标价3000元，这是非法经营；某旅游景点突遭降温，游客被困，个别商家一包方便面售价30元，租一件军大衣150元，商家自认为是物以稀为贵，遵循的是价值规律，等等。

思考：

（1）造成这些现象的原因是什么？

（2）讨论在营销活动中，该如何处理好定价策略与营销道德、诚信和价值规律的关系。

（3）如果你是旅游景点的商家，也会认为这是物以稀为贵吗？你会怎么做？

分析要求：

（1）学生分组讨论案例；

（2）每个学生结合问题进行小组讨论，并形成小组案例分析观点；

（3）全班交流，各小组选派代表在班级陈述本组案例分析观点；

（4）教师对各组陈述的观点进行点评；

（5）把经过修改且附有教师点评的各小组案例分析观点展示在班级本课程平台上。

【创新实践 7-3】

运用相关知识，分析下列产品各适合采用哪些定价方法或定价策略。

笔记本电脑　　　　戒烟产品　　　　名人字画

新型儿童玩具　　　水果蔬菜　　　　图书杂志

分析要求：

（1）学生分组讨论上述问题，形成本组有创新点的分析结论；

（2）全班交流，各小组选派代表在班级陈述本组分析结论；

（3）结合学生创新能力培养，教师对各组陈述的分析结论进行点评。

思考与练习

一、基本知识巩固

1.关键词和术语

需求弹性：由价格变动引起的需求相应变动的比率，反映了需求变动对价格变动的敏感程度。

需求导向定价法：以消费者对产品的价值感受和需求强度为依据来制定产品价格

的方法。

竞争导向定价法：以市场上相互竞争的同类产品的价格为依据，确定自己产品价格的方法。

撇脂定价策略：向市场高价投放新产品，价格远高于价值，力求在短时间内收回全部成本并获取利润的策略。

声望定价策略：企业利用消费者仰慕名牌和"价高质必优"的心理，对在消费者心目中享有很高声望的产品制定较高价格的定价策略。

2.选择题

扫码同步测7

□单项选择题

（1）市场需求弹性较大的商品，定价时（　　），可以增加总收入。

A.适当提高价格　　　　　　　B.适当降低价格

C.保持价格不变　　　　　　　D.使价格先高后低

（2）现在许多商场、超市经常推出"特价"商品、"惊爆价"商品，这属于（　　）策略。

A.现金折扣　　　B.招徕定价　　　C.渗透定价　　　D.习惯定价

（3）采用附带产品定价策略时，企业往往将"引诱品"的价格定得（　　），将"俘虏品"的价格定得（　　）。

A.较高，较低　　B.较低，较高　　C.较高，较高　　D.较低，较低

（4）百圆裤业连锁店在创业初期，将全场裤子均定价为100元，属于（　　）策略。

A.产品线定价　　　B.附带产品定价　　　C.单一价格定价　　　D.组合产品定价

（5）为了与顾客建立长期的购买合作关系，企业应实行（　　）策略。

A.现金折扣　　　B.非累计数量折扣　　C.季节折扣　　　D.累计数量折扣

□多项选择题

（1）竞争导向定价法具体包括（　　）。

A.随行就市定价法　　　　　　B.竞争价格定价法

C.可销价格倒退法　　　　　　D.密封投标定价法

（2）比较稳健的定价目标是（　　）。

A.以避免竞争为定价目标　　　　B.以提高市场占有率为定价目标

C.以维持形象为定价目标　　　　D.以获取最大利润为定价目标

（3）渗透定价策略的优点是（　　）。

A.迅速收回投资　　　　　　　B.易于实现预期利润

C.迅速打开市场　　　　　　　D.避免竞争风险

（4）企业主动提价的原因有（　　）。

A.通货膨胀　　　　　　　　　B.产品供不应求

C.顾客满意度高　　　　　　　D.需要迅速收回投资

（5）当竞争对手降价时，企业可选择的策略有（　　）。

A.跟随降价　　　　　　　　　B.维持原价且增加促销投入

C.维持原价　　　　　　　　　　　　D.提价并推出产品组合

3.判断题

（1）消费者对于那些价值低、不经常购买的小商品的价格变动较敏感。　（　　）

（2）价格与需求之间是反比例关系。　　　　　　　　　　　　　　　（　　）

（3）每月通信费48元，包括180分钟市内通话、60M流量、150条短信，这属于产品线定价策略。　　　　　　　　　　　　　　　　　　　　　　　　　　　（　　）

（4）在异质产品市场上，如果竞争者降价，企业也必须随之降价。　　（　　）

（5）成本是产品定价的最低限度，需求是产品定价的最高限度。　　　（　　）

4.简答题

（1）影响企业定价的主要因素有哪些？需求价格弹性对定价有何影响？

（2）企业的定价方法有哪几种？各自的定价依据是什么？分别包括哪些主要形式？

（3）新产品的定价策略有哪几种？分别适宜在什么条件下采用？

（4）常用的心理定价策略和组合定价策略有哪几种形式？试举例说明。

二、基本能力提升

1.案例分析

定价的艺术

背景与情境：

在美国亚利桑那州的一块旅游胜地，新开了一家售卖印第安饰品的珠宝店。由于正值旅游旺季，珠宝店里总是顾客盈门，各种价格高昂的银饰、宝石首饰都卖得很好，唯独一批光泽莹润、价格低廉的绿松石总是无人问津。为了尽快脱手，老板试了很多方法，如把绿松石摆在最显眼的位置，让店员进行强力推销等。然而，所有这一切都徒劳无功。在一次到外地进货之前，不胜其烦的老板决定亏本处理掉这批绿松石。在出行前，他给店员留下一张纸条："所有绿松石，价格乘二分之一。"等他进货回来，那批绿松石已全数售清。店员兴奋地告诉他，自从提价以后，那批绿松石成了店里的招牌货。"提价？"老板瞪大了眼睛。原来，粗心的店员把字条中的"乘二分之一"看成了"乘二"。这是畅销书《影响力》的开篇故事。这些价格越高却越受欢迎的珠宝不由让人想起了在1845年爱尔兰大饥荒时期，那些越贵却越多人争夺的土豆，英国经济学家吉芬首先观察到了这一现象，所以经济学界将这一现象称为"吉芬之谜"。

一个汉堡包的价值为多少，现在越来越难以估计。大多数西方人只要花不到0.5美元，就可得到一个可口的汉堡包，少数人会花1.5美元买一个加奶酪的汉堡包，然而，这些都是过时的风尚了。如今，随着人们生活条件的改善，越来越多的人情愿花4美元买一个新近流行的汉堡包，即所谓的美食汉堡，它仅在一些豪华餐厅出售。为什么美食汉堡要卖4美元一个呢？在顾客的心目中，它不但比较大，而且是现做现卖，更重要的是，这类餐厅提供一些较为舒适的软硬件设备。一般的汉堡包店使用的是塑料椅，服务也一般，而在出售美食汉堡包的餐厅，不但桌椅比较舒适，而且兼卖酒水，有时还提供点菜送到桌上的优良服务。

所以，价格不单是和顾客博弈的工具以及与对手竞争的武器，它往往还传递着产品质量、级别，甚至形象等方面的信息。正是因为这一点，便宜的绿松石卖不出去。

资料来源　佚名. 消费心理学第七章要点［EB/OL］.［2019-10-20］. https://max.book118. com/html/2016/0317/37832701.shtm.

思考：

（1）绿松石和美食汉堡采用的是什么定价方法和定价策略？

（2）这种定价策略的依据是什么？为什么顾客愿意接受？

（3）你从这些定价策略中受到哪些启示？

分析要求：

（1）具体说明所采用的定价方法和定价策略，分析消费者对价格的心理感受和认知。

（2）从灵活的定价方法和技巧方面谈谈其对你的启发。

2.营销实训

价格策略

背景与情境：

当你学习了产品定价策略以后，已经知道了企业的定价程序，定价、调价策略与相关定价方法，你还很想了解一下，企业经营那么多的产品，经营者是怎样给自己经营的产品定价的？根据市场供求关系变化又是怎样给自己的产品进行调价的？

训练目标：

（1）素质目标：会用产品定价策略和定价方法等专业知识与企业营销人员进行沟通，并能友好地与企业相关人员处理调研中的相关问题，顺利完成调研任务。具有营销伦理道德和商业秘密安全意识。

（2）能力目标：结合产品与企业实际定价方法，能准确分析判断企业定价和调价的方法及原因。

（3）知识目标：通过企业价格策略实际调研，深入理解产品的定价目标、定价策略、定价方法、调价方法等陈述性知识。

实训步骤：

（1）每组4人，其中1人为组长，由组长组织成员讨论小组成员的分工，明确调研思路，按分工各负其责，相互沟通，积极配合，共同完成本实训任务。

（2）根据本组所选企业经营商品类别，选择两种供求情况不同且定价策略不同的产品，详细了解两种产品的定价目标、定价策略和具体的定价方法，以及根据供求情况，营销人员选择调价的时机以及调价方法的具体应用。

（3）实际调查前，参与人员要从网络、图书馆等渠道收集价格策略的相关资料。

实训成果及要求：

（1）每组成员撰写一份调查报告，报告要详细说明调查什么企业，什么产品，该产品的定价目标、定价策略和定价方法，简要说明为什么这样定价，适当了解根据供求情况怎样调价、调价时机、调价方法、调价理由。

（2）报告呈现形式各组自定，报告不少于1 500字。

操作流程：

"价格策略"实训项目操作流程如图7-5所示。

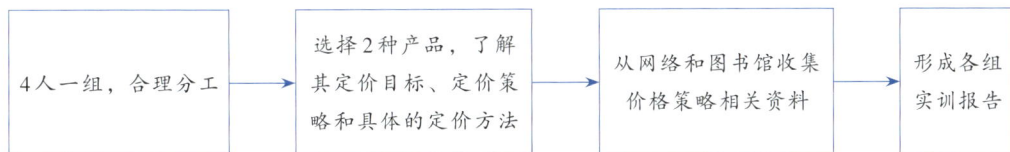

图7-5　"价格策略"实训项目操作流程图

实训时间：

在学生开始学习本项目内容时，即可对学生分组，布置本次实训任务，让学生利用课余时间去网上或实体企业收集资料，并积极撰写调研报告。在学生完成本项目学习后，用2个课时让各小组介绍并展示本组报告，其他组同学可发表个人意见，最后由老师点评。经过展示点评，各组认真修改、完善自己的实训报告，并把修改后的报告在班级微信平台上展示交流。

实训评价：

"价格策略"实训项目评价表见表7-1。

表7-1　　　　　　　　　　　　　"价格策略"实训项目评价表

项目	评价标准	分值（分）	小组个人自评（30%）	小组成员互评（30%）	教师评价（40%）	小计（分）
素养培养（∑30）	参与实训的态度端正，小组合作意识强，小组成员讨论积极踊跃	10				
	实训过程中表现出细致、严谨的工作作风，能主动提出关于价格策略实训的相关问题	10				
	能够结合实训认识价格策略在市场营销中的重要性，商业秘密安全意识强	10				
能力提升（∑20）	能够将所学的价格策略知识运用到实训任务中，学以致用	10				
	结合企业的实际，运用定价策略和定价方法，熟悉企业产品定价	10				
知识应用（∑20）	了解定价目标、定价程序、定价方法等相关知识	10				
	掌握产品定价程序和定价、调价方法	10				
项目成果展示（∑30）	能够独立完成实训任务、并能主动提出问题，解决问题	10				
	《定价策略实训报告》结构规范，无错别字，观点正确	10				
	《定价策略实训报告》汇报形式新颖，语速恰当，语言流畅，有感染力	10				
合计		100				

项目八

分销渠道策略

▼

项目概述

　　产品和劳务只有送达消费者或用户手中，才是现实的商品。在市场经济条件下，产品在流通领域的这种运动，是依赖一系列买卖活动转移其所有权来实现的，担负这一职能的就是市场分销渠道。产品只有通过一定的渠道，才能在适当的时间、地点，以适当的价格供应给广大消费者和用户。而将生产者手中的产品运到消费者能够买得到的地点并不容易，这中间开销大、耗费时间，尽管目前的商业行为更侧重于销售活动，但有效的分销仍然是提高消费者满意度和企业利润的重要因素。

项目结构

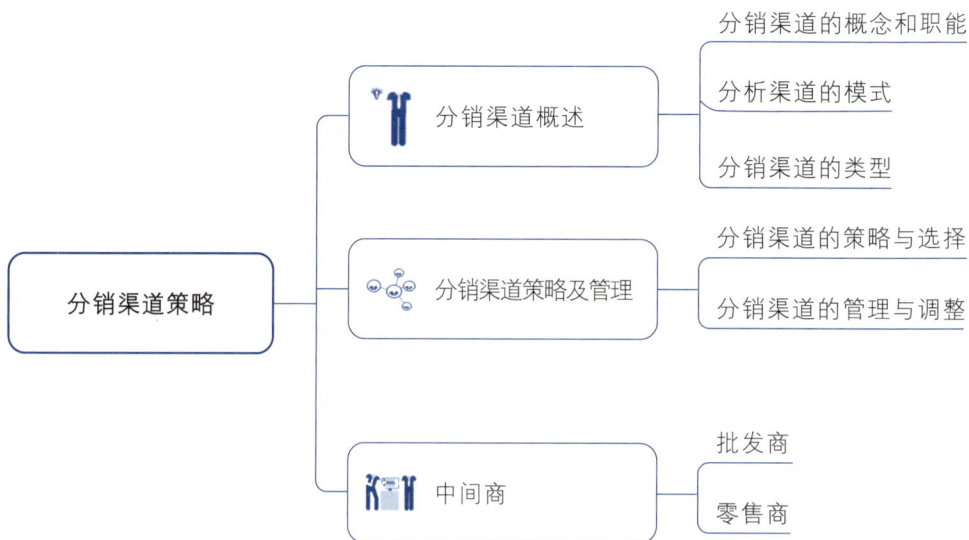

分销渠道策略

├── 分销渠道概述
│   ├── 分销渠道的概念和职能
│   ├── 分析渠道的模式
│   └── 分销渠道的类型
├── 分销渠道策略及管理
│   ├── 分销渠道的策略与选择
│   └── 分销渠道的管理与调整
└── 中间商
    ├── 批发商
    └── 零售商

任务一　分销渠道概述

任务目标

知识目标：通过本任务的知识学习，能正确描述分销渠道及功能、分销渠道的模式、分销渠道的基本类型等。

能力目标：通过本任务的"案例解析"、"素质提升"和"创新实践"，培养能结合企业产品的进货渠道和销售渠道分析企业渠道结构和渠道类型的专业能力。

素质目标：通过本任务的"知识学习"、"案例解析"、"素质提升"和"创新实践"等教学活动，围绕营销渠道的职能与模式，树立高效沟通、互利合作的职业精神。结合对"不同档次白酒的分销渠道"案例的思考，培养开拓创新意识。

任务导入

"黑米片"分销制胜

背景与情境：

某食品公司生产一种即冲即饮营养品——"黑米片"，产品销往全国市场。在产品投入期间，由于担心产品在零售市场覆盖率低，因此为了提高分销效率，公司采用了双重销售体系：在通过各地批发商销售的同时，还利用当地有实力的大零售商场进行销售。这使得公司的市场份额有了较大幅度的提高。

经过一段时间的发展，这种模式却出现了问题。公司突然发现市场销量开始急剧下降，经调查才知道，产品在市场上有了一定的知名度，市场批零价格透明度增加后，这种双重销售体系的致命弱点也暴露了出来。例如，兼营零售业务的批发商在获得了批零差价后，同其他不设批发的零售商直接竞争，打乱了保证零售商利益的零售利润，影响了零售商推销"黑米片"的积极性；批发环节也因争夺客户而降价促销、利润下滑，导致中间商的推销热情减弱。

鉴于双重销售体系的诸多弊端，经研究决定，公司将全国划分为几大区域，并投资建立直销办事处。公司废除了过去的双重销售体系，在删减部分流通环节的基础上，制定了一套"区域关系佣金代理"的销售模式，一大批资金实力不雄厚，但代理条件相对较好的代理商，纷纷上门寻求合作。以公司区域办事处为中心的佣金代理商们被企业定为纯粹的销售代理，他们以赚取佣金收入为主，不承担大量经销买卖的风险，在公司划定的区域办事处进货。在分销过程中，若代理的某笔生意金额超出代理商的资金能力，他们就会积极介绍客户直接向厂家办事处进货，只要是在其负责的区域内或在其介绍下，在办事处成交的订单，全都享受合同约定的佣金。

公司的新分销战略很快取得成功，主要体现在：对各地代理商的约束力加强；产品市场价格更为统一；产品市场价格更低，竞争力提高。同时，新的佣金代理制也因为对代理商资金实力的要求低、代理商经营风险小，从而将大批具有网络优势和经营热情的代理商加入直销队伍，分销机会大增。"黑米片"的全国销量很快改降为升，市场占有率和覆盖面较双重销售体系高峰时增加近一倍。

资料来源　江禾."黑米片"分销制胜［EB/OL］.［2019-10-10］. http://www.emkt.com.cn/article/1/141.html.

　　思考：

（1）这则案例说明了什么？

（2）结合实际，谈谈分销渠道的重要性。

学一学

一、分销渠道的概念和职能

（一）分销渠道的概念

分销渠道是指产品从生产者向消费者或用户转移的过程中所经过的一整套机构或途径。在现代社会中，大部分生产企业并不是把产品直接销售给最终的消费者或用户，而是借助一系列中间商的买卖活动来实现的。分销渠道也可以理解为产品从生产领域经中间商转移到消费领域的市场营销活动。所以，分销渠道的起点是生产者，终点是消费者（用户），中间环节包括批发商、零售商、代理商以及储运商等，如图8-1所示。

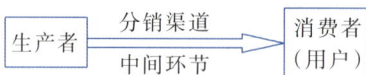

图 8-1　分销渠道示意图

（二）分销渠道的职能

1.联结产销

分销渠道一头连着生产，一头连着消费，它就像一座桥梁，把生产者和消费者联结在一起，使产品供应和消费之间在时间、地点和所有权等方面的差异得以消除。

2.沟通信息

为了保证商品的适销对路和有效流动，分销渠道必然时刻努力收集、传播和反馈各类信息，了解现实和潜在的产品销售情况，市场供求的变化，顾客、竞争者及其他市场要素的动态信息等。

3.促进销售

分销渠道中的中间商以转移商品为基本业务，因此，在经营过程中，其会努力地将有关企业产品的信息通过各种促销方式传递给目标消费者和用户，以刺激需求，扩大商品销售量。

4.承担风险

分销渠道成员在商品流转的过程中，由于大量集散商品，因此必然要承担商品供求变化、自然灾害、价格下跌等风险。

5.实体分配

产品在实现空间转移时，渠道成员负责货物的运输、仓储及信息处理等具体活动，从而使商品高效、适时地到达消费者的手中。

6.协商谈判

渠道成员在实现产品所有权转移的过程中，要就产品的价格、付款方式、促销费用、订货和交货条件等问题进行协商谈判，以保证顺利成交。

除了上述主要功能外，分销渠道还具有减少交易次数、降低流通费用、集中平衡和扩散商品、分级分等、提供服务、资金通融等作用。因此，企业在市场营销中，必须科学选择和培育分销渠道，合理设置中间环节，充分发挥分销渠道的作用，以实现货畅其流。

二、分销渠道的模式

在现实经济生活中，产品从生产领域进入消费领域有多种途径，而且不同行业、不同产品的分销渠道往往不同。

（一）消费品分销渠道模式

消费品由于其消费者的分散性，一般要经过零售环节。消费品分销渠道模式归纳起来有五种，如图8-2所示。

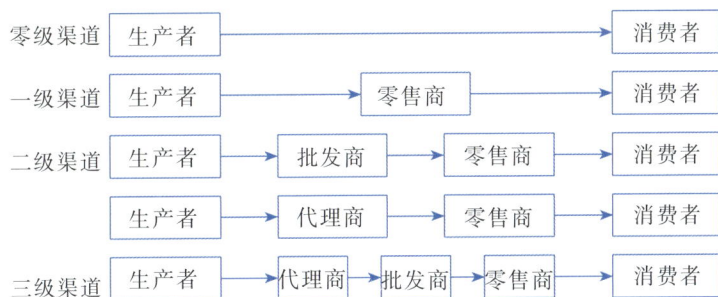

图8-2　消费品分销渠道模式示意图

（二）工业品分销渠道模式

工业品分销渠道的基本要求是环节尽量少、渠道尽量短，一般不经过零售环节。工业品分销渠道模式如图8-3所示。

从图8-2、图8-3可以得出，分销渠道的模式有以下四种：

1.零级渠道

它是由生产者直接将产品销售给消费者或用户的一种渠道模式，如上门推销、邮寄销售、网上直销和生产者自设商店销售等。

2.一级渠道

它包括一种类型的中间商，即只经过一个中间环节。在消费品市场通常是零售商，在工业品市场则可能是批发商、代理商或生产者销售机构。

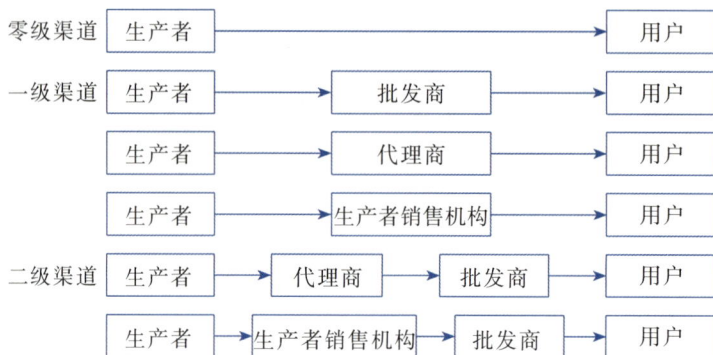

图8-3　工业品分销渠道模式示意图

3.二级渠道

它包括两种类型的中间商，即经过两个中间环节。在消费品市场通常是批发商与零售商或代理商与零售商，在工业品市场则可能是代理商与批发商或生产者销售机构与批发商。

4.三级渠道

它经过三个中间环节。在消费品市场，通常是在批发商和零售商之前加入代理商，以解决大量批发与零星销售之间的矛盾。

当然，还有层次环节更多的渠道模式，但不多见。因为环节越多，越难以管理，并将导致流通费用和产品售价过高、信息传递不灵等不良后果。

教学互动8-1

互动内容：

思考一下，物流公司、仓储公司是不是渠道成员。

互动要求：

请每位参与互动的同学结合所学内容独立思考，积极陈述自己的见解，也可以和周围的同学简单沟通后回答。

三、分销渠道的类型

（一）按是否使用中间环节，可以分为直接渠道与间接渠道

1.直接渠道

生产者将产品直接销售给消费者或用户，不经过中间环节，属于直接渠道，也即零级渠道。直接渠道是工业品分销的主要类型，绝大多数机器设备、原材料和零部件都采用直接销售的形式。在消费品市场上，也有不少商品采用了直接渠道，如饮食店、糕点店等大多采用直接销售方式销售自己的产品。

2.间接渠道

在生产者与消费者或用户之间有中间机构加入，商品销售要经过一个或多个中间环节，属于间接渠道，包括一级渠道、二级渠道、三级渠道等。目前，市场上绝大多数的消费品都是通过间接渠道销售给最终的消费者或用户的。中间商的介入将起到调

节产销矛盾、提高分销效率的作用。

（二）按使用中间环节的多少，可以分为长渠道与短渠道

如果有中间商加入，经过一个中间环节的，叫短渠道；经过两个或两个以上中间环节的，叫长渠道。

分销渠道的长与短只是相对而言的，仅是形式不同而已，并不决定它们的优劣。所以，渠道长短的选择，关键是要适合商品的特点，权衡利弊。一般情况下，价格较高的家用电器、个人电脑、品牌服装、汽车和其他贵重商品等，可通过短渠道销售；绝大多数日用品、食品饮料、普通服装、小型家用电器、标准零配件等，可通过长渠道销售。

（三）按各环节使用同种类型中间商数目的多少，可以分为宽渠道与窄渠道

分销渠道的宽窄取决于渠道的每个层次（环节）中使用同种类型中间商数目的多少。如果生产者利用许多批发商和零售商来分销产品，这种渠道就是宽渠道；反之，如果生产者只通过很少的专业批发商推销其产品，甚至在某一地区只授权给一家中间商总经销，这种渠道就较窄或很窄。确定中间商数目时，有以下三种可供选择的战略：

1.广泛分销

广泛分销也称密集分销或普遍分销，是指生产者利用尽可能多的中间商销售自己的产品，使广大消费者都能及时、方便地买到所需产品。广泛分销比较适合消费品中的便利品（如饮料、牙膏、洗衣粉、调味品等）和工业品中的一般原材料、小五金、小工具，以及不宜长期存放的商品（如鲜花、水果、肉制品、鲜奶）等。

2.选择分销

选择分销是指生产者在一定的市场区域内选择一些愿意合作且条件较好的中间商来销售自己的产品，借以提高产品形象，加强推销力度，增加商品购买率。这种策略适用于所有产品，但相对来说，更适用于消费品中的选购品（服装、鞋帽、家电等）和工业品中的零配件。

3.独家分销

独家分销是指生产者在一定的地区内只选择一家中间商销售自己的产品，独家买卖。通常经双方协商签订独家经营合同，规定在该地区内，中间商不得再经营竞争性的产品，生产者也不得再向其他中间商供货。这种策略主要适用于单价较高的产品或高档产品，如钢琴、轿车、钻石饰品等，相当多的工业用品如钢材、化工原料、建材、机器设备等的销售采用的也是独家分销方式。

教学互动8-2

互动内容：

某品牌化妆品在进入中国市场时，采用自行投资、建立自己专卖店的形式分销其产品，该企业采用的是哪一种渠道类型？

互动要求：

请每位参与互动的同学结合企业实例独立思考，积极陈述自己的见解，也可以和

周围的同学简单沟通后回答。

　　　　　　　　　　不同档次白酒的分销渠道

背景与情境：

某白酒企业生产中高档白酒，共有3个档次，100元左右、200元左右和500元左右。产品刚开始进入市场时，只流向酒店，渠道单一，白酒销售很不理想。后来经过调研分析，企业决策层形成共识——仅仅一个渠道对于一个品牌的成长是远远不够的。单渠道只可以是发展过程中的一个阶段，任何一个品牌想要在区域市场站稳脚跟，都必须多渠道铺货。虽然中高档白酒的主要销售渠道是酒店，但是批发渠道还是具有一定的生命力和价值的。另外，终端卖场的作用日益突出。该企业根据市场情况采取了先进入餐饮渠道，在获得消费者认可之后，再进入商场、超市渠道，然后进入批零渠道的策略。经过2年的渠道调整与维护，销售逐渐红火起来。

思考：

（1）"分销渠道层次越多，越难控制"是否意味着分销渠道层次越少越好？

（2）哪些产品适合直接渠道，哪些产品适合间接渠道？你对该白酒企业的分销渠道策略有何评价？

（3）请从营销道德和营销伦理角度谈谈白酒在采用营销渠道时应该注意的问题。

讨论分析：

个人：请每位同学根据案例内容和问题，在固定的学习本上记下自己的看法。

小组：请同学们每6人为一组，1人为组长，1人做记录，小组每个成员都要发表自己的看法，然后讨论分析，形成小组意见，准备在班级交流。

班级：每个小组选1位代表在班级发言，陈述本组观点。

老师：老师记录各小组的陈述要点，最后进行点评。

做一做

【素质提升8-1】

苏宁求变，加码即时零售

背景与情境：

自2022年10月21日苏宁易购牵手美团闪购，双方正式达成战略合作以来，覆盖175城市的600多家苏宁易购门店入驻美团，骑手在苏宁易购门店取货如取餐一样便捷，而消费者登录"美团"或"美团外卖"App搜索"苏宁易购"，即可下单购买手机、电脑、生活家电类产品，并体验到最快30分钟送达的高效服务。

作为曾经摘得过"实体零售之王"桂冠的苏宁来说，其地位不言而喻，某种程度上，苏宁三十余年的发展历程也如同一部中国家电产业的渠道变革发展史。1990年，张近东从一家专营空调、名为"苏宁交电"的门店起步，凭借"淡季订货，反季打款"模式逐步获得价格、货源双重优势；1993年，苏宁在"八大国营商场围攻苏宁"中一战成名，并彻底改写了中国空调销售行业的游戏规则；2009年，苏宁力压国美，以1 170亿元、941家店铺的经营规模一举成为中国最大的商业零售企业。然而在此后竞争残酷的中国电商和零售江湖中，苏宁没能在互联网萌芽阶段挥师北上，错过了时代的红利。

但这一次，美团闪购合作苏宁易购，为家电行业提供了新的发展视角，即通过"本地需求+本地供给+同城履约"解决B2C电商平台的上述问题，并同步实现售前、售中、售后一体化，这也是携手合作伙伴一起把即时零售的市场蛋糕做大的关键一步。如何在消费增速和体量上跑赢"周期"，老牌零售商苏宁易购给出了答案：在主业稳固后，借助"零售+科技"的商业创新力量，让本地门店成为即时零售的新坐标，让消费者像点外卖一样买家电。

资料来源　王拓. 苏宁求变，加码即时零售［EB/OL］.［2022-10-24］. https://mp.weixin.qq.com/s/GX9DEMInYpRFUNP8GQRkjQ.

思考：

（1）苏宁电器从成立之初至今，经历了哪些分销渠道的变革？

（2）什么是即时零售？如何理解"让本地门店成为即时零售的新坐标，让消费者像点外卖一样买家电"这句话的意义？

分析要求：

（1）学生分组讨论案例；

（2）每个学生结合问题进行小组讨论，并形成小组案例分析观点；

（3）全班交流，各小组选派代表在班级陈述本组案例分析观点；

（4）教师对各组陈述的观点进行点评；

（5）把经过修改且附有教师点评的各小组案例分析观点展示在班级本课程平台上。

【创新实践8-1】

选择你熟悉的一种产品，列出该产品的销售渠道。选择你喜欢的渠道并说明原因。设想一下该产品以后的销售渠道会有什么变化？

分析要求：

（1）学生独立思考，形成有创新点的分析结论；

（2）全班交流，学生在班级内陈述自己的分析结论；

（3）结合学生创新能力培养，教师对学生陈述的分析结论进行点评。

任务二　分销渠道策略及管理

任务目标

知识目标：通过本任务的知识学习，能正确描述分销渠道的选择、分销渠道的管理和分销渠道的调整等。

能力目标：通过本任务的"案例解析"、"素质提升"和"创新实践"，培养根据实际情况学会分析影响营销渠道功能发挥的因素，提出对营销渠道管理的一些合理化建议的专业能力。

素质目标：通过本任务的知识学习、"案例解析"、"素质提升"和"创新实践"等教学活动，树立标准化与规范化管理的职业精神。通过对"社区O2O渠道：家电渠道新革命""娃哈哈集团对窜货的控制"等案例的思考与分析，形成合作互助意识，遵守规则，有序经营，良性竞争，树立正确的人生观、世界观与价值观。

任务导入

可口可乐在中国的22种营销渠道

背景与情境：

作为饮料行业的第一大品牌，可口可乐在中国不仅采用直接控股或与中粮、太古、嘉里等集团公司合资的形式广设装瓶厂，进行市场开拓与分销活动，还采用22种渠道，将可口可乐产品分销到每一个角落。

（1）传统食品零售渠道：如食品店、食品商场、副食品商场、菜市场等。

（2）超市渠道：包括独立超市、连锁超市、酒店和商场内的超市、批发式超市、仓储式超市等。

（3）平价商场渠道：经营方式与超市基本相同，区别在于经营规模较大，毛利更低，因此在经营中往往采用鼓励整箱购买的策略。

（4）食杂店渠道：通常设在居民区内，利用民居或临时性建筑来经营，如便利店、便民店、烟杂店、小卖部等。这些渠道分布面广、营业时间较长。

（5）百货商店渠道：以经营多种日用工业品为主的综合性零售商店，内部除设有食品超市、食品柜台外，多附设快餐厅、休息厅、咖啡厅或冷食柜台。

（6）购物及服务渠道：包括以经营非饮料商品为主的各类专业店及服务行业，经常顺带经营饮料。

（7）餐馆酒楼渠道：包括各种档次的餐馆、酒楼等。

（8）快餐店渠道：快餐店往往价格较低、客流量大，顾客用餐时间较短，销量较大。

（9）街道摊贩渠道：没有固定房屋、在街道边临时占地设摊、设备相对简陋、出售食品和烟酒的摊点，主要面向行人提供产品和服务，以即饮为主要消费方式。

（10）工矿企业事业单位渠道：工矿企业事业单位为解决职工工作中或工休时的饮料需求，以及节假日饮料发放等问题，采用统一采购的方式向职工提供饮料。

（11）办公机构渠道：各企业办事处、团体、机关等办公机构超市统一采购，购买后用于日常活动或福利等。

（12）部队军营渠道：由军队后勤部供应，用于解决官兵日常生活、训练及联欢之需，一般还附设便利店，经营食品、饮料、日常生活用品等，主要向部队官兵及其家属销售。

（13）大专院校渠道：大专院校等寄宿制教育场所内的便利店、食堂、咖啡冷饮店，主要面向在校学生和老师，提供饮料和食品服务。

（14）中小学校渠道：设立在小学、中学等非寄宿制学校内的便利店，主要向在校学生提供课余时的饮料和食品服务（有些学校提供课余时的饮料和食品服务；有些学校提供上午加餐、午餐服务，同时提供饮料）。

（15）在职教育渠道：设立在各党校、职工教育学校、专业技能培训学校等在职人员再教育机构内的便利店，主要向在校学习人员提供饮料和食品服务。

（16）运动健身渠道：设立在运动健身场所的出售饮料、食品、烟酒的柜台，主要向健身人员提供饮料和食品服务；或者设立在竞赛场馆中的食品饮料柜台，主要向观众提供饮料和食品服务。

（17）娱乐场所渠道：设立在娱乐场所内（如电影院、音乐厅、酒吧、游乐场等）的食品饮料柜台，主要向娱乐人士提供饮料服务。

（18）交通窗口渠道：机场、火车站、码头、汽车站等场所的便利店以及火车、飞机、轮船上提供饮料服务的场所。

（19）宾馆饭店渠道：集住宿、餐馆、娱乐于一体的宾馆、饭店、旅馆、招待所等场所的酒吧或便利店。

（20）旅游景点渠道：设立在旅游景点（如公园、自然景观、人文景观、城市景观、历史景观及各种文化场馆等）、向旅游者提供服务的食品饮料售卖店。一般场所固定，采用柜台式交易，销售量较大，价格偏高。

（21）第三方销售渠道：批发商、批发市场、批发中心、商品交易所等以批发为主要业务形式的饮料营销渠道。该渠道不面向消费者，只是商品流通的中间环节。

（22）其他渠道：商品展销地、食品博览会、集贸市场、庙会、促销活动等其他销售饮料的形式和场所。

资料来源　佚名. 细数可口可乐 22 种渠道［EB/OL］.［2019-09-26］. http：//www.esune.com/view/2765.html.

思考：

（1）对于可口可乐公司来说，选择如此众多的分销渠道合适吗？为什么？

（2）面对众多的分销渠道，你认为可口可乐公司应该如何进行管理？

学一学

一、分销渠道的策略与选择

（一）分销渠道的基本策略

在分销渠道的策略中，企业要对渠道的类型、渠道的长度、渠道的宽度、渠道的多少进行正确的选择。结合前述分销渠道的类型，我们可以把分销渠道的基本策略归纳为三种：一是直接渠道与间接渠道策略；二是长渠道与短渠道策略；三是宽渠道与窄渠道策略。

（二）分销渠道策略的选择

企业在选择分销渠道时，会受到各种因素的影响和制约。影响分销渠道选择主要有以下四个因素：

1.产品因素

（1）产品的单价。对于单价较高的产品，企业可以使用较短渠道或直接渠道销售；对于单价较低的产品，企业应采用较长或较宽的渠道。

重难点微课8-1

分销渠道选择

（2）产品的体积和重量。对于体大量重的产品，企业可采用较短渠道，以免环节过多，增加装卸搬运次数，如机床设备、大型变电设施、起重机等；对于大多数体小量轻的产品，企业可采用较长渠道，广泛分销，以扩大市场面。

（3）产品的自然属性。对于一些保质期短、易腐烂变质的产品（如水果、蔬菜、食品等）、易碎产品（如玻璃制品、瓷器、塑料制品等），企业必须采取较短渠道，以保证产品能够尽快到达消费者手中；反之，企业则可选择长渠道。

（4）产品的技术性和服务要求。对于技术复杂、售后服务要求高的产品，企业应选择短且窄的渠道，也可由企业直接销售，如专用汽车、精密仪器等；对于那些通用性强、服务要求低、标准化产品的销售，企业则可采用长而宽的渠道。

（5）产品的时尚性和季节性。对于式样变化快、流行性强、季节性明显的产品，如高档玩具、时装、家具，企业宜采用短而宽的渠道；对于款式不易变化的产品，企业宜采用长渠道。

（6）产品的生命周期阶段。对于投入期的新产品，由于销售难度大，中间商经销的积极性不高，因此企业可采用短且窄的销售渠道，有些情况下只能由厂家直销；对于进入成长期和成熟期的产品，企业则可采用长且宽的渠道。

2.市场因素

（1）目标市场范围的大小。若市场范围大，潜在的购买者多，企业可采用长而宽的渠道；反之，若市场范围小，潜在购买者少，则企业可直接供应用户。

（2）顾客的集中程度。若市场上消费者或用户比较集中，企业可采用直接渠道和短渠道；若市场上消费者或用户分布广阔，企业宜选择长渠道和宽渠道。

（3）顾客的购买习惯。对于顾客购买次数频繁，但每次购买数量少的产品，企业应使用长且宽的渠道；对于顾客不经常购买，但每次购买数量大的产品，企业可采用短且窄的渠道。另外，针对年轻人、高收入阶层愿意到名店购买名牌产品的习惯，对于名牌产品尤其像名牌服装、名牌家电，企业可采用设立专卖店或由名店销售的方式，销售渠道呈现短且窄的特征；对消费者购买时不太在意品牌、讲求购买方便的产品，企业可以利用较多的中间商，即采用长且宽的渠道。

（4）竞争者使用的销售渠道类型。通常情况下，企业应与生产同类产品的竞争者采用相同或相似的渠道。如果竞争者已经控制了某些销售渠道，企业就要另辟销售渠道，避免与强手正面争夺市场。

3.企业自身因素

（1）企业的规模和实力。如果企业规模大、资本实力雄厚、信誉良好，其控制渠道的能力就较强，就可以自由地选择分销渠道，既可直接销售或选择较短的渠道，也可选择固定的中间商经销其产品；那些规模小、资金有限、缺乏实力的企业，则只能依赖中间商扩大销售。

（2）企业的营销能力和经验。若企业具有较强的营销能力和经验，就可以自己直接销售产品，因而渠道可短些；否则，只能选择较长的渠道。

（3）企业控制渠道的愿望。有些企业为了有效地控制渠道，宁愿花费较大的直销费用，承担全部市场风险，建立短而窄的渠道；也有一些企业可能并不希望控制渠道，从而采用长而宽的渠道。

（4）企业的产品组合情况。如果企业的产品组合比较深、比较宽，就可以选择较短的渠道，直接向零售商销售；反之，就要选择较长的渠道。

4.外界环境因素

（1）经济形势。经济繁荣时，市场需求旺盛，企业可以选择最合适的渠道来进行销售；经济衰退时，市场需求下降，通货紧缩，这时企业应尽量减少不必要的流通环节，采用较短的渠道，以控制最终产品的价格。

（2）国家的有关法规。在市场经济中，政府已经放开对绝大多数商品的管制，这些商品的销售渠道完全由企业决定；而对于极少数关系国计民生的重要商品的销售，还要受到有关法规的限制，如专卖制度（香烟）、专控商品（某些药品）等，需要根据有关政策法规的规定选用相应的销售渠道。

教学互动8-3

互动内容：

为了提高分销效率，使货畅其流、物尽其用，应该尽量减少中间环节，渠道能短则短。这句话对吗？

互动要求：

请每位参与互动的同学结合所学内容独立思考，积极陈述自己的见解，也可以和周围的同学简单沟通后回答。

二、分销渠道的管理与调整

企业确定了分销渠道并付诸实施后，还应对渠道进行管理。渠道管理包括选择渠道成员、激励渠道成员、评估渠道成员，必要时还要对渠道进行整改、对渠道成员进行调整。

（一）分销渠道的管理

1.选择渠道成员

渠道成员是指参与商品流通的各类中间商，选择渠道成员也即选择中间商。选用哪些中间商来构建产品的分销渠道，对企业来说是极其重要的。因为这些中间商的销售能力直接关系到渠道的分销功能，对中间商的选择也是对风险的选择。选择中间商一般应考虑以下六个因素：

（1）中间商的地理位置和市场覆盖面。中间商应处于最接近目标市场、顾客方便光顾的地方。中间商拥有的销售网点越多，覆盖面越大，销售能力就越强，开拓市场的潜力就越大。

（2）中间商的经济实力。经济实力强的中间商通常能够及时返还货款，加速企业资金的流动，有时还可以对企业提供财务方面的支持。同时，经济实力强的中间商通常能采用先进的商业技术和销售方式，市场营销能力和管理能力也很强。

（3）中间商的经营能力和管理水平。这是指中间商的市场覆盖面、业务人员的素质、目前经营的景气程度、未来销售的增长潜力、提供服务的能力，以及在成本、利润、库存控制、运输、资金融通、促销配合等方面的管理水平及稳定性，这直接关系到产品在市场上的长远利益。

（4）中间商的信誉。信誉是企业的无价之宝，因而在选择中间商时，企业应对其同业口碑、履约率、资信状况、知名度等进行认真审查，选择信誉度好、营销道德水平高的中间商。

（5）中间商的合作意愿。企业应该选择具有强烈合作愿望和动机、愿意推销本企业产品的中间商，如果中间商没有合作意愿和诚意，企业就可能要付出昂贵的激励成本，或者分销渠道不尽如人意。

（6）中间商与公众、政府及顾客的关系。中间商不仅要和生产者打交道，而且要获得公众、政府的支持和包容，受到顾客的欢迎。因此，良好的公众关系、政府关系、顾客关系是一个中间商生存和发展的重要条件，也是选择中间商的一个重要条件。

依据以上标准，企业找到初步合作的中间商后，应对其进行论证和筛选，筛选的最好方法就是与之面对面洽谈。找到合适的中间商以后，双方就可签订销售协议书。

2.激励渠道成员

选择好中间商以后，生产者要不断地给予激励，以促使中间商提高经营水平、扩大产品的销售。

生产者与中间商是相互依存、相互合作的关系，同时又具有各自独立的经济利益。中间商首先是顾客的采购代理，然后才是生产者的销售代理，只有顾客愿意购买的商品，中间商才有兴趣经营，而且多数中间商对其经营的产品组合具有较强的灵活性，不愿死心塌地地依附于生产企业，除非生产企业给予特殊的刺激。因此，要发挥渠道成员的积极性，就必须对渠道成员进行有效管理，制定出一套完整、准确、清晰和行之有效的激励政策与措施，以激励中间商出色地完成任务。这些激励措施包括：

（1）销售权与专营权政策。这主要是从销售区域、授权期限、分销规模（生产占有率等）、违约处理等方面加以规定，目的是限定中间商的销售区域和规定分销规模，防止出现窜货或者占着市场不开发等现象，同时也要确保中间商在一定范围内的专营权。企业要根据市场需求不断开发新产品，提高产品的适销率，从根本上为中间商创造良好的销售基础。

（2）促销支持政策。企业应协助中间商开展各种促销活动，如共同开展宣传、共同承担广告费用、邮寄宣传品、布置店堂、提供广告和推广等。中间商在销售产品时，都希望或要求企业给予足够力度的促销支持；很多企业在招募和选择中间商时，往往也承诺给中间商以促销支持。

（3）扶持中间商政策。生产厂商可以经常向中间商提供培训、维修、商业咨询、资金等方面的服务和帮助：一是向中间商提供必要的资金支持或使用优惠的付款方式；二是向中间商提供信息情报及有关服务；三是协助中间商开展经营活动，如帮助中间商培训维修人员、辅导推销工作，包括顾客管理、推销实务培训、广告促销技巧、区域性公共关系活动、市场需求调查等。

（4）奖励政策。奖励政策分很多种，如资金奖励和精神奖励等。资金奖励是给中间商尽可能丰厚的利益和佣金，提供融资的方便，设立商品促销奖，给予合作奖、回款奖、返利奖和年终奖等。精神奖励包括赠送礼品或纪念品、发给奖牌、宴请、在制造商媒体和地方报纸上亮相、提升地位、邀请出国观光等。在实际操作时，企业应严格执行奖励政策，不要拖泥带水。

（5）价格折扣。为了激励中间商，企业可根据不同的情况给予不同的价格折扣。但在确定价格折扣时必须慎重，因为中间商对产品的价格及各种折扣都非常敏感。一般来说，相同渠道之间的价格政策必须统一，不同渠道之间的价格不要差别太大。如果给不同的中间商的价格差异较大，就会严重挫伤中间商的积极性，还有可能导致渠道之间的冲突。

（6）与中间商结成长期的伙伴关系。生产者要注意与中间商之间的长期配合，考虑彼此的基本利益需要，建立互助的合作关系，在长期的合作中互惠互利、利益均沾、共谋发展。

3.评估渠道成员

企业应定期对渠道成员的工作绩效进行评估。评估的主要内容有：中间商的履约率、咨信状况、合作态度、销售指标完成情况、平均存货水平、向顾客交货的速度、对损坏和遗失商品的处理、促销方面的合作、货款回收情况、为顾客提供的服务等。

评估的目的在于掌握销售动态，及时发现问题。一方面，对绩效好的中间商给予一定的奖励，必要时可淘汰一部分中间商；另一方面，对企业现有的分销渠道进行必要的调整，使之更趋向合理化。

（二）分销渠道的调整

随着消费者或用户购买方式的变化、市场的扩大、产品进入生命周期的新阶段、新的竞争者的出现等，企业应对分销渠道进行必要的调整，以适应市场的需要。事实上，几乎所有成功的企业都没有采取一贯制的分销模式。分销渠道的调整一般分为以下三种方式：

1.增减某些渠道成员

这是渠道改进和调整的最低层次。当某个中间商经营不善且影响到整个分销渠道时，企业应考虑对该中间商进行调整和改进，并在适当的时候，增加能力较强的中间商。在做出这种调整决策时，需要进行具体分析，如增加或减少某个中间商，会对企业的利润产生何种影响，或者在某一地区增加一家批发商，对企业有多大的直接收益，会给其他批发商的销售量、成本与情绪带来什么影响等。

2.增减某些分销渠道

这是分销渠道改进和调整的较高层次。当某些市场的营销环境、市场需求或顾客的购买能力都发生了很大变化，生产者原有的分销渠道不能有效地将产品送达目标顾客，或只依靠原有的分销渠道不能满足目标顾客的需求时，生产者就应考虑对某些分销渠道进行改进和调整。

3.变更整个分销渠道

这是分销渠道改进和调整的最高层次。企业对以前所选择的分销渠道进行较大规模的改进，甚至完全废弃原有的分销渠道，重新设计和组建新的分销渠道系统，而且可能迫使企业改变其营销组合和营销政策。对企业来说，这是最困难，也是最复杂的渠道调整改进决策。例如，苏宁实体店与网店并存，线上线下同步营销；我国禁止任何形式的传销活动后，有的企业改为通过店铺进行销售等，都属于这种调整方式。企业应周密安排、慎重从事、权衡利弊，对可能出现的后果进行预测。

上述调整方式，前一种属于结构性调整，其立足于增加或减少原有分销渠道的某些中间层次；后两种属于功能性调整，其立足于将一条或多条渠道的分销工作在渠道成员中重新分配。

教学互动8-4

互动内容：

某化妆品公司发现其经销商只注重成人市场而忽视儿童市场，导致儿童护肤产品的销路不畅。为了促进儿童化妆品市场的开发，公司应如何对销售渠道进行调整？

互动要求：

请每位参与互动的同学结合所学内容独立思考，积极陈述自己的见解，也可以和周围的同学简单沟通后回答。

案例解析8-2　　　　　社区O2O渠道：家电渠道新革命

背景与情境：

从百货到连锁，从连锁到专卖店，再从专卖店到电商，家电零售渠道经历了数次大的变革。O2O模式兴起被视为新的渠道革命。

创维、三星、志高等企业通过大篷车开进社区、开设社区店、建智能体验馆等方式将家电渠道社区化，社区家电O2O渠道开始兴起。

先是制造企业自建O2O渠道。创维把大篷车开进城市社区。很多城市跳广场舞的地方成了创维大篷车的新据点。在大篷车上，消费者可以体验购买创维品牌各类家电，包括净水机、厨房家电等。值得注意的是，创维大篷车不仅售卖自有品牌产品，也成为华帝、倍轻松等其他品牌产品的售卖渠道。

空调企业志高也对这一模式表现出极大认可，志高此前已经在北京等一线城市开出名为"乐淘家电网"的社区店。消费者可以通过家中或社区店中的网络登录"乐淘家电网"，也可以到社区门店中进行体验。

后是制造企业采用与大型电商企业竞合的方式，线上线下渠道融合加速。有说法称，O2O模式的逐步兴起，将使电商渠道沦为比价系统，顾客将被社区店或者大篷车分流。大型电商渠道恐将"为他人作嫁衣裳"。"电商和专卖店渠道之间的关系不应只是竞争，完全可以是竞合关系。"实际上，电商渠道也希望在O2O社区店扩张浪潮中分一杯羹。

数据显示，北上广深等一线城市的家电销售市场增速已经明显放缓，然而三四线城市以及农村市场的家电销售潜力正在被挖掘。京东提出渠道下沉计划，"京东帮服务店"就是渠道下沉计划的主要载体。"这个策略就是要把物流和安装售后等服务通过与制造企业专卖店合作的方式直接复制到农村，我们是以县为单位，一个县一个京东帮服务店。"

未来，一二线城市和农村市场的家电社区O2O店面"出处不同"。城市市场的O2O店面通过创维推出的大篷车或者三星的体验店模式实现。对于三四线城市和农村市场，各大企业的专卖店将扮演重要角色。

资料来源 孙聪颖. 家电渠道非暴力革命：社区O2O渠道诞生［EB/OL］.［2019-10-16］. http://homea.people.com.cn/n1/2016/0725/c41390-28581985.html.

思考：

（1）你对家电企业采取O2O渠道有何评价？

（2）家电企业以后的渠道发展将会有什么新的变化？

讨论分析：

个人：请每位同学根据渠道策略的相关知识思考问题。

小组：请同学们每6～7人为一组，小组每个成员都要发表自己的看法，然后讨论分析，形成小组意见，准备在班级交流。

班级：每个小组选1位代表在班级发言，陈述本组观点。

老师：老师结合各小组的陈述内容进行点评。

做一做

【素质提升8-2】

娃哈哈集团对窜货的控制

背景与情境：

窜货又称倒货、冲货，是指由于经销网络中的各级代理商、分公司等受利益的驱动，将所经销的产品跨区域销售，造成价格混乱，从而使其他经销商对产品失去信心，消费者对品牌失去信任的营销现象。这是渠道冲突的典型表现形式。

区域窜货问题是所有企业面临的共同问题，娃哈哈集团也不能避免。中国市场幅员广阔，各省区之间由于经济状况、消费能力及开发程度的不同，产品的销售量差异极大。例如，浙江与江西、安徽毗邻而居，经济发展水平却相差较大。娃哈哈集团在三省的销量各有不同，为了运作市场，总部对各省的到岸价格、促销配套力度和给予经销商的政策肯定也有所差异，因此，各经销商根据政策的不同，偷偷地将一地的产品运到另一地销售的情况便难免发生。这种状况频繁出现，必将造成市场之间的秩序紊乱。在过去的10多年中，已有无数企业因此莫名坠马，一蹶不振。

对此，娃哈哈集团成立了一个专门的机构，巡回全国，专门查处窜货的经销商，其处罚之严为企业界少有。专门的巡察机构每到一地要看的便是商品上的编号，一旦发现编号与地区不符，便严令要彻查到底。

可是，要彻底解决窜货问题，治根之策，还是要严格分配和控制好各级经销商的辐射半径。一方面，充分保护经销商在本区域内的销售利益；另一方面，严禁经销商对外倾销。近年来，娃哈哈集团放弃了以往广招经销商、来者不拒的策略，开始精选合作对象，从众多的经销商中发展、扶持大客户，同时有意识地缩小每个经销商的辐射半径，促使其精耕细作，挖掘本区域市场的潜力。

资料来源　佚名. 娃哈哈是怎样控制窜货的？［EB/OL］.［2019-10-28］. http：//www.360doc. com/content/17/0213/18/30049755_628742344.shtml.

思考：

（1）娃哈哈集团针对这个问题是如何进行渠道管理的？

（2）娃哈哈集团中间商的"窜货"做法是否正确？为什么？

（3）通过查阅资料，了解企业在渠道管理方面有哪些行业道德规范和营销伦理问题。

分析要求：

（1）学生分组讨论案例；

（2）每个学生结合问题进行小组讨论，并形成小组案例分析观点；

（3）全班交流，各小组选派代表在班级陈述本组案例分析观点；

（4）教师对各组陈述的观点进行点评；

（5）把经过修改且附有教师点评的各小组案例分析观点展示在班级本课程平台上。

【创新实践8-2】

运用相关知识，分析确定以下产品应该选择何种分销渠道。

洗衣粉　　　　袋装鲜牛奶　　　　实木家具　　　　汽车玻璃　　　　女士服装

分析要求：

（1）学生独立思考，形成有创新点的分析结论；

（2）全班交流，学生在班级内陈述自己的分析结论；

（3）结合学生创新能力培养，教师对学生陈述的分析结论进行点评。

任务三　中间商

任务目标

知识目标：通过本任务的知识学习，能了解中间商的概念和分类。能了解批发商和零售商在分销渠道中各自担当的角色，认知主要类型的批发商和零售商等。

能力目标：通过本任务的"案例解析"、"素质提升"和"创新实践"，培养根据不同渠道成员的特点，结合日常生活用品设计分销渠道的专业能力。

素质目标：通过本任务的知识学习、"案例解析"、"素质提升"和"创新实践"等教学活动，围绕不同类型中间商的内容，树立爱岗敬业、协作配合的职业精神。结合对"新零售变革"案例的思考与分析，注重与时俱进、开拓创新，强化守正创新意识，使货畅其流、物尽其用、人尽其才。

任务导入

空调的分销渠道模式

背景与情境：

你使用什么品牌的空调？是在哪里买的呢？你可能会说："从苏宁电器专卖店买的。"那么，你想过在苏宁电器专卖店买不同品牌的空调有什么不一样吗？

美的空调的分销模式是批发商带动零售商。美的厂家销售人员分销给批发商—批发商再分销到苏宁电器专卖店（零售商）—专卖店促销人员销售给消费者。

海尔空调的分销模式是零售为主导。海尔厂家销售人员分销给苏宁电器专卖店（零售商）—苏宁电器专卖店中的海尔促销人员销售给消费者。

格力空调的分销模式是格力厂家与代理商服从制。

志高空调的分销模式是区域总代理制。

思考：

（1）为什么不同品牌的空调厂家选择的分销渠道模式不同？

（2）如果你是生产空调的厂家，你会选择哪种分销渠道模式呢？为什么？

学一学

中间商是指介于生产者与消费者之间，专门从事商品流通活动的经济组织或个人。或者说，中间商是生产者向消费者出售产品的中介机构。

按是否拥有商品所有权，中间商可分为经销商和代理商。

经销商是指从事商品流通服务，并拥有商品所有权的中间商，比如商人批发商、零售商等属于这一类。

代理商是指从事商品交易业务，接受生产企业委托，但不具有商品所有权的中间商，其利润来源主要是被代理企业的佣金，商品的销售风险与利益一般由被代理企业承担。

按在流通过程中所处的地位和所起的作用不同，中间商可分为批发商和零售商。中间商的类型如图8-4所示。

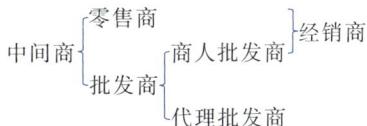

图 8-4 中间商类型示意图

一、批发商

（一）批发商的概念及经营特征

批发商是指专门从事成批商品的买卖活动，为转售或生产加工，进行批购和批销的中间商。批发商在经营方式上表现为大批量购买和大批量销售，经营的结果并不改变商品的性质，只是实现商品在时间和地点上的转移，以达到销售的目的。

批发商的经营特征包括：与零售商相比，批发商的交易对象主要是生产商、零售商或下一层次的批发商；在流通过程中处于中间环节；交易中反映的主要是工商企业间、商业企业间的经济关系；交易次数少，批量较大。批发商在媒介商品交换的过程中发挥着独特的作用。

（二）批发商的职能

批发商构成了商品流通的大动脉，是连接生产企业和零售企业的纽带。在满足市场需求、调节商品供求等方面发挥着蓄水池的作用。

1. 开拓市场与产品推介

批发商通过其营销人员的业务活动，可以将生产者的产品有效地推广介绍给众多小客户，从而起到开拓市场、促进产品销售的作用。

2. 集中采购与分装配货

批发商通过采购，把分散在各地的企业的商品集中起来，再经过初步加工、整理、挑选、分级、编配和包装等活动，分散供应给零售企业和生产用户。

3. 整买零卖与沟通产销

批发商可以整批地买进货物，再根据零售商的需要批发出去，从而降低零售商的进货成本，并作为生产者与更低一级批发商、零售商的桥梁与纽带。

4. 仓储服务与货物运输

批发商将货物储存到出售为止，从而降低供应商和顾客的存放成本和风险；由于批发商一般在仓库储存与货物运输方面具有专业的设备与人员，而且一般距零售商较近，因此可以很快地将货物送到顾客手中。

5. 融通资金与分担风险

批发商可以向客户提供信用条件和融资服务，促进产品销售，加快产品的周转速度；如果批发商能够提前订货或准时付款，也就相当于为制造商提供融资服务，这可以加快资金周转速度，提高企业的再生产能力；批发商在分销过程中，由于拥有货物所有权，因此可以分担失窃、损坏或滞销等各种风险。

6. 信息咨询与终端服务

批发商可向其供应商提供有关买主的市场信息，如竞争对手的活动、新产品的出现、价格的剧烈变动等；批发商还可以经常帮助零售商培训推销人员、布置商店以及建立会计和存货系统，从而提高零售商的经营效益。

（三）批发商的类型

1. 商人批发商

商人批发商也称独立批发商，是指自己进货，取得商品所有权的批发商。这是批发商的主要类型。按照所提供的服务的差别，商人批发商又可细分为以下两种。

（1）完全服务批发商。能执行批发商的全部职能，如保存货物、提供信贷、运送货物、协助管理等服务。具体又可分为以下三种：

①综合批发商。经销商品种类繁多、花色齐全，通常单店规模较大。

②专业批发商。通常只经营一条或两条产品线，但花色品种齐全，如药品批发商、五金批发商等，单店规模相对较大。

③工业品配销商。主要向制造商销售零件、部件以及生产用辅助材料，而不是向零售商销售产品。

（2）有限服务批发商。只提供一部分服务的批发商，以减少成本费用，降低批发价格。具体又可分为以下四种：

①现购自运批发商。大多以小型零售商为服务对象，收付现金，一般不负责送货。

②货车贩运批发商。以上门批发为特色，销售产品线极为有限，承担销售和送货职能。

③承销批发商。只有营业场所，不设仓库，根据客户订单与生产厂商联系，直接将产品运送给客户，主要经营煤炭、木材、重型设备等大宗商品。

④邮购批发商。将产品目录邮寄给城乡零售商店、企业和机关团体顾客，然后按收到的订单送货。

2.代理批发商

代理批发商简称代理商，是指在产品流通的过程中，不拥有产品所有权的批发商。其主要功能是在市场上从事营销活动，负责寻找顾客，代表委托者与顾客洽谈，以及承担代销、代购、代存、代运业务。代理商按其与生产者之间业务购销联系的紧密程度，又可分为厂家代理商、销售代理商、采购代理商、经纪人、寄售代理商等。

（1）厂家代理商。接受厂家的委托签订代理销售协议，在厂家规定的价格、销售地点等条件下推销产品，安排产品的储运，向厂家提供市场信息，并获取一定的佣金。

（2）销售代理商。接受生产者的委托，独家代理生产企业的全部产品，是生产企业在市场的全权代表。销售代理商不受地区限制，有一定的定价权。一般情况下，一个生产企业在同一时期只能使用一个代理商，且自己不能从事直接的销售活动。

（3）采购代理商。代客户进行产品采购，一般与客户建立长期的联系。采购代理商主要负责收货、验货、储运，并负责将产品交给客户。目前，我国的服装批发市场上活跃着许多采购代理商。

（4）经纪人。经纪人俗称掮客，也称经纪商，其既无商品所有权，也不持有和取得现货，主要职能是为买卖双方牵线搭桥、协助谈判、促成交易。经纪人一般不代买，也不代卖，不持存货，也不参与融资或承担风险。一般由委托方付给佣金。

（5）寄售代理商。寄售代理商又称寄售商，其受生产者的委托，从事现货代销业务。生产者按照协议将产品交给寄售代理商，由寄售代理商在合适的时候以市场价格销售，扣除应得的佣金和相关费用后，将货款汇给生产者。

3.销售分店或销售办事处

这是生产商设立的组织批发销售业务的机构，其目的是改进自己的存货控制、销售和促销业务。

4.其他批发商或采购办事处

其他批发商主要是指零售企业兼营的批发业务部门和存在于某些特殊经济部门的专业批发商、专业批发市场等。

采购办事处是大型零售商在一些中心市场设立的采购与批发销售机构，兼有采购和批发的功能。

教学互动8-5

互动内容：

厂家代理商和销售代理商的主要区别是什么？

互动要求：

请每位参与互动的同学结合所学内容独立思考，积极陈述自己的见解，也可以和周围的同学简单沟通后回答。

当前，随着科学技术的发展，尤其是以计算机为基础的信息技术的广泛应用，给传统的流通结构、流通方式带来了巨大的冲击，对传统的批发业提出了极大的挑战。所以，批发商应及时了解和掌握新技术、新产品的动态，与时俱进，提高市场竞争能力。

二、零售商

（一）零售商的概念和经营特征

零售商是指向最终消费者提供日常生活所需的商品和服务的机构和组织。商品经过零售环节，最终进入消费领域，实现了社会生产目的，实现了商品价值，保证了社会再生产的顺利进行。零售是商品交换的一种类型，相对于其他交易类型，零售经营具有以下三个特征：

（1）交易对象是最终的消费者。消费者是为了个人和家庭生活需要而购买商品。

（2）交易活动零星频繁。零售商整批购进商品，然后零星分散地把商品销售出去，一般营业时间长，交易次数多，交易也频繁。

（3）处于商品流通的最后环节。商品经过零售以后，最终进入消费领域，商品变成了消费品，满足了消费者的消费需求。

（二）零售商的类型

1.百货商店

百货商店或称百货大楼、百货公司，是指规模较大、经营范围广泛、种类繁多、规格齐全，并可为顾客提供优良设施和服务的综合性零售商店。它的基本特征是各类商品分部门经营管理，有专人负责进货和实施管理，一般设在城市商业群中心或交通中心。目前，由于新的零售形式不断发展，百货公司这一传统的零售形式受到了严峻的挑战。

2.专业商店

专业商店是指专业化程度较高，专门经营某一类商品或某一类商品中的某种商品的零售商。这类零售商经营的商品范围较窄，但商品的花色品种较为齐全，如服装店、书店、花店、电器城、家具店等。由于社会分工的纵深发展及市场细分化，近年来，拥有品种丰富、档次齐全的系列化商品的专业商店得到迅速发展。

3.超级市场

超级市场是指以自我服务、低价销售为特征的零售机构。目前，超级市场的规模越来越大，设施越来越齐全，是竞争力比较强的一种零售方式。

4.方便商店

方便商店即便利店，是指设在居民区附近的小型商店。其营业时间较长，以方便顾客购买，商品主要是日用品，但销售价格较高。便利店已成为人们生活中不可缺少的一种零售形式。

5.折扣商店

折扣商店是指自助式、低价销售商品的零售方式。其突出特点是，以比一般商店明显低的价格销售商品，店址一般设在租金低廉的地区，设施尽可能少，销售对象以中低收入者为主。折扣商店经营的商品均是合格品，而且突出销售有一定知名度的商品，以说明价格低廉并不是商品质量低下。目前，折扣商店向经营专用品方向发展，如折扣书店、折扣体育用品商店等。

6.仓储商店

仓储商店是指集仓储、批发、零售于一体的自选商场。这种商场形似仓库，不搞豪华装修，采用开放式货架陈列商品，通过减少中间环节、节约装修和运输费用，为顾客提供价廉物美的商品，达到以低价大量销售商品的目的。

7.产品陈列式推销商店

产品陈列式推销商店将产品目录和折扣商店合二为一，是指向顾客散发彩色印刷的产品目录，在目录中，标明每项商品的价格和折扣价。这种商店一般销售种类多、有商标的商品，如珠宝饰品、照相器材等，是西方零售业中最热门的形式之一。

8.购物中心

购物中心是指由大商店和小店铺组成的商场。由于购物中心内设有不同行业的店铺，经营各种各样的商品和服务，还有停车场、餐饮服务，甚至设有大型娱乐场所，因此其具有商品品种齐全，服务多样化，能一次性购买到所有所需商品，以及购物、餐饮、休闲、娱乐能够同时进行等优势。

9.无店铺零售商

无店铺零售是指商品不通过中间商和零售店，直接销售给顾客。由于没有店铺让顾客直接光顾和进行交易，因此商品信息沟通就成为无店铺零售商最重要的职能。根据商品信息沟通方式的不同，无店铺零售商可分为以下四类：

（1）邮购公司。它是指通过报纸或杂志广告介绍商品，接受顾客汇款订货的零售商。邮购公司使顾客在家中也能购物。

（2）网上商店。它是指通过企业网站或网页向顾客推荐和介绍商品，利用电话和电子邮件接受顾客订货，然后通过物流配送系统送货上门的零售商。目前，专门的网上商店迅速发展，网上交易量大增。

（3）直销公司。它是指以推销人员上门推销为主来销售商品的零售商。

（4）自动售货机。自动售货机一般设置在人流量较大的交通要道，以及车站、码头、机场、电影院等场所。自动售货机的成本很高，因此其所售商品的价格要比一般商店所售商品的价格高20%。

重难点微课8-2

新零售

10.新零售

它是指将线上、线下、智能物流融为一体的零售新形式。新零售代表了一个零售变革的新时代。新零售在变革传统零售效率。新零售O2O体系将引领新零售形式潮流，创造全途径一体化出售渠道。

教学互动8-6

互动内容：

自动售货机这种零售形式，适合在我国大力发展吗？企业在采用这种形式时应该注意哪些伦理风险？

互动要求：

请每位参与互动的同学结合所学内容独立思考，积极陈述自己的见解，也可以和周围的同学简单沟通后回答。

案例解析8-3   零售商：美特好

背景与情境：

美特好集团创立于1993年，秉承"善待员工、善待顾客、善待厂商"的兴业理念，以"严选好商品，为顾客打造全渠道的极致体验"为企业使命，历经二十余年发展，目前在山西、内蒙古等省和自治区多个大中城市开设了近两百家大卖场、优鲜店和社区生鲜店，创造了一万余个就业岗位；投资建设的全球电商平台，形成了线上线下融合的全渠道营销体系，为顾客提供了简单、便利、便宜、好玩的价值；拥有华北区领先的现代化物流中心及PC加工体系，实现从基地到餐桌全程冷链配送，为广大市民提供健康、安全、绿色的食品。年服务顾客6 000万人次，销售额近百亿元，是目前华北区领先的国内零售连锁企业集团之一。

让用户享受新零售极致体验不再难，美特好线上线下融合发力，通过入驻全球性App，积极拥抱互联网，迈向新零售，从用户购物体验到商品可获得性，美特好持续引领山西新零售走在全国前列。

新零售时代的来临为美特好展翅腾飞提供了加速器，餐饮与超市无缝融合，线上与线下无缝融合，为用户持续提供随时随地随心购，随时随地随心体验，无时间地点局限的全方位购物体验。通过基地及pc加工厂，将最健康、最安全的食材提供给每一个用户。吃海鲜不用再去大饭店，美特好把太原最大的海鲜坊搬进了超市，海鲜坊随时满足需求，逐渐消失的各式老太原小吃，也被囊括进"龙城讲究"，打卤面、手工现包饺子应有尽有，儿时的味道，妈妈的味道，回味悠长。好友聚餐、家庭聚会、工作社交等特色场景创造出家庭、办公室以外精神栖息的第三空间。以一种精致的生活方式，让你在阳光下享受自然的芬芳。体验极致到家服务，你可以线上下单，美特好29分钟给你送到家！让你的美好生活时刻相伴，不辜负每一寸阳光！

未来，美特好将持续发力线下门店及线上体验，将新零售的门店开遍城市的每一个社区，将线上线下融合的极致体验带给身处城市的每一个用户，带给用户极致美好的生活方式，带给顾客更省时、更新鲜、更便利的消费体验，打造销售过千亿的百年品牌，建设成为国内最佳企业雇主与最受顾客尊敬和喜爱的零售企业。

资料来源 张志敏，丁洁，张秀丽，等. 山西美特好连锁超市 为顾客打造多元化全新体验［EB/OL］.
［2019-10-13］. http://www.tynews.com.cn/system/2019/02/18/030111192.shtml.

思考：

美特好经营成功的实例对你有何启发？谈谈你的看法。

讨论分析：

个人：请每位同学根据案例内容和问题，在固定的学习本上写下自己的看法。

小组：请同学们每6人为一组，1人为组长，1人做记录，小组每个成员都要发表自己的看法，然后讨论分析，形成小组意见，准备在班级交流。

班级：每个小组选1位代表在班级发言，陈述本组观点。

老师：老师记录各小组的陈述要点，最后进行点评。

做一做

【素质提升8-3】

新零售变革

背景与情境：

拓展阅读8-1

20年前，凡是主动拥抱大卖场、便利店等现代零售，主动寻求与现代零售合作的品牌商，都获得了快速发展；凡是抵触、远离现代零售的品牌商，可能都消失了。今天，凡是主动适应、拥抱、参与新零售的品牌必将获得新一轮的发展机遇，凡是抵触、远离新零售的品牌商可能会消失。

法制让直播带
货行稳致远

不要把新零售与电商平台画等号，也不要把新零售与传统零售企业画等号。电商企业、零售企业都在积极创新新零售，但是这些创新都是新零售创新大潮中的一种有价值的创新。

目前，新零售变革的主要方向之一就是提升传统零售效率。主要围绕四个方向：

一是技术改变零售效率。采取数字化、移动化、智能化技术手段，改变传统零售效率。目前阿里、苏宁、京东等一些企业都在做这方面的努力。

二是全渠道改变零售效率。主要就是推动全渠道的融合，把传统的线下零售与传统的线上零售更好地结合起来，创新出一些更有效率的零售形式。

三是业态创新改变零售效率。主要是创新一些距离消费者更近、更便利的零售形式，社区店、小业态、O2O等一些模式，以及借助当前的移动社交平台，创新社群、社交零售等新零售模式。

四是从理念上改变零售效率。主要是改变传统快消品成本高、效率低的严重问题，使快消品回归本质，"好东西不贵"，让消费者花该花的钱，买到好东西，不要再让消费者去为广告费用、渠道费用、营销费用等买单。

资料来源　鲍跃忠. 新零售对品牌商到底是机遇还是打劫？[EB/OL]．[2019-10-14]．https：//www.iyiou.com/p/81842.html.

思考：

（1）什么是新零售？谈谈你的看法。

（2）新零售革命对企业发展有什么影响？

（3）企业在新零售革命中应该注意哪些营销道德和营销伦理问题？

分析要求：

（1）学生分组讨论案例；

（2）每个学生结合问题进行小组讨论，并形成小组案例分析观点；

（3）全班交流，各小组选派代表在班级陈述本组案例分析观点；

（4）教师对各组陈述的观点进行点评；

（5）把经过修改且附有教师点评的各小组案例分析观点展示在班级本课程平台上。

📋 【创新实践8-3】

选择你经常使用的10种产品，思考如下问题：

（1）对这些产品的购买渠道，你会如何决策？

（2）你会不会钟情于某一购买渠道？为什么？

（3）你还会想到哪些新的购买渠道？

分析要求：

（1）学生独立思考，形成有创新点的分析结论；

（2）全班交流，学生在班级内陈述自己的分析结论；

（3）结合学生创新能力培养，教师对学生陈述的分析结论进行点评。

思考与练习

一、基本知识巩固

1.关键词和术语

分销渠道：产品从生产者向消费者或用户转移的过程中所经过的一整套机构或途径。

中间商：介于生产者与消费者之间，专门从事商品流通活动的经济组织或个人。中间商是生产者向消费者出售产品的中介机构。

经销商：从事商品流通服务，并拥有商品所有权的中间商。批发商、零售商属于经销商。

代理商：从事商品交易业务，接受生产企业委托，但不具有商品所有权的中间商。

广泛分销：也称密集分销或普遍分销，是指生产者利用尽可能多的中间商销售自己的产品，使广大消费者都能及时、方便地买到所需产品。

选择分销：生产者在一定的市场区域内选择一些愿意合作且条件较好的中间商来销售自己的产品，借以提高产品形象，加强推销力度，增加商品购买率。

独家分销：生产者在一定的地区内只选择一家中间商销售自己的产品，独家买卖。

批发商：专门从事成批商品的买卖活动，为转售或生产加工，进行批购和批销的中间商。

零售商：向最终消费者提供日常生活所需的商品和服务的机构和组织。

2.选择题

扫码同步测8

□单项选择题

（1）下列产品中，最适合采用广泛分销策略的是（　　　）。

A.电视机　　　　　　　　　　B.高档家具

C.可口可乐　　　　　　　　　D.精工牌手表

（2）如果某公司建立的一级销售渠道属于宽渠道，一定是因为（　　　）。

A.存在多个代理商　　　　　　B.存在多个批发商

C.存在多个零售商　　　　　　D.存在多个消费者

（3）按是否经过中间环节，分销渠道可分为（　　　）。

A.直接渠道和间接渠道　　　　B.长渠道和短渠道

C.宽渠道和窄渠道　　　　　　D.多渠道与少渠道

（4）在目前市场规则不完善的情况下，选择中间商考虑（　　　）因素十分重要。

A.经营能力　　　B.资金状况　　　C.信用状况　　　D.合作意愿

□多项选择题

（1）下列产品中，最适宜选择短渠道的是（　　　）。

A.机器设备　　　B.时装　　　　C.玻璃制品　　　D.食品

（2）渠道成员主要包括（　　　）。

A.批发商　　　　　B.零售商　　　　　C.顾客　　　　　D.制造商

（3）如果你有自己的交通工具，希望尽快购买食品、衣服和电器，下列零售店中最便捷的是（　　　）。

A.超级大卖场　　　B.折扣店　　　　　C.复合零售商　　　D.连锁店

（4）下列产品中，最适宜选择长渠道的是（　　　）。

A.机器设备　　　　B.洗衣粉　　　　　C.玻璃制品　　　　D.饼干

3.判断题

（1）分销渠道由不同类型的中间商构成。　　　　　　　　　　　　（　　　）

（2）企业选择两种或两种以上的渠道来销售产品，这采用了广泛分销策略。（　　　）

（3）长渠道是指在同一环节上选择两个或两个以上的中间商销售产品。（　　　）

（4）没有中间商介入的分销渠道，称为一级分销渠道。　　　　　　（　　　）

（5）最窄的渠道模式是独家分销，最宽的渠道模式是密集分销，最长的渠道模式是三级渠道，最短的渠道模式是一级渠道。　　　　　　　　　　　　　（　　　）

4.简答题

（1）分销渠道的基本职能是什么？渠道策略在整个市场营销组合策略中的地位如何？

（2）分销渠道的基本策略有哪几种？应如何进行选择运用？

（3）新型零售商的类型有哪些？从中你得到了什么启示？

二、基本能力提升

1.案例分析

背景与情境：

甲企业作为国内乳制品行业的龙头企业，在全面发展的基础上，突出重点，针对乳制品市场的具体情况，逐渐形成了冷饮制品、奶粉以及液态奶三大支柱产品。在过硬的产品质量的基础上，该企业将工作重点放在了如何将产品高效率送到销售者手上。为了争夺市场和不断扩大消费者群体，该企业在渠道建设上取得了惊人的成绩。

该企业在原来市场的基础上进一步整合，从代理商、批发商到消费者各个层面，仔细研究分析其业务拓展政策，企业的业务人员也帮助中间商进行业务拓展，以提高企业掌控网络的能力。该企业还特别重视与经销商的关系，因为经销商是维系企业与消费者的桥梁，其眼界的开阔和素质的提高，可以使企业更加深入地了解消费者的需求，有利于企业战略的调整和提高。该企业还选送部分优秀经销商到清华、北大等著名学府学习，从根本上提高经销商的素质。

思考：

（1）企业应该怎样认识经销商？

（2）生产企业激励经销商的方式有哪些？

（3）进行渠道整合会给企业带来哪些好处？

分析要求：

（1）具体说明你对经销商的认识。

（2）结合实际，说明生产企业激励经销商的具体方式。

（3）结合实际，举例说明渠道整合的好处。

2.营销实训

渠道策略

背景与情境：

当你们学习了分销渠道策略相关内容以后，已经知道了产品要经过许多环节和通道才到了消费者手中，不同的产品销售渠道都相同吗？都经过同样的环节吗？企业经营者是怎样选择营销渠道的？带着这些问题你很想深入企业了解一下实际情况。

训练目标：

（1）素质目标：会运用营销渠道的专业知识与企业营销人员进行交流，并按商务礼仪礼貌与相关营销人员进行交流。

（2）能力目标：通过调研结合不同产品特性和市场供求关系能分析判断该产品应采用什么渠道营销，能准确说出判断的相关依据。

（3）知识目标：通过企业流通渠道调研，结合企业营销实际，能理解营销渠道，长渠道、短渠道，宽渠道、窄渠道等。

实训步骤：

（1）每组4人，其中1人为组长，由组长组织成员讨论成员分工，明确调研思路，按分工各负其责，相互配合，积极完成实训任务。

（2）根据本组所选企业经营商品类别，选择2种商品，一种是适合长渠道营销的产品，另一种是适合短渠道营销的产品，详细了解2种产品营销渠道的内容。

（3）实际调查前，参与人员要从网络、图书馆等渠道收集渠道策略的相关资料。

实训成果及要求：

（1）每组成员撰写一份调研报告，报告要说明调查了什么企业，什么产品，每个产品的特性、供求情况、营销渠道内容和营销渠道选择的理由。

（2）报告呈现的形式各组自定，报告不少于1 000字。

操作流程：

"渠道策略"实训项目操作流程如图8-5所示。

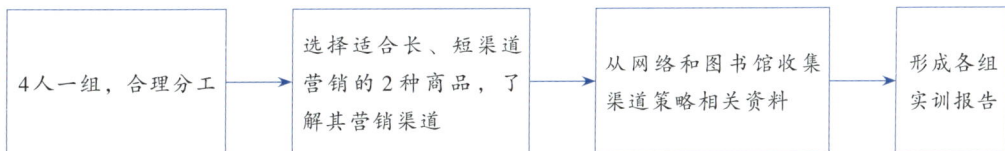

| 4人一组，合理分工 | → | 选择适合长、短渠道营销的2种商品，了解其营销渠道 | → | 从网络和图书馆收集渠道策略相关资料 | → | 形成各组实训报告 |

图8-5　"渠道策略"实训项目操作流程图

实训时间：

在学生开始学习本项目内容时，即可对学生分组，布置本次实训任务，让学生利用课余时间去网上或实体企业收集相关资料，并积极撰写调研报告。在学生完成本项目学习后，用2个课时让各小组介绍并展示本组报告，其他组同学可发表个人意见，最后由老师点评。经过展示点评，各组认真修改、完善自己的实训报告，并把修改后的报告在班级本课程平台上展示交流。

实训评价：

"渠道策略"实训项目评价表见表8-1。

表8-1　　　　　　　　　　　"渠道策略"实训项目评价表

项目	评价标准	分值（分）	小组个人自评（30%）	小组成员互评（30%）	教师评价（40%）	小计（分）
素养培养（∑30）	参与实训的态度端正，积极性高，小组合作意识强，小组讨论积极踊跃	10				
	养成细致、严谨的工作作风，能主动提出关于渠道策略的相关问题	10				
	能够结合实训认识渠道策略在企业营销中的意义	10				
能力提升（∑20）	能够将所学的渠道策略知识运用到实训任务中，学以致用	10				
	熟悉依据产品选择营销渠道的方法	10				
知识应用（∑20）	了解企业渠道策略、长渠道、短渠道、宽渠道、窄渠道等知识	10				
	掌握企业渠道策略管理的相关知识	10				
项目成果展示（∑30）	能够独立完成实训且及时、主动，并能提出问题，解决问题	10				
	《渠道策略实训报告》结构完整，无错别字，观点正确	10				
	《渠道策略实训报告》演讲汇报形式新颖，语速恰当，语言流畅，有感染力	10				
合计		100				

项目九

促销策略

项目概述

现代市场营销不仅要求企业发展适销对路的产品，制定吸引人的价格，使目标客户易于买到他们所需要的产品，而且要借助多种促销手段，向客户或潜在客户传递产品信息，并使他们意识到为什么要购买这样的产品或服务，使他们希望购买这样的产品或服务。本项目主要介绍促销策略中有关人员推销、广告促销、营业推广、公关促销和网络促销等方面的内容。

项目结构

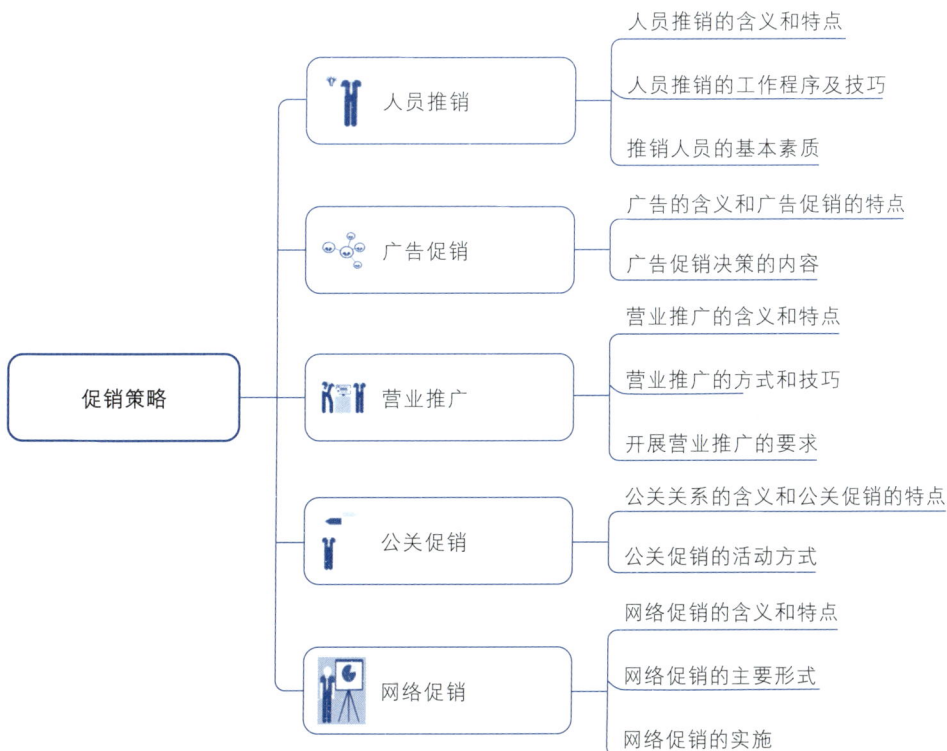

任务一　人员推销

任务目标

知识目标：通过本任务的知识学习，能正确描述人员推销及特点、人员推销的工作步骤及推销技巧、人员推销的方法等。

能力目标：通过本任务的"案例解析"、"素质提升"和"创新实践"，熟悉基本的推销方法，提升商品推销能力。

素质目标：通过本任务的知识学习、"案例解析"、"素质提升"和"创新实践"等教学活动，围绕人员推销相关内容，养成爱岗敬业、诚信推销的职业精神。结合"优秀推销员的故事""最有价值的笑脸"等案例的分析与思考，自我完善，自我提高，培养敬业乐业意识，厚植对行业的热爱。

任务导入

推销新型打包机

背景与情境：

某推销员向一家商品包装企业的厂长推销新型打包机，他的目的是让这个企业全换上这种机器，下面是推销员与厂长的对话：

推销员："王厂长，您好！我带来了一种新型打包机，您一定会感兴趣的。"

厂长："我们不缺打包机。"

推销员："王厂长，我知道您在打包机方面是个行家。是这样，这种机器刚刚研制出来，性能非常好，可用户往往不愿意用，我来是想请您帮着分析一下，看问题出在哪里。占用不了您几分钟的时间，您看，这是样品。"

厂长："哦，样子倒挺新的。"

推销员："用法也很简单，咱们可以试一试。"（接通电源，演示操作）

厂长："这机器还真不错。"

推销员："您真有眼力，不愧是行家。您看，它确实很好。这样，我把这台给您留下，您先试用一下，明天我来听您的意见。"

厂长："好吧。"

推销员："您这么大的厂子，留一台太少了，要一个车间试一台，效果就更明显了。您看，我一共带来五台样机，先都留在这吧。如果您用了不满意，明天我一块儿来取。"

厂长："全留下？也行。"

推销员："让我们算一下，一台新机器800多元，比旧机器可以提高工效30%，每台一天能多创利20多元，40天就可收回成本，如果您要得多，价格还可以便宜一些。"

厂长："便宜多少？"

推销员："如果把旧机器全部换掉，大概至少要300台吧？"

厂长："310台。"

推销员："那可以按最优价，每台便宜30元，310台就便宜快10 000元了。这有协议书，您看一下。"

厂长："好，让我们仔细商量一下。"

资料来源 佚名. 市场营销基础［EB/OL］.［2019-10-15］. https://wenku.baidu.com/view/2bbcb6e4b9f67c1cfad6195f312b3169a451ea35.html.

思考：

（1）你认为这名推销员能够成功销售出产品吗？为什么？

（2）推销员在与厂长的对话中运用了哪些推销技巧？

学一学

一、人员推销的含义和特点

（一）人员推销的含义

人员推销是指企业委派自己的销售人员，直接向消费者或用户销售某种产品和提供某种服务的一种直接销售方式。西方企业和我国工商企业的实践证明，人员推销与其他的方式相比具有不可替代的作用，因此在现代营销活动中，它仍然是重要的促销工具。

（二）人员推销的特点

1.灵活机动，适应性强

推销人员本身就是信息传递的媒介，他们可以根据不同用户的具体情况，采取不同的推销方式，及时调整推销策略，也可以在顾客方便的时间、地点，以顾客最能接受的方式向顾客传递产品信息、推销产品。

2.区别对待，针对性强

推销人员在推销之前，往往要先对顾客进行调查研究，选择潜在顾客，直接针对潜在顾客进行促销活动，这样针对性强，成效也比较显著。

3.双向沟通，反馈性好

人员推销属于信息的双向沟通，意见可以迅速在双方之间进行交换。一方面，推销人员可以对顾客的意见进行解释和说服；另一方面，推销人员可以及时将意见反映给有关部门，使其做出适当的产品调整。

4.及时促成购买，缩短购买时间

在人员推销中，传递信息与达成销售是融为一体的。推销人员在传递信息的同时，应根据顾客的情况适时提出销售建议，从而达成交易。

5.收集信息，兼做服务

推销人员在推销产品时还可以进行市场调研、收集市场信息，同时做一些商业性业务和售后服务工作，如签约、收钱、送货、安装和维修等。

6.推销费用较大

这种推销方式对人员素质的要求较高，推销费用大。由于人员推销是以推销人员作为传递信息的载体，因此单位信息的传播成本大，推销人员必须具有较高的素质，才能胜任推销工作。

二、人员推销的工作程序及技巧

为了提高推销的工作效率，推销人员应遵循一定的工作程序，如图9-1所示。

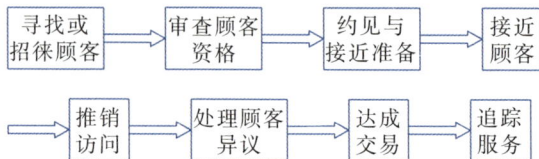

寻找或招徕顾客 → 审查顾客资格 → 约见与接近准备 → 接近顾客

→ 推销访问 → 处理顾客异议 → 达成交易 → 追踪服务

图9-1　人员推销的工作程序

（一）寻找或招徕顾客

人员推销首先要找出潜在顾客。潜在顾客是指可能购买你的产品的人。潜在顾客一般具备五个条件：有需要；有购买力；有购买决策权；有接近的可能性；有使用能力。寻找潜在顾客的方法很多。

1.地毯式访问法

地毯式访问法即挨家挨户访问法，这是一种古老而又常用的推销方法，费时费力，带有较大的盲目性。

2.连锁介绍法

连锁介绍法即设法通过现有顾客的介绍来寻找未来顾客的方法，因为有时顾客更容易相信顾客。

3.中心开花法

中心开花法也称"中心人物利用法"，即在某一特定的推销范围内，争取一些有影响力的中心人物，在这些中心人物的协助下寻找顾客的方法。

4.广告开拓法

广告开拓法即利用广告宣传、寻找顾客的方法。

5.资料查阅法

资料查阅法即通过查找企业的内部资料和外部资料来寻找顾客的方法。内部资料包括销售部门记录、服务部门记录、往来账目等，外部资料包括企业目录、专业团体会员名单、电话号码簿、商业广告等。

（二）审查顾客资格

审查顾客资格是寻找顾客工作的继续。其主要内容包括顾客购买需求的审查、顾客支付能力的审查、购买决定权的审查等。

（三）约见与接近准备

推销对象确定之后，推销人员要认真准备有关产品、顾客知识和竞争者的信息，还要做好约见与准备。由于各种原因，购买者尤其是有购买决策权的人，往往不愿意甚至是想办法拒绝接见业务员，因此事先约见顾客，获得当面洽谈的机会，本身就是成功推销的开始。

1.约见前的准备

约见前的准备包括：理由准备，即为什么访问；心理准备，要克服自卑心理、畏难情绪，树立自信心，要想说服别人，首先说服自己；仪表准备，包括容貌、服饰、言谈、举止、动作、表情等。

2.约见的方法和技巧

约见也叫商业约会。约见的方法一般有电话约见、信函约见、访问约见，还有委托他人介绍约见、利用各种广告媒体约见等。

（四）接近顾客

这是正式接触推销对象的第一步，是推销面谈的前奏。推销员应特别注意与顾客的第一次见面，接近顾客必须考虑以下三点：一是要给对方一个好印象，推销员要注重礼仪，既要不卑不亢，又不能诋毁竞争对手；二是验证在预备阶段所准备的全部情况；三是为后面的谈话做好准备。接近顾客的方法有以下七种：

1.介绍接近法

介绍接近法即通过自我介绍或经第三者介绍接近顾客的方法。在口头介绍的基础上，推销人员应主动出示身份证、名片、介绍信等。如果由第三者引荐，应把第三者开具的介绍信、便条、信函、名片等交给顾客，或由第三者亲自引荐。

2.产品接近法

产品接近法即直接利用所推销的产品引起顾客注意和兴趣，进而转入面谈的接近方法。这要求产品本身具有独特的魅力和很强的可操作性，如推销玻璃清洁剂的人员可直接进行产品演示。

3.利益接近法

利益接近法即向顾客简要陈述推销产品给顾客带来的实际利益，让顾客感到少花钱、多享受的接近方法。

4.好奇接近法

好奇接近法即利用顾客的好奇心理，接近顾客的方法。

5.馈赠接近法

馈赠接近法即利用赠品或礼品引起顾客的注意和兴趣，以接近顾客的方法。

6.赞美接近法

赞美接近法即通过赞美顾客而接近顾客的方法，这种方法的运用应讲究一定的技巧。

7.求教接近法

求教接近法即利用向顾客请教问题的机会来接近顾客的方法。顾客是不会拒绝虚心求教的推销员的。

教学互动 9-1

互动内容：

推销界有一句名言："推销产品之前先要推销自己。"你同意这种说法吗？为什么？

互动要求：

请每位参与互动的同学结合所学内容独立思考，积极陈述自己的见解，也可以和周围的同学简单沟通后回答。

（五）推销访问

这一阶段是推销过程的关键环节，是推销人员运用各种方法说服顾客购买的过程。说服的技巧一般有以下两种：

1. 提示说服

通过直接提示或间接提示、积极提示或消极提示、明星提示、证明提示等，将顾客的购买欲望与产品特性联系起来，由此促使顾客做出购买决策。

2. 演示说服

通过产品演示、文字图片演示、音响影视演示去劝导顾客购买产品。一般重点指出产品的特点和产品带给消费者的利益，以及它们如何优于竞争者的产品，有时也可指出本产品的某些不足或可能出现的问题，以及如何减免或防范。

（六）处理顾客异议

在面谈的过程中，顾客对推销人员的提示必然会做出反应，而提出异议或问题居多，这是正常的。这就给推销人员提供了一个机会，去消除那些可能影响销售的反对意见，并进一步指出产品的其他特点，或提示企业可提供的特别服务。处理异议的方法和技巧一般有以下六种：

1. 反驳处理法

反驳处理法也叫直接否定处理法，即正面回击顾客的异议，但应注意尽量避免与顾客直接冲突。

2. 但是处理法

但是处理法也叫间接否定处理法，即不直接否定，而是形式上肯定，但本质上转弯抹角地否定。例如，顾客提出价格高，推销人员可以回答："你的意见是对的，我们的价格是比对方高，但是人们常说，好货不便宜，便宜没好货，我们使用的是最好的材料……"。

3. 利用处理法

利用处理法即利用顾客异议本身处理有关顾客的异议，肯定其正确的一面，利用其积极的因素。

4. 不睬处理法

不睬处理法即先不予以正面回答，而是转移话题，重新询问新的问题或讨论其他问题。

5.询问处理法

询问处理法即将对方的异议转化为话题，要求对方回答，适合试探摸底和了解实情。

6.预防处理法

预防处理法即抢先把问题说出来，以使顾客不能再提及。

（七）达成交易

在实际推销中，顾客往往不愿主动提出成交。但成交的意向总会以各种各样的方式表露出来，如态度逐渐好转、主动询问价格、询问交货日期、询问优惠条件等。这时，推销人员就要准备达到最主要的目标——成交。在这个阶段，推销人员可以提供一些优惠条件，运用一些成交技巧，促成交易。

1.请求成交法

请求成交法即直接要求顾客购买商品的一种成交技巧。推销人员应利用各种成交机会，积极提示，主动向顾客提出成交要求。

2.假定成交法

假定成交法即假定顾客已接受推销建议而要求顾客购买的一种成交技巧。

3.选择成交法

选择成交法即向顾客提供几种购买决策方案，并且要求顾客立即购买的一种成交技巧。

4.从众成交法

从众成交法即利用顾客的从众心理，促使顾客立即购买推销产品的一种成交技巧。

5.机会成交法

机会成交法即向顾客提示有利的机会、最后的成交机会等，促使顾客立即购买的一种成交技巧。

6.保证成交法

保证成交法即向顾客提供成交的保证条件，以促使交易实现的一种成交技巧。

（八）追踪服务

追踪服务是指推销人员为已购产品的顾客提供各种售后服务。追踪服务能加深顾客对企业和产品的信赖，促使重复购买。同时，通过追踪服务，推销人员可获得各种反馈信息，既为企业决策提供了依据，也为推销人员积累了经验，更为开展新的推销提供了有利的条件。

教学互动9-2

互动内容：

回想一下你的购物经历，一次成功购买和一次拒绝购买，分别发生在什么情况下？推销人员在推销过程中的作用是什么？

重难点微课9-1

促销和促销组合

互动要求：

请每位参与互动的同学结合所学内容独立思考，积极陈述自己的见解，也可以和周围的同学简单沟通后回答。

三、推销人员的基本素质

1.道德品质素质

推销人员必须具有优良的道德品质，这是保证企业推销工作正常开展、坚持正确营销方向的根本。道德品质素质由优良的政治品质、高尚的道德品质和良好的工作作风三大方面构成。优良的政治品质要求推销人员具有较高的政策水平，以及对政府的路线、方针、政策能正确领会，准确把握，灵活运用；高尚的道德品质要求推销人员必须对社会的安定、文明和发展负一定的道德责任，并具备良好的职业道德；良好的工作作风要求推销人员兢兢业业、勤勤恳恳，对自己职责范围内的事要保质保量地完成。

2.文化知识素质

推销人员必须具备广博的知识、广泛的兴趣，能了解顾客的心理活动和实际需求，热情地为顾客服务，做好市场营销的调研、决策、计划、组织和实施评估工作。

3.业务技能素质

推销人员应熟悉企业及产品的有关情况，熟练掌握所推销产品的有关技术指标和安装操作的方法，并对市场上同类竞争产品的情况了如指掌。

4.心理素质

推销人员经常会遇到顾客的拒绝，当问题发生后，推销人员不应该灰心丧气，而应该具有良好的自我调节能力，总结经验、再接再厉。

5.社交礼仪素质

推销人员应做到衣着干净整洁、谈吐谦恭有礼，有良好的风度，并能掌握有关推销洽谈和接待顾客的技巧和艺术。

6.身体素质

推销人员应有良好的体质和健康的身体，推销工作有时很辛苦，需要推销人员坚韧不拔、连续奋战，能克服经常遇到的种种困难和挫折。

案例解析9-1　　　　　　　　　　　　　　　**优秀推销员的故事**

背景与情境：

一架飞机在飞行途中遇到了劫机分子，经过惊心动魄的8个小时，危机才得以解除。这次劫机事件很快成为一条重大新闻，当飞机最终安然无恙地降落、乘客们有序地步出机舱时，已有多家新闻媒体在等着进行采访报道。有一名叫杨栋的乘客，当时是一家小保健品公司的推销员。在走出舱门的瞬间，他突然间想到了什么，于是做出了一个常人难以预料的举动——从箱子里找出一张大纸，写下一行大字："我是××公司的推销员，我和我公司的××牌保健品安然无恙。非常感谢营救我们的人！"

一出机舱，他和这块牌子很快被各媒体的摄影、摄像镜头捕捉到了。一时间，他成为这次劫机事件的"明星"。

杨栋这一别出心裁的举动，令他的公司和产品变得家喻户晓，客户的订单一个接着一个。当杨栋回公司时，公司老板带着所有的中层主管，在公司门口夹道欢迎他。老板当场宣读了对他的任命：主管营销和公关的副总经理。

资料来源 佚名.《做不可替代的员工》读后感 [EB/OL]. [2019-10-16]. https://wenku.bai-du.com/view/2424f3b5abea998fcc22bcd126fff705cd175cde.html.

思考：

（1）杨栋成功的原因是什么？

（2）请从营销道德和营销伦理角度谈谈本案例对你的启发。

讨论分析：

个人：请每位同学根据案例内容和问题，在固定的学习本上记下自己的看法。

小组：请同学们每6人为一组，1人为组长，1人做记录，小组每个成员都要发表自己的看法，然后讨论分析，形成小组意见，准备在班级交流。

班级：每个小组选1位代表在班级发言，陈述本组观点。

老师：老师记录各小组的陈述要点，最后进行点评。

做一做

【素质提升9-1】

最有价值的笑脸

背景与情境：

美国有一位叫威廉的推销专家，他拥有一张价值百万美元的笑脸。他的微笑令顾客无法抗拒，但他的迷人微笑并非天生，而是来自苦练。40岁时，威廉退出棒球界，应聘保险公司推销员，他以为以他在棒球界的知名度理应被录取，结果却遭到淘汰。人事经理对他说："做推销员必须有一张迷人的笑脸，而你没有。"

此后，威廉立志苦练笑脸，每日在家大笑百次，弄得邻居以为他有毛病。为此，他躲在洗手间里练习。一段时间后，他再去见那个经理，以便知道自己的成绩，经理说："还是不行。"威廉不认输，继续努力，他收集了各种人物微笑的照片，贴满房屋，以便随时观摩，他还买了一个大镜子放在洗手间内，以便对照。过了一阵子，他又见了一次经理，经理冷淡地说："好一点儿了，但还是不吸引人。"威廉不死心，回去坚持练习。一天，威廉碰到了社区管理员，很自然地笑了笑，管理员对他说："你看起来跟过去不一样了。"这句话使威廉信心大增，又跑去见经理，经理说："有些意思了，不过似乎不是发自内心的笑。"威廉并不气馁，又回去苦练一段时间，最后终于练成了那张价值百万美元的笑脸。

资料来源 作者根据相关资料整理而成.

思考：

（1）做推销员为什么必须有一张迷人的笑脸？

（2）为什么说威廉的笑脸价值百万美元？

（3）推销员和客户能成为朋友吗？谈谈你的看法。

分析要求：

（1）学生分组讨论案例；

（2）每个学生结合问题进行小组讨论，并形成小组案例分析观点；

（3）全班交流，各小组选派代表在班级陈述本组案例分析观点；

（4）教师对各组陈述的观点进行点评；

（5）把经过修改且附有教师点评的各小组案例分析观点展示在班级本课程平台上。

📋 **【创新实践9-1】**

选择你拥有的一件有价值的东西，向你所在宿舍的舍友推销出去。推销过程中你会做出哪些决策？总结本次推销过程中精彩和不足的部分。

分析要求：

（1）学生独立思考，形成有创新点的分析结论；

（2）全班交流，学生在班级内陈述自己的分析结论；

（3）结合学生创新能力培养，教师对学生陈述的分析结论进行点评。

任务二　广告促销

📘 任务目标

知识目标：通过本任务的知识学习，能正确描述广告的含义和广告促销特点、广告宣传的主要目标等。

能力目标：通过本任务的"案例分析"、"素质提升"和"创新实践"，培养对选用广告媒体并提高广告促销的效果等方面提出意见和建议的专业能力。

素质目标：通过本任务的知识学习、"案例解析"、"素质提升"和"创新实践"等教学活动，在广告宣传中自觉践行营销职业道德，培养遵纪守法的职业精神。通过对"广告人选择新媒体""戒烟广告"等案例的思考，树立诚信经营意识。

📘 任务导入

京东：30支"沙雕"广告

背景与情境：

京东全球好物节之际，京东电器携手环时互动带来了一组共30支的广告片，每支广告都简短有趣，由"220V带电新人类"与电器产品一起出镜演绎，画面与文案的结合产生了"沙雕"风格的化学反应，想让你在京东电器上种草这些神奇的产品。

本次主题促销专场，集结家电、手机、电脑、数码等11大品类，为热爱黑科技的新兴消费者提供一站式电器解决方案。为了宣传该促销活动，广告里面植入了诸如跪键盘、当然是选择原谅他、割韭菜等网络用语和热梗。短片出街后，将近6分钟的广告，也因其沙雕画风和戏精文案而在广告圈悄悄火了起来。

这则广告的核心表达元素，是由一段搞笑视频+一句引导文案+一句产品文案三者共同组成的。在每支广告的开头，短片都会先引入一段视频作为铺垫（或者说是悬念），其后通过段子式的文风引导，将产品名称和产品核心功能点展示出来，如此循环往复，犹如视频版的工厂流水线，依据已有的模板化套路，给受众带来高达30次的重复刺激。30支广告的产品不同、创意各异、内容繁杂，却能因其高度模板化、重复式的包装形式，呈现整齐划一的整体效果。

随着消费升级的不断演进，从3C品类起家的京东也迎来平台、产品和用户的新一轮升级，互联网环境下的潮酷电器爱好者（即带电新人类）开始成为京东电器消费的一大主力军，对于这群人来说，产品价格、产品质量不再是他们关注的唯一要素，相应的，新鲜、好玩、有趣会成为促使他们立即下单的理由。在消费者已经价格脱敏的当下，有时候用挠痒痒的方式赢得他们的哈哈一笑，反而不失为品牌与消费者沟通的一种上佳策略。

资料来源　Nita.关于京东的30支沙雕广告，我们来为你总结几个小 Tips［EB/OL］.［2019-09-10］. https：//socialbeta.com/t/case-jingdong-viral-video-2018-11.

思考：

（1）分析京东30支"沙雕"广告的创意。

（2）分析广告对产品经营的影响。

▇ 学一学

一、广告的含义和广告促销的特点

（一）广告的含义

广告有广义与狭义之分。广义的广告，即广而告之，是指企业借助一切传导媒体的形式，向公众传播信息的活动。它的范围非常广泛，包括非营利性组织所做的政治的、法律的、文化的广泛通告的宣传方式。狭义的广告，即商业广告，是指企业或个人以付费的形式，通过一定的媒体，公开传播企业及其产品的各种信息，以达到促进销售、增加盈利的一种自我宣传方式。市场营销研究的主要是商业广告。

（二）广告促销的特点

1.公开表达性

广告促销是通过大众传播媒介，将企业及其商品信息传递给广大的消费者。信息接收方是一个范围广泛的群体，它不仅包括现实的顾客，而且包括潜在的顾客，从而必然起到促进产品销售的传播效果。这一特点表明，广告促销比较适合大众的、标准化的产品的宣传推广。

2.非人员性

广告促销不像人员推销那样具有与顾客面对面交谈的特征，它只能借助一定的媒体来发布信息、刺激需求。

3.方式灵活性

广告促销是一种很富表现力的信息传递方式。它可以通过声音、图像、色彩、音乐等表现手法，将企业的信息传递出去，因此具有很强的艺术感染力，更容易加深消费者对企业或产品的印象。

4.信息传递的单向性

广告促销属于单向的信息传播，有时不一定能引起消费者的注意。

5.效用滞后性

广告传递信息的目的是刺激需求、促进购买，但广告促销与购买行为往往存在着时间上的分离。多数消费者都是在接受广告促销信息后加深印象，记住广告宣传的企业名称、商品品牌等，从而为以后购买提供依据。因此，广告促销的效用具有一定的滞后性，即广告对消费者的态度和购买行为的影响难以立即见效，而是要延续一段时间。

二、广告促销决策的内容

（一）确定广告目标

所谓广告目标，是指企业的广告活动在一定时期内要完成的特定传播任务。企业的广告目标取决于企业的整体营销目标，还要服从于企业的目标市场、市场定位和营销组合等决策。具体讲，企业的广告目标主要有以下三类：

1.告知信息

告知信息就是通过广告活动向目标市场提供产品和服务的有关信息，使目标市场的顾客知晓该信息。它主要用于为新产品打开销路或者开辟产品的新市场，其目的在于激发潜在的消费需求。

2.诱导购买

诱导购买就是通过广告活动突出宣传本企业产品的特色和优点，以说服目标顾客购买本企业的产品。它主要用于产品的成长期，其目的在于刺激选择性需求，促使目标顾客形成对本企业的品牌偏好。

3.提醒使用

提醒使用就是通过广告活动不断提醒顾客想起某产品。它主要用于产品的成熟期，其目的在于保持现有顾客对该产品的记忆，或者使顾客确信自己所做的购买选择是正确的。

（二）设计广告信息

在广告活动中，企业必须知道：为了使广告受众产生预期的认识、情感和行为反应，应该对他们说些什么，也就是广告应该向受众传达什么样的信息内容。信息内容也称广告主题或广告诉求，一般包括商品名称、商品的性能与用途、商品的使用方法、商品效果介绍等内容。

广告主题的设计必须鲜明，使顾客一目了然、重点突出，增加对商品或服务的好感。广告创意设计必须表现广告主题，符合市场定位的要求和目标市场的特点。不同的广告创意在渲染广告主题时要构思新颖，既要有明确的针对性，又要与众不同，具有非同凡响的差异性。广告文案、声像设计要有利于活跃广告气氛，强化信息传递，加大对消费者的心理刺激，以取得尽可能好的广告效果。

（三）选择广告媒体

广告媒体是广告人与广告受众之间起连接作用的物质，是企业向目标顾客传递信息的载体，是广告宣传使用的物质手段。

1.广告媒体的种类

广告媒体的种类很多，通过电台、电视、电影、幻灯片等媒体传递的广告，称为视听广告；通过报纸、杂志等媒体传递的广告，称为印刷广告；在街头、建筑物、车站、码头、体育场（馆）、展览馆、旅游点等公共场所，按规定允许设置或张贴的路牌、霓虹灯、招贴等广告形式，称为户外广告；在车、船、飞机内设置或张贴的广告，称为交通广告；在商店、商品橱窗内设置的广告，称为售点广告（POP广告）；通过快递直接投递企业介绍、产品说明书等函件，称为邮寄广告（DM广告）；通过互联网进行信息传递的广告，称为网络广告。在营销活动中，使用最频繁的广告媒体主要有以下五种：

（1）报纸。报纸是一种与社会具有广泛联系的大众传播工具。选用报纸做广告的优点是读者广泛，信息传递迅速，便于说明，制作灵活和费用适中等。企业必须根据不同报纸的效果和自身的财力进行选择。

（2）杂志。选用杂志做广告的优点是权威性较高，能加强广告的说服力；专门化程度高，能提高广告的针对性；印刷精良，能增加广告色彩；可读性强，重复宣传效果好。缺点是缺乏灵活性，周期长，发行量有限和读者面窄。

教学互动9-3

互动内容：

《读者》和《三联生活周刊》这两种杂志，在传播范围和影响力上有什么不同？

互动要求：

请每位参与互动的同学结合所学内容独立思考，积极陈述自己的见解。也可以和你周围的同学简单沟通后回答。

（3）广播。广播是一种通过听觉产生效果的广告媒体。选用广播做广告的优点是迅速及时，传播范围广，安排灵活，制作简单，费用低廉。缺点是时间固定，表现方式单调。

（4）电视。电视是一种具有视、听、读综合效果的广告媒体。选用电视做广告的优点是具有强烈的感官刺激，接近现实生活，吸引力大，传播范围广，老少皆宜，表现手法多样，形式丰富多彩。缺点是选择性小，广告时间短，易受其他节目干扰，费用高。

（5）网络。随着互联网技术的迅速发展，网络广告越来越得到广泛运用。全球500强企业几乎都在环球网上注册了网址。目前，我国也逐渐重视网络广告的作用，越来越多的企业采用了上网做广告的方式。选用网络做广告的优点是速度快，制作成本低，跨越时间、空间限制，动态及时，反馈的可测性高，与消费者的互动性强。缺点是目前网站的点击率还不高，宣传范围受限；技术含量要求高，使用还不普遍。

2.广告媒体的选择

不同的广告媒体，其特点和作用各有不同。在选择广告媒体时，企业应进行全面权衡，充分考虑各种媒体的优缺点，力求扬长避短。企业在选择广告媒体时应主要考虑以下五方面因素：

（1）企业及产品的特性。可以按照企业经营产品的不同特性，选择相应的广告媒体。对于需要展示的、有色泽或式样要求的产品，应选择电视、电影或印刷品做媒体，以增加美感和吸引力；对于只需要通过听觉就能了解的产品，应选择广播做媒体；对于技术性较强的产品宜选择报纸和杂志做媒体，必要时亦可直接用样品展示。

（2）消费者接触媒体的习惯。能恰好传播到目标市场而又不造成浪费的广告媒体，才是最有效的媒体。企业必须研究目标市场的顾客经常接触什么广告媒体，如妇女杂志的读者主要是妇女，因而妇女用品的广告宜刊登在妇女杂志上。

（3）媒体传播范围。不同媒体的传播范围有大有小，能接近的人有多有少。对于行销全国的产品，应选择全国性的报刊和中央电视台、中央人民广播电台做广告；对于局部地区销售的产品，企业可根据所销商品的目标市场，选择地方性的报刊、电视台、广播电台或广告牌等媒体做广告宣传。

（4）媒体的影响力。报纸、杂志的发行量，广播、电视的听众、观众数量，媒体的频率及声誉等，是媒体影响力的标志。媒体的影响力应能准确及时地到达目标市场的每一个角落。

（5）媒体的成本。广告活动应考虑费用与效果的关系，既要使广告达到理想的效果，又要考虑企业的负担能力。企业应尽量争取以较低的成本，达到最大的宣传效果。

教学互动9-4

互动内容：

对于现代企业来说，广告所借助的新媒体还有哪一些？随着社会和科技的进步，请大胆预测新媒体还会有哪些演变？

互动要求：

请每位参与互动的同学结合所学内容独立思考，积极陈述自己的见解，也可以和周围的同学简单沟通后回答。

（四）评估广告效果

评估广告效果的目的在于了解消费者对广告理解和接受的程度，以及广告对产品推销所起的作用。因此，评估广告效果主要包括销售效果评估和沟通传播效果评估两个方面。

1.销售效果评估

销售效果评估是指把广告费用的增加与销售额的增加做比较，评估广告使销售额增加了多少。但这种评估很困难，因为销售额的增加，不仅取决于广告，还取决于其他许多因素，广告只是影响销售额的因素之一，因此还应考虑沟通传播效果。

2.沟通传播效果评估（广告本身的效果）

沟通传播效果评估（广告本身的效果）是指广告做出来以后，企业还应测定视听广告的人数、视听印象等。沟通传播效果主要从三个方面评估：一是注意程度，包括收听率、收看率、阅读率、注目率、接触率等；二是记忆程度，包括好感率、知名率；三是理解程度，即对广告的理解度。

（五）确定广告预算

确定广告预算时，企业应主要考虑以下三方面营销因素：

1.产品市场生命周期阶段

在产品市场生命周期的不同阶段，所需的广告费用不同。一般说来，投入期需要较多的广告投入，以提高消费者对产品的认知程度；成长期的广告活动频率可以降低，广告费用支出渐次递减且有所侧重，以维持公众对产品的印象；成熟期需投入大量广告费用，大力进行广告促销，以提高产品的竞争力，维持企业的市场地位；衰退期则应缩减广告费用。

2.市场份额

一般而言，市场份额大的产品，广告投入要多；市场份额小的产品，广告投入可以少一些。但是，如果希望提高品牌竞争力、扩大品牌的市场份额，则要比维持市场份额投入较多的广告预算。

3.竞争情况

竞争越激烈，广告投入量越大；反之，如果市场上的同类产品较少，广告投入则可以相对少一些。

案例解析9-2　　　　　　　　　　**广告人选择新媒体**

背景与情境：

随着电视广告费用急剧增加和观众的减少，许多广告人正在寻找沟通消费者的新途径。这一转变让户外广告、有线电视广告受益匪浅。现在，无论你走到哪里，无论你做什么，都可以碰到某种新式的广告。贴在购物车上的小广告、印在购物袋上的广告、超级市场地板和楼梯上的广告、停车场上空悬挂的各种广告牌、交通十字路口电子屏幕上播放的广告、火车站里的广告、机场行李传递带上的广告，甚至停车券上、门票上、球场的记分牌上、送货的卡车上、自动取款机上、出租车的后座上、市政的垃圾箱上都可以有广告。广告真是无处不在，无时不有，无孔不入。

思考：

（1）谈谈你对这些新媒体广告的看法。

（2）请你选择几种案例中未提到的新媒体广告与大家分享。

讨论分析：

个人：请每位同学在固定的学习本上列出自己受到启发的要点，并写下感受较深的内容。

小组：请同学们每6人为一组，1人为组长，1人做记录，小组每个成员都要发表自己的看法，然后讨论分析，形成小组意见，准备在班级交流。

班级：每个小组选1位代表在班级发言，陈述本组观点。

老师：老师记录各小组的陈述要点，最后进行点评。

做一做

【素质提升9-2】

戒烟广告

背景与情境：

中国香港有一则宣传戒烟的广告，广告画面为一支烟烧穿了心脏，以此示意人们吸烟会破坏心脏功能。这个广告没有语言文字的说明，图案简单明了，主要利用黑白色的对比作用，整个画面只使用了3种不鲜艳的色彩——深黑、灰黑和白色。尽管如此，由于黑白反差使用得好，因此这个广告画面形象突出，给人以深刻的印象，是一个成功的广告。

思考：

（1）谈谈你对这则戒烟广告的看法。

（2）你会采用广告这种形式来进行戒烟宣传吗？提出你的宣传思路。

（3）企业在广告宣传中应该注意哪些营销道德和营销伦理问题？

分析要求：

（1）学生分组讨论案例；

（2）每个学生结合问题进行小组讨论，并形成小组案例分析观点；

（3）全班交流，各小组选派代表在班级陈述本组案例分析观点；

（4）教师对各组陈述的观点进行点评；

（5）把经过修改且附有教师点评的各小组案例分析观点展示在班级本课程平台上。

【创新实践9-2】

你要在代理设计的3种广告中做出选择：（1）温情促销，诚实告知；（2）性感地吸引，夸大产品的好处；（3）采用嘈杂的、使人厌倦的商业方式，但一定能引起观众注意。测试表明，3种广告的效力依次增强，你会怎么做？

分析要求：

（1）学生分组讨论上述问题，形成本组有创新点的分析结论；

（2）全班交流，各小组选派代表在班级陈述本组分析结论；

（3）结合学生创新能力培养，教师对各组陈述的分析结论进行点评。

任务三　营业推广

任务目标

知识目标：通过本任务的知识学习，能正确描述营业推广的含义和特点、营业推广的方式及推广技巧、营业推广的策划等。

能力目标：通过本任务的"案例解析"、"素质提升"和"创新实践"，培养基本的营业推广活动策划专业能力。

素质目标：通过本任务的"知识学习"、"案例解析"、"素质提升"和"创新实践"等教学活动，围绕营业推广相关内容，养成爱岗敬业、诚实守信的职业精神。结合对"网易云音乐和农夫山泉的跨界营销"案例的思考，增强创新意识。

任务导入

青岛啤酒开拓中国香港市场

背景与情境：

青岛啤酒为了打开中国香港市场，在开展人员推销和广告促销的同时，还采用了1个啤酒瓶盖（必须带铁盖内的橡皮）换取1元港币的方法。于是，香港大饭店的服务员都热心向顾客介绍青岛啤酒，并成为青岛啤酒的推销员。这样，青岛啤酒的销量大大提高，青岛啤酒在香港竞争激烈的啤酒市场上也占有了一定的地位。

现实中，营业推广的方式是多种多样的，根据目标市场的具体情况创新营业推广，是产品进入目标市场的一个重要的促销手段。

思考：

（1）青岛啤酒采用的是营业推广中的哪一种方式？

（2）这种营业推广方式有什么特点？

学一学

一、营业推广的含义和特点

（一）营业推广的含义

营业推广也称销售促进，是指为了刺激顾客需求、鼓励购买行为而采用的各种促销形式，包括代金券、奖券、竞赛、附带廉价品等。除了人员推销、广告促销、公关促销以外，用以刺激和增进购买的所有不规则、非周期性发生的一切促销活动，都属于营业推广的范畴。

（二）营业推广的特点

与人员推销、广告促销及公关促销相比，营业推广具有以下四个显著特点：

1.针对性强，促销效果明显

营业推广是一种以激励消费者购买和经销商经营积极性为主要目标的辅助性、短暂性的促销措施。营业推广直接针对顾客、经销商或推销人员，针对性强。营业推广一般都是通过提供某些优惠条件调动有关人员的积极性，刺激和引诱顾客购买。因而营业推广见效快，对一些消费者具有较强的吸引力。

2.非规则性和非经常性

人员推销和广告促销都是连续的、常规的促销形式，而营业推广则是非经常性的促销手段，它往往是为了解决营销过程中出现的具体促销问题或为了达到某种短期促销目标而临时采取的促销措施。所以，营业推广只是企业整体促销活动的一个环节，是辅助或协调人员推销和广告促销的补充性措施。

3.形式多样，应用普及

营业推广的方式多种多样，如提供咨询性服务、举办展览会或博览会、现场演示操作、赠送纪念品等，企业可以根据经营水平的不同，灵活选择和应用。

4.短期效果

营业推广往往是企业为了尽快地批量推销产品或推销积压产品，获得短期经济效益而采用的措施。这种促销方式的效果往往也是短期的，如果运用不当，容易使顾客产生逆反心理，或使顾客对产品质量产生怀疑。这种做法有时会降低产品的身份和地位，从而有损企业或产品的形象。因此，企业在选择营业推广方式时应慎重。

二、营业推广的方式和技巧

（一）针对消费者的营业推广方式

重难点微课9-2

营业推广的方式和技巧

针对消费者的营业推广是为了唤起消费者的购买欲望，提高重复购买率，推动新产品销售，扩大市场占有率，经常在新产品开拓市场时或现有产品需要掀起销售高潮时采用。其常用的方式有以下八种：

1.赠送样品

这是指免费让消费者试用产品。通过亲身试用，消费者能体会到产品的好处和实际利益，从而迅速接受新产品，成为新产品的购买者。

2.购买奖酬

这是指购买一定数量商品即可获得奖金和奖品。

3.组合销售

这是指将新产品与原有产品配套出售或将有连带关系的产品包装在一起出售，价格略低于单件分别出售的价格。

4.试用品尝

这是指现场请消费者试饮饮料、品尝食品等。

5.折价优待

这是指通过广告或商品包装发送折价优待券，消费者凭券到指定商店购买该商品，即可获得一定的价格优惠。

6.以旧换新

这是指将以前购买的同品牌的老产品或其他品牌的同类产品折价，再加上一定数量的现金，即可换购该品牌的新产品。

7.廉价包装

这是指在包装上注明统一折价率，购买时按折价率付款，或在包装上注明该包装是加大容量的包装，或在购买时另赠送小容量包装的商品。

8.奖励券

拓展阅读9-1

充分发挥消费券
杠杆效应

这是指购买一定数量的商品即可获得奖励券，凭奖励券数目的多少可换取不同价值的商品。

此外，营业推广的形式还有现场展销、分期付款、限时折扣、购物积分、包退包换、特价日销售、义卖等。随着市场经济的不断发展，国际上通行的一些营业推广方式将会逐渐被推广应用。

教学互动9-5

互动内容：

仔细思考一下，服务促销属于营业推广的范畴吗？服务促销应该注意哪些事项？

互动要求：

请每位参与互动的同学结合所学内容独立思考，积极陈述自己的见解。也可以和你周围的同学简单沟通后回答。

（二）针对中间商的营业推广方式

针对中间商的营业推广是为了鼓励中间商大量进货代销，加速资金周转。其常用的方式有以下五种：

1.免费提供陈列样品

中间商在推销商品时，需要有样品在柜台或橱窗陈列。如果生产商不予免费提供，中间商就会减少甚至不陈列样品，这样会减少许多成交机会。由生产商提供陈列样品，中间商就会免除样品被用或废旧引起损失的担心。

2.推广资助

中间商经营的产品往往是众多企业的众多商品，要其专为某一家企业的商品做广告或做其他推广工作，他们往往认为这是不值得的。所以，生产商要刺激中间商推广的积极性，就必须在推广方面给予一定的资助。推广资助采取的方式通常有：按订货量或销售额的多少发放推广津贴；与中间商联合推广，如联合做广告或联合展销等，费用由双方按比例分摊或全部都由生产商承担；为中间商提供推广指导，如提供广告样板、专橱（专柜），设计资料，提供推广所用的材料、展品等。

3.销售竞赛

生产商在众多经销本企业产品的中间商中发起销售本企业产品的竞赛，对优胜者给予奖金或奖励。

4.协助经营

生产商为经销本企业产品的中间商提供人员培训、派员指导、举办经营研讨会、提供经营手册、发放经营简报等，帮助和促进中间商提高经营效率。

5.发放刊物和邮寄宣传品

生产商定期出版并向中间商免费发放有关企业生产情况及产品经营情况的刊物，供其了解情况，学习经营经验，提高经营效率。同时，生产商应经常向中间商邮寄广告宣传品、产品目录、样品手册等，这也是较多采用的方式。

（三）针对推销人员的营业推广方式

针对推销人员的营业推广是为了鼓励推销人员积极工作，努力开拓市场。其常用的方式有以下两种：

1.推销竞赛

在推销人员中举行推销竞赛活动，对优胜者给予奖励、奖金或授予某种荣誉称号，以激发士气和提高积极性。

2.推销津贴

对推销人员按完成推销量的多少发放数量不等的津贴或奖金，以激励推销人员的工作热情。

根据具体情况，企业对表现出色的推销人员还可以给予优胜重奖、高额补助、超额提成、红利及利润分成等。

三、开展营业推广的要求

1.目标

营业推广必须有明确的目标。企业应当根据目标市场和整体策略来确定推广目标，依据推广目标制订周密的计划。当然，由于消费者、中间商、企业或事业单位都有各自不同的购买特点，因此企业在确定目标和制订计划时应区别对待，并把长期目标与短期目标有机结合起来。

2.费用

营业推广是企业重要的促销形式。营业推广可以使销售额增加，但同时也增加了费用。企业要权衡推销费用与营业收益的得失，把握好所费与所得的正确比值，从而确定促销的规模和程度。

3.对象

各种营业推广手段对于不同的对象来说，其作用存在很大差别。实践证明，营业推广的对象主要是那些"随意型"消费者和价格敏感度较高的消费者。对于已经养成固定习惯的老顾客，营业推广的作用要小一些。因此，对象的选择要因时、因地制宜。

4.媒体

企业必须通过最佳的媒体来实施营业推广。比如一张优惠券，既可以放在商品包装袋里赠送，也可以在购买商品时当场分发，或附在报刊广告中给予。又如，为了扩大某种商品的销售，企业拟给予顾客10%的价格折扣。但这一信息通过什么媒体传播出去，就需要很好地进行研究。一般来说，媒体的选择必须考虑媒体的普及率及费用支出情况，权衡利弊，从优确定。

5.时间

营业推广的时间选择必须符合企业的整体营销策略，并与其他经营活动相协调。如果时间太短，很多潜在买主也许恰好在这个阶段没有采购欲，从而收效甚微；如果推广时间太长，又容易给消费者造成一种印象，认为这不过是一种变相减价，从而失去吸引力。因此，时间选择应恰到好处，既要给消费者"欲购从速"的吸引力，又要避免"降价甩卖"的不良影响。

6.效果

营业推广的效果体现了营业推广的目的。每次营业推广后，企业都要对营业推广的效果进行评价。营业推广效果评价的一般方法有比较法（即比较推广前后销售额的变动情况）、顾客调查法、实验法等。企业可以通过这些方法取得营业推广的成果资料，并与推广目标和计划进行分析比较，肯定成绩，找出问题，以便控制和调整营业推广过程，实现推广目标。

教学互动9-6

互动内容：

你还了解哪些新的营业推广形式，效果如何？

互动要求：

请每位参与互动的同学结合所学内容独立思考，积极陈述自己的见解，也可以和周围的同学简单沟通后回答。

案例解析9-3　　　　　网易云音乐和农夫山泉的跨界营销

背景与情境：

网易云音乐精心挑选了30条用户乐评，印制在4亿瓶农夫山泉的瓶身上面，在全国69个城市推出了首款限量版的"乐瓶"。农夫山泉的瓶身上印上了网易云标志性的黑胶唱片图案，消费者扫描瓶身上的二维码，就可以跳转到网易云音乐相关的歌单，欣赏网易云音乐精心挑选的音乐。每首乐曲背后都有一个打动人心的故事，这一做法引起了消费者强烈的情感共鸣。

不仅如此，此次的营销活动还采用了最新的VR技术，消费者扫描瓶身的黑胶唱片图案，手机屏幕会出现一个星空画面，点击星球就会弹出随机的乐评。这种新鲜有趣的方式引发消费者自发截图、拍照，并上传到社交网络上。

此次营销的独特之处在于两个品牌的跨界联合。对网易云音乐来讲，遍布全国各大超市的农夫山泉，可以增强品牌的覆盖力度；对于农夫山泉来讲，视听结合的完整体验对年轻人极具吸引力，更为常年不变的外包装增加了很多新意。

资料来源　作者根据相关资料整理而成.

思考：

（1）案例中的促销活动成功的原因是什么？

（2）你还知道哪些跨界营销案例？谈谈你对跨界营销的看法。

讨论分析：

个人：请每位同学根据案例内容和问题，在固定的学习本上写下自己对本案例的看法。

小组：请同学们每6人为一组，1人为组长，1人做记录，小组每个成员都要发表自己的看法，然后讨论分析，形成小组意见，准备在班级交流。

班级：每个小组选1位代表在班级发言，陈述本组观点。

老师：老师记录各小组的陈述要点，最后进行点评。

做一做

【素质提升9-3】

"双十一"促销战

背景与情境：

每年的"双十一"俨然已经成为国人的"购物狂欢节"，每到11月11日都会掀起一股销售热潮，对商家来说也是一次大考，尤其是促销战。"低价位、高品位""价格冰点、买立返红包""价格美丽，拿什么抵御你""五折商品、再享折上折""限时抢购""贵就赔双倍""买就送，你敢买我就敢送"等，这样的广告语满天飞，拼新品、拼营销、拼促销力度等一系列操作，都希望能在这次年度大考中取得优异成绩。

"双十一"线上预售刚开启，实体商业也开始"花式"促销。"双十一"期间，南京路某百货公司年度最大促销活动——周年店庆也拉开帷幕，开启线下狂欢，线下大促的部分折扣或低于"双十一"的线上折扣。未来该商场将引入"时间消费"概念，让不同性别、不同年龄的消费者在不同的时段都能找到适合其消费的场景。奢侈品、一线化妆品、黄金珠宝、小家电等全品类开启买赠模式，全场品牌基本共同参与收发券活动。满减赠券的模式，化妆品打7折销售，各类包包、黄金珠宝都有不同的满赠优惠，玩具、服装折算下来，价格和"双十一"的线上折扣差不多，甚至略低。

资料来源　作者根据相关资料整理而成.

思考：

（1）请再列举一些典型的营业推广活动。针对每年的"双十一"大促活动，谈谈你的感受。

（2）营业推广在市场促销活动中适宜经常使用吗？

（3）从营销道德和营销伦理的角度，商家在开展营业推广活动中应注意什么问题？

分析要求：

（1）学生分组讨论案例；

（2）每个学生结合问题进行小组讨论，并形成小组案例分析观点；

（3）全班交流，各小组选派代表在班级陈述本组案例分析观点；

（4）教师对各组陈述的观点进行点评；

（5）把经过修改且附有教师点评的各小组案例分析观点展示在班级本课程平台上。

【创新实践9-3】

每当春节临近时，各个零售商家都会进行营业推广的促销活动，有的宣传"全场八折"、有的宣传"买100返50"；有的宣传"同样商品，第二件半价"。

在上述三种营业推广方式中，你会选择哪一种？为什么？

分析要求：

（1）学生独立思考，形成有创新点的分析结论；

（2）全班交流，学生在班级内陈述自己的分析结论；

（3）结合学生创新能力培养，教师对学生陈述的分析结论进行点评。

任务四　公关促销

任务目标

知识目标：通过本任务的知识学习，能正确描述公共关系的含义和公关促销的特点、公关促销的活动方式等。

能力目标：通过本任务的"案例解析"、"素质提升"和"创新实践"，提高根据小微企业的经营活动特点策划日常公共关系活动的专业能力。

素质目标：通过本任务的知识学习、"案例解析"、"素质提升"和"创新实践"等教学活动，围绕公关促销的相关内容，养成高效沟通、长远发展的职业精神。结合对"星巴克如何化解'致癌'危机""本店绝不食言"等案例的思考，培养诚实守信、防范危机意识。商事即人事，"出卖风云雷电，不如天地人和"，具有只有在融洽的人际关系中才能营造出良好的市场氛围的意识。

任务导入

农产品上线小程序

背景与情境：

第九届新疆农产品北京交易会在北京全国农业展览馆举办。与往届不同的是，为了适应新购物方式的变化，本届交易会小程序正式上线，为广大消费者提供购物便利。

新疆地处亚欧大陆腹地，地域辽阔，农业资源丰富，是我国的农牧业大区。典型的温带大陆性气候，独特的水土光热资源优势，丰富的物种资源，雪山、草原、沙漠、绿洲等多样化的地理风貌，长光照、高积温、昼夜大温差，以及洁净的生态环境，为新疆发展优质特色绿色农产品提供了良好的自然条件。近年来，新疆十分注重发挥自身资源优势，大力培育特色农业发展，如库尔勒香梨、红旗坡苹果、吐鲁番葡萄等一大批新疆品牌农产品享誉海内外，走上了国内外消费者的餐桌。

据悉，新疆农产品北京交易会作为展示新疆农产品"绿色、营养、美味、健康"形象的舞台，目前已成功举办了八届，累计交易协议额636亿元，参观人次达733万。

本届交易会通过展示展销、产销对接和产品评选等活动，集中宣传新疆品牌农产品，同时还将宣传推介新疆丰富的旅游资源和特色产品。今年共吸引来自新疆14个地（州、市）和新疆生产建设兵团的170家企业和众多采购商前来参加，参展产品包括8大类147种农产品，其中重点龙头企业和"三品一标"（即无公害农产品、绿色食品、有机农产品和农产品地理标志获证产品）产品约占90%以上。

资料来源　倪敏. 第九届新疆农产品北京交易会举办［EB/OL］.［2019-10-10］. http://www.ccn.com.cn/html/shishangshenghuo/shipin/2018/1018/370070.html.

思考：

从公关促销的角度，谈谈这则案例对你的启发。

学一学

一、公共关系的含义和公关促销的特点

（一）公共关系的含义

公共关系是指社会组织运用沟通手段使自己与公众相互了解和相互适应，以争取公众的理解、支持和协作的一系列管理活动。公共关系是社会组织与公众之间的关系，所以公共关系的主体是社会组织，公共关系的客体是公众，公共关系的手段是传播，公共关系的目的是扩大知名度和提高美誉度。

公共关系有利于沟通与协调企业内部以及企业与社会公众的各种联系，树立良好的企业形象和产品形象，提高社会公众对企业及产品的接受程度，营造良好的市场营销环境。

教学互动9-7

互动内容：

公共关系的基本原则是什么？公共关系和市场营销之间有什么关系？

互动要求：

请每位参与互动的同学结合所学内容独立思考，积极陈述自己的见解，也可以和周围的同学简单沟通后回答。

（二）公关促销的特点

与其他促销方式相比，公关促销具有以下三个特点：

1.注重长期效应

公关促销要达到的目标是树立企业良好的社会形象，创造良好的社会关系环境。实现这一目标，需要企业长期不懈的努力。企业通过各种公共关系策略的运用，能树立良好的产品形象和企业形象，从而能长时间地促进销售，稳固占领市场。

2.注重双向沟通

公关促销的对象是各种社会关系，包括企业内部和外部两大方面，企业不是孤立的经济组织，而是相互联系的"社会大家庭"中的一分子，每时每刻都与社会公众发生着广泛的经济联系和社会联系。所谓企业公共关系，是指要与这些社会公众建立良好的关系，既要了解公众，又要让公众认识企业，愿意购买企业的产品和接受企业提供的服务。

3.注重间接促销

公关促销的手段是信息传播，而这种信息传播并不是直接介绍和推销商品，而是通过积极参与各种社会活动、宣传企业的营销宗旨、联络感情、扩大知名度，来加深社会各界对企业的了解和信任，最终达到促进销售的目的。其他促销方式的目的是让消费者"买我"，即买我们的产品；公关促销的目的是让消费者"爱我"，爱我们的企业，进而爱我们的产品，间接达到促销的目的。

二、公关促销的活动方式

（一）发现和创造新闻

新闻是以第三者的名义，通过大众媒体传播的特定信息，因而对公众的影响很大。所以，企业要积极主动地、经常地与新闻界保持联系，了解新闻报道的重点及新闻动向，并经常、及时地向新闻界提供具有新闻价值的有关本企业的信息。同时，公关人员要善于发现和创造对企业及企业产品有利的新闻，以吸引新闻界和公众的注意，增加新闻报道的频率，从而扩大企业及企业产品的影响力和知名度。具体方法包括：

（1）召开新闻发布会和记者招待会，通报企业情况，提供新闻素材。

（2）邀请新闻记者参观企业，为其采访提供方便。

（3）企业人员撰写新闻稿件寄给新闻单位，供其发表采用。

（4）创造新闻素材，吸引新闻媒介的关注。这种方法的难度较高，是高级的公关艺术。例如，20世纪90年代，健力宝集团为了支持足球发展，曾拿出1000万元人民币资助中国少年足球队到巴西学习，各大媒体纷纷报道，从而扩大了企业的知名度，树立了良好的企业形象。

（二）介绍情况、回答问题、发表演讲、对外开放参观

企业营销人员要利用各种场合、各种机会，灵活运用公共关系与语言艺术，及时介绍企业及企业产品的情况，回答公众关心的问题，或者在有关业务会议上发表演讲，这也是提高企业及企业产品知名度的一种有效形式。对外开放参观是为了让公众更好地了解企业，企业面向社会各界开放，组织广大公众到企业参观、考察，以提高企业的透明度，这是争取公众了解和支持的一种重要手段。

（三）开展公益性的活动

企业积极参与社会活动和支持公益事业，如赞助文化、体育活动，捐资助学，扶贫救灾等，能够树立企业关心社会公益事业、承担一定的社会责任和社会义务的良好

形象，有利于扩大企业广告宣传的影响面和影响力，有利于建立与其他社会组织的友谊和感情，有利于赢得公众的好感和信任。

（四）策划专门性公关活动

企业根据营销活动的需要，可以安排一些特殊事件，如召开新闻发布会、研讨会、展览会、业务洽谈会等，以吸引公众的注意。这是企业与其他组织和社会公众沟通信息、交流感情的好机会，是企业信息迅速、广泛传播的有效途径。

1.巧抓事件

这是指抓住一些与企业及企业产品有关联的信息，采取某些措施使公众关注该事件，以提高企业的知名度和美誉度。例如，中国移动利用一次海上遇难，移动手机信号拯救了整船人性命的事件，将其作为广告素材并大力宣传。

2.制造事件

这包括举办庆典、展览会，进行征集活动，或征集意见、商标、广告等。例如，南京熊猫电子集团倡议全国使用"熊猫"品牌的企业参加"拯救中国国宝大熊猫活动"。

（五）利用公关广告

企业还可以利用公关广告树立企业的良好形象。公关广告包括以下五种形式：

1.形象广告

这是指以树立企业形象为目的的广告。

2.声明广告

这是指表明企业对某些事件的立场和态度的广告。

3.致歉广告

这是指向公众表示歉意，以取得公众谅解和好感的广告。

4.祝贺广告

这是指与本企业有密切关系的企业或单位举办重大活动时表示祝贺的广告。

5.公益广告

这是指企业为获取公众的好感、表现社会责任而制作的维护社会公众利益的广告。

（六）散发宣传材料

企业可以制作各种宣传资料，并广为散发和传播，从而向公众传递有关企业及企业产品的信息。宣传资料可以是印刷资料，如企业宣传册、年度报告、企业刊物等；也可以是新媒体宣传资料，如企业形象宣传片、企业产品直播展示、微信公众号推送内容等。

（七）营销活动中导入CIS

营销活动中导入CIS（corporate identity system），就是综合运用现代设计理念和企业管理的理论和方法，将企业的经营理念、行为方式及个性特征等信息加以系统化、规范化和视觉化，以塑造具体的可感受的企业形象。企业可以通过一定的媒体来传播这种视觉化的形象。例如，将代表企业形象的视觉符号（色彩、字体、图案等）体现在企业的建筑物、车辆、工作服、业务名片、办公用品、包装用品、文件、招牌上面。通过导入 CIS，企业可以更具体、详细、直观地表达组织形象，这种传播方式也容易被公众所接受，使公众对企业形成一个比较完整、系统的印象，有利于扩大企业的知名度，形成良好的企业形象，促使公众接受企业的产品，进而达到扩大销售的目标。

（八）危机公关活动

当企业与公众发生冲突，使得舆论反应强烈、企业形象受到严重损害时，企业的公共关系就会处于紧张状态。这时就需要动用整个企业的力量及各种传播媒介来处理危机，协调与平衡企业与公众之间的紧张关系，变危机为商机。目前，很多企业都建立了网站，通过发布正确的信息、收集公众反馈、及时公布企业的回应等方式，化解处理危机。

教学互动 9-8

互动内容：

以企业或产品名称命名的体育比赛、文艺比赛等，属于哪种公关促销活动方式？你还能想到哪些公关促销活动的方式？

互动要求：

请每位参与互动的同学结合所学内容独立思考，积极陈述自己的见解，也可以和周围的同学简单沟通后回答。

案例解析 9-4　　　　星巴克如何化解"致癌"危机

背景与情境：

2018 年年初，社交平台被"星巴克咖啡致癌"的文章刷屏。相关文章称，"喝星巴克咖啡致癌，是被隐瞒了 8 年的真相"。文章一经微博登出不久，微博网友就开始讨论"咖啡是否致癌"这个话题，不少专家也针对"喝咖啡致癌"这一说法的科学性进行激烈的讨论。很快，各大媒体都开始关注此事件，公众也迅速利用个人社会平台转发此消息。一时间，星巴克莫名受困。

面对谣言刷屏，星巴克启动了危机公关：

首先，当这篇文章被界定为谣言之后，星巴克果断迅速举报造谣的微信账号。

其次，星巴克给所有媒体发布了行业公告，具体内容包括：星巴克始终坚持为顾客提供高品质及安全可靠的食品与饮料，并致力于让顾客感受优质的星巴克体验。甚至提出面对谣言可以采取进一步的法律行动。

最后，星巴克借助行业协会的权威人士的观点消除公众对谣言的恐惧，加强公众对健康的认知。

星巴克在谣言刷屏出现的 24 小时内，成功平息了这场"致癌风波"。通过此次危机事件再一次提升了品牌的影响力。

资料来源　作者根据相关资料整理而成.

思考：

（1）"危机事件"对企业的营销活动有什么影响？企业应如何面对遇到的"危机"？

（2）企业还可以采取哪些公关手段帮助其营销活动。

讨论分析：

个人：请每位同学根据案例内容和案例问题，在固定的学习本上记下自己对价格欺诈的看法。

小组：请同学们每6人为一组，1人为组长，1人做记录，小组每个成员都要发表自己的看法，然后讨论分析，形成小组意见，准备在班级交流。

班级：每个小组选1位代表在班级发言，陈述本组观点。

老师：老师记录各小组的陈述要点，最后进行点评。

做一做

【素质提升9-4】

本店绝不食言

背景与情境：

中国香港一家经营强力胶水的商店坐落在一条鲜为人知的街道上，生意很不好。一天，这家商店的店主在门口贴了一张布告："明天上午九点，在此将用本店出售的强力胶水把一枚价值4 500美元的金币贴在墙上，若有哪位先生、小姐能用手把它揭下来，这枚金币就奉送给他（她），本店绝不食言！"这个消息不胫而走。第二天，人们将这家店铺围得水泄不通，电视台的采访车也开来了。店主拿出一瓶强力胶水，高声重复广告中的承诺，接着便在那枚价值4 500美元的金币背面涂上了一层胶水，并贴到了墙上。人们一个接着一个地上来试运气，结果金币纹丝不动，这一切都被录像机摄入了镜头。这家商店的强力胶水从此销量大增。

资料来源　佚名. 创业赚钱的七个方法［EB/OL］.［2019-10-23］. https://jingyan.baidu.com/article/f0e83a25f58e9d22e59101c0.html.

思考：

（1）强力胶水为什么会销量大增？

（2）这家商店采用了什么促销策略？

（3）企业在制定促销策略时应该注意哪些营销道德和营销伦理问题？

分析要求：

（1）学生分组讨论案例；

（2）每个学生结合问题进行小组讨论，并形成小组案例分析观点；

（3）全班交流，各小组选派代表在班级陈述本组案例分析观点；

（4）教师对各组陈述的观点进行点评；

（5）把经过修改且附有教师点评的各小组案例分析观点展示在班级本课程平台上。

【创新实践9-4】

结合实际，分析企业营销活动中遇到问题时进行危机公关的注意事项有哪些？做好危机公关的方法是什么？

分析要求：

（1）学生分组讨论上述问题，形成本组有创新点的分析结论；

（2）全班交流，各小组选派代表在班级陈述本组分析结论；

（3）结合学生创新能力培养，教师对各组陈述的分析结论进行点评。

任务五　网络促销

任务目标

知识目标：通过本任务的知识学习，能了解网络促销的含义和特点，熟悉网络促销的工作程序及相关规范。

能力目标：通过本任务的"案例解析"、"素质提升"和"创新实践"，能明确网络促销的任务和要求，提升网络促销能力。

素质目标：通过本任务的知识学习、"案例解析"、"素质提升"和"创新实践"等教学活动，养成网络规范与遵纪守法的职业精神。结合对"烤鱼店爆红网络"案例的思考，树立守正创新意识。

任务导入

鸿星尔克爆红：接力传递的力量

背景与情境：

相对常规营销手段而言，直播带货更直观、生动，也更具即时性和互动性，能带给用户全新的购物体验，因此颇受很多商家和消费者的欢迎。而如火如荼的网络直播带货，也为许多质量有保证、服务有保障、企业有责任的产品打开了销路。来看鸿星尔克的"一夜爆红"。

2021年夏季河南遭遇百年不遇的洪涝灾害，鸿星尔克向河南灾区捐赠5 000万元的物资，在线上线下都火了：连续几日占据微博热搜，直播间涌进大量网友，数百万人"野性消费"参与扫货。线下门店也是挤满顾客，有的实体店销售额暴增十多倍。鸿星尔克库存告急，以至于直播间的主播都被网友们催促"快去踩缝纫机，把产品都赶工出来让大家买"。

如潮水般的力挺和关爱，背后是一个善引发善、爱传递爱的动人故事。网友发现，"出手大方"的鸿星尔克，是营收远远落在同行后面的企业。2020年鸿星尔克的营收为28亿元，净利润为-2.2亿元，2021年一季度净利润为-6 000多万元。"感觉你都要倒闭了还捐了这么多"。自己家底不厚，却向灾区捐赠大笔物资，并且低调地在宣传上舍不得花钱，官方微博连会员都没有买。这种强烈的"反差"，感动了无数网友。一传十，十传百，网友自发支持的力量不断汇聚，效应层层叠加，最终造就了鸿星尔克的意外出圈和爆红。

支持鸿星尔克，实际是人们对善良价值的坚守，对"好人有好报"正义观的执着坚持。"为众人抱薪者，不可使其冻毙于风雪"，这是中国人朴素而可贵的价值观，也是几千年流传下来的崇德向善文化的重要内涵。对于一家保持社会责任感的良心企业，网友纷纷表示，"我们不允许你没有盈利"。风卷残云式的扫货，是对鸿星尔克真诚善良的回馈。一句流传很广的话这样说，"中国人的善良是刻在骨子里的"，感恩每一个无私付出的举动，让每一个善良的人都被善待。

良善不被辜负，爱与爱的传递继续。鸿星尔克直播间里，两位主播不停地劝说大家要理性消费，其董事长也表示，"会继续做好产品和服务，用品质为国货品牌正名"。企业把大众"心疼"换来的流量与销量，转化为成长进步的动力，为社会贡献更多光与热，网友则汇聚温暖同时理性支持，更多的人与爱同行，为同舟共济付出行动，鸿星尔克爆火引出的正能量还在源源不断地传递下去。

资料来源　佚名. 鸿星尔克爆红：接力传递的力量〔EB/OL〕.〔2021-08-24〕. https://www.sohu.com/a/485325092_121206281.

思考：

(1) 鸿星尔克爆红有哪些特点？

(2) 互联网时代下，如何能让网络促销帮助企业取得长远的发展？

学一学

一、网络促销的含义和特点

(一) 网络促销的含义

网络促销是指利用现代化的网络技术向虚拟市场传递有关产品和服务的信息，以激发消费者的购买欲望，促使消费者做出购买行为的各种活动。

(二) 网络促销的特点

1. 通过网络传递信息

网络促销是通过网络技术传递产品和服务的存在、性能、功效及特征等信息的。它是建立在现代计算机与通信技术的基础之上的，并且随着计算机和网络技术的不断改进而改进。

2. 在虚拟市场上运行

网络促销是在虚拟市场上运行的，这个虚拟市场就是互联网。互联网是一个媒体，是一个连接世界各国的大网络，它在虚拟的网络社会中聚集了广泛的人口，融合了多种文化。

3. 市场更加开放

互联网虚拟市场的出现将所有的企业，不论是大企业还是中小企业，都推向了一个统一的开放市场，传统的区域性市场的小圈子正逐步被打破。

教学互动 9-9

互动问题：

请介绍一个你熟悉的网络和实体店线上线下互动营销的实例，说明其营销中的优点，以及存在的问题。

互动要求：

请每位参与互动的同学结合所学内容独立思考，积极陈述自己的见解。也可以和你周围的同学简单沟通后回答。

二、网络促销的主要形式

网络促销是在网络上开展的促销活动，其形式主要有四种，即网络广告、网络站点推广、网络销售促进和关系营销。其中，网络广告和网络站点推广是网络促销的主要形式。

1.网络广告

网络广告的类型很多，根据形式的不同，可以分为旗帜广告、电子邮件广告、电子杂志广告、新闻组广告、公告栏广告等。

2.网络站点推广

网络站点推广就是利用网络营销策略扩大站点的知名度，吸引网上流量访问网站，以起到宣传和推广企业以及企业产品的效果。网络站点推广主要有两种方法：一种是通过改进网站内容和服务，吸引用户访问，起到推广效果；另一种是通过网络广告宣传推广站点。前一种方法的费用较低，而且容易稳定顾客访问流量，但推广速度比较慢；后一种方法可以在短时间内扩大站点的知名度，但费用不菲。

3.网络销售促进

网络销售促进就是企业利用可以直接销售的网络营销站点，采用一些销售促进方法，如价格折扣、有奖销售、拍卖销售等，宣传和推广产品。

4.关系营销

关系营销就是通过互联网的交互功能吸引顾客与企业保持密切关系，培养忠诚顾客。

教学互动 9-10

互动内容：

结合你购买书籍的经历，你认为到新华书店购书和从网上书店购书有什么异同？

互动要求：

请每位参与互动的同学结合所学内容独立思考，积极陈述自己的见解，也可以和周围的同学简单沟通后回答。

三、网络促销的实施

（一）创建网站

开展网络促销的第一步是创建一个网站，企业必须设计有吸引力的站点并寻找方法使顾客访问网站，在网站上逗留并且经常光顾。

首先，做好网站规划。网站规划的内容主要包括：明确网站建设的目的，拟定网站域名和名称，获得IP地址，确定网站建设内容，明确网站的技术解决方案，编制网站建设财务预算等。

其次，做好网站制作工作。一是做好网站设计工作，企业网站要简单实用，页面下载速度要快，易于导航和使用，提供搜索引擎或网站地图，联系信息方便多样，设计易于更新的工具，兼容多种浏览器，无错误链接，有良好的容错性能，可扩展性强，安全性能好；二是合理确定网站内容和形式，科学定位网站的CI形象，合理设计页面的视觉信息等。

（二）网站的管理与推广

1.网站的管理

一是做好网站运行的管理，如对网站实施域名维护、网站空间测试、邮件系统测试、网站系统维护服务等方面的管理工作；二是做好网站内容的管理，如网站页面格式和版面要定期做一些调整或技术上的更新，定期更新页面信息，添加一些功能或信息，做好网站客户的管理，注意网的安全，保证网站服务器、程序、信息、数据的安全。

2.网站的推广

企业建立网站的目的是提高企业的知名度，拓展企业的销售渠道。要使网站成为企业创造利润的工具，企业还必须做好网站推广的工作。

（1）不断对企业的网站进行搜索引擎优化。

（2）购买关键词排名。

（3）利用博客推广企业网站。

（4）利用群发软件推广企业网站。

此外，企业也可采用注册加入行业网站、邮件宣传、论坛留言、友情链接、互换广告、网站推广、分类网站信息发布等推广方式。

总之，对于大多数企业而言，网络促销是企业进入市场的一种新的方式。随着企业熟练地将电子商务融入日常战略和决策中去，网络促销将不断发展，并成为企业更快更有效地与顾客建立联系、提高销售业绩、交流企业和产品信息、提供产品和服务的一个强有力的工具。

案例解析9-5　　　　　　　　　　　　　　　　**烤鱼店爆红网络**

背景与情境：

某烤鱼店位于一座大型购物商城的四楼，主打产品"烤全鱼"采用沿袭数百年的古法秘方烹制而成，烤出来的鱼外焦里嫩，十分酥脆爽口。但是，好东西也需要好的宣传，才能让更多人有口福！这家烤鱼店经过多方考虑，最终选择了借力微信第三方平台进行品牌宣传推广。不到一个月的时间，便迅速爆红于网络。总结起来，这家店成功的秘诀不外乎这三步。

第一步，开通微信红包。该店商圈周边的人群，只需要扫一扫二维码，关注该店微信公众号就可以抢得微信红包。短短3天时间内，微信公众平台粉丝数量迅速突破3 000个，而且都是本地真实的活跃粉丝。

第二步，当有了足够数量的本地精准微信粉丝之后，就可以定期通过微信免费推送信息的形式，向粉丝推送该店的微官网（微官网就是企业在微信上展示自己品牌形象及产品的平台）。

第三步，静候客户光顾，门庭若市！财源滚滚来！每天都有很多客户通过微信得知在本市有一家非常有名的可以微信订餐的烤鱼店。

资料来源　佚名. 餐饮微信营销成功案例分析［EB/OL］.［2019-10-23］. https：//wenku.baidu.com/view/8d955741cd7931b765ce0508763231126fdb776d.html.

思考：

（1）请从营销道德和营销伦理角度谈谈这家烤鱼店的微信营销给你带来的启示。

（2）你还能想到哪些适合这家烤鱼店的网络促销方式？

讨论分析：

个人：请每位同学在固定的学习本上写出自己的认识，并写出这些认识是否适用于网络营销。

小组：请同学们每6人为一组，1人为组长，1人做记录，小组每个成员都要发表自己的看法，然后讨论分析，形成小组意见，准备在班级交流。

班级：每个小组选1位代表在班级发言，陈述本组观点。

老师：老师记录各小组的陈述要点，最后进行点评。

做一做

【素质提升9-5】

背景与情境：

微信营销诞生于微信联系社交平台高速发展的时代，由于微信自身的多媒体功能，用户在使用的过程中可能在不知道的情况下就泄露了个人的信息，如记录用户个人信息的二维码被不法分子非法利用就会对用户造成生活上的不便。

时下个人信息泄露非常严重。在互联网时代，由于信息的可复制性，个人信息在泄露后几乎没有可能再被全部找回。现实中，人们往往不知道自己的信息在何时以怎样的方式被泄露，也无法预知信息泄露会导致怎样的伤害，正因如此，每次个人信息泄露的大事件，都让人们有一种危及自身的危机感和不知所措的无力感。企业的促销短信、骚扰推销电话正对人们的生活产生着严重的困扰。有些企业还因为客户个人信息泄露严重而招致危机事件，进而影响企业的发展。

资料来源　作者根据相关资料整理而成.

思考：

（1）微信营销会不会成为一种趋势？谈谈你对微信营销的看法。

（2）查阅资料，总结分析微信营销的优势和劣势。

（3）企业选择微信营销时，应如何规避社交平台安全隐患问题？

分析要求：

（1）学生分组讨论案例；

（2）每个学生结合问题进行小组讨论，并形成小组案例分析观点；

（3）全班交流，各小组选派代表在班级陈述本组案例分析观点；

（4）教师对各组陈述的观点进行点评；

（5）把经过修改且附有教师点评的各小组案例分析观点展示在班级本课程平台上。

【创新实践9-5】

李师傅一家都在上网：李师傅53岁，正在网上给小孙子挑选玩具；儿子，30岁，正在网上给老妈买一件生日礼物；儿媳妇，28岁，正在网上给孩子买尿不湿。网购已成为这家人重要的购物方式。

问题：

（1）你经常网购吗？为什么？

（2）根据你网购的经验，是不是所有的产品都适合开展网络营销？为什么？

分析要求：

（1）学生独立思考，形成有创新点的分析结论；

（2）全班交流，学生在班级内陈述自己的分析结论；

（3）结合学生创新能力培养，教师对学生陈述的分析结论进行点评。

思考与练习

一、基本知识巩固

1.关键词和术语

人员推销：企业委派自己的销售人员，直接向消费者或用户销售某种产品和提供某种服务的一种直接销售方式。

营业推广：也称销售促进，是指为了刺激顾客需求、鼓励购买行为而采用的各种促销形式，包括代金券、奖券、竞赛、附带廉价品等。

广告：企业或个人以付费的形式，通过一定的媒体，公开传播企业及其产品的各种信息，以达到促进销售、增加盈利的一种自我宣传方式。

公共关系：社会组织运用沟通手段使自己与公众相互了解和相互适应，以争取公众的理解、支持和协作的一系列管理活动。

网络促销：利用现代化的网络技术向虚拟市场传递有关产品和服务的信息，以激发消费者的购买欲望，促使消费者做出购买行为的各种活动。

2.选择题

□单项选择题

（1）旨在鼓励购买的各种短期激励手段称为（　　　）。

A.广告促销　　　　　　　　　　B.人员推销

C.公关促销　　　　　　　　　　D.营业推广

扫码同步测9

（2）一家公司推销大量的积压商品，可选择（   ）方式，效果最佳。

A.上门推销　　　　　B.路牌广告　　　　　C.公关促销　　　　　D.营业推广

（3）公关促销的对象是（   ）。

A.社会组织　　　　　B.中间商　　　　　　C.公众　　　　　　　D.企业

（4）一些知名企业经常为各种体育比赛、文艺活动提供赞助，这属于（   ）。

A.广告促销　　　　　B.人员推销　　　　　C.公关促销　　　　　D.营业推广

（5）儿童产品选择（   ）媒体效果最好。

A.杂志广告　　　　　B.电视广告　　　　　C.网络广告　　　　　D.路牌广告

□多项选择题

（1）营业推广的目标是（   ）。

A.促进产品适销对路　　　　　　　B.刺激顾客即兴购买

C.提高市场占有率　　　　　　　　D.树立良好的企业形象

（2）针对推销人员的营业推广方式有（   ）。

A.推销竞赛　　　　　B.推销津贴　　　　　C.推广资助　　　　　D.协助经营

（3）下面不属于广告效果评估因素的是（   ）。

A.注目率　　　　　　B.影响　　　　　　　C.知名率　　　　　　D.好感率

（4）针对网络的主要促销方式有（   ）。

A.关系营销　　　　　B.网络广告　　　　　C.网络站点推广　　　D.协助经营

（5）网站推广的主要方式有（   ）。

A.搜索引擎　　　　　B.博客推广　　　　　C.购买关键词排名　　D.利用群发软件

3.判断题

（1）促销的实质是营销者与购买者之间的沟通活动。（　　）

（2）公共关系的目标是塑造企业形象，提高企业的知名度和美誉度。（　　）

（3）人员推销最大的特点是面对面地与顾客交流。（　　）

（4）营业推广是一种经常性的、无规则的促销活动。（　　）

（5）广告促销效果的优劣主要由销售效果决定。（　　）

4.简答题

（1）人员推销的特点有哪些？工作程序分几步？

（2）主要的广告媒体有哪些？应如何选择运用？

（3）公共关系促销的途径主要有哪些？

（4）列举出至少10种针对消费者的营业推广方式。

二、基本能力提升

1.案例分析

"抛发礼券"

背景与情境：

某大型商场开业在即，为使商场开业伊始就有较高的知名度，商场精心策划了开业庆典，以期引起消费者的关注。开业当天，商场搞抛发礼券活动，每张礼券50元，共抛发 2 000 张，先后有数万人参加礼券争抢活动。结果，商场周围交通堵塞，现场秩序失控，导致一些人被挤伤。当地几家媒体纷纷对活动带来的问题进行了报道。尽管活动的开展客观上使商场提高了知名度，但这带给商场的却是商场不希望看到的结果。

思考：

（1）这是一种什么促销活动？商场的失误在哪里？

（2）结合实际，谈谈你的看法和建议。

分析要求：

（1）根据促销组合的方式，说明这是哪一种促销活动，分析失误。

（2）结合案例存在的失误，运用所学知识，从促销方式、促销活动策划等角度谈谈你的具体建议。

（3）结合实际，举例说明渠道整合的好处。

2. 营销实训

促销策略

背景与情境：

你们已经学完了促销策略的内容，知道什么是促销，也明白了人员促销、广告促销、营业推广、公关促销等促销方式的具体内容，你们也到过许多商场，见过许多促销活动，但具体怎样实施的？为什么这样实施？你还不太清楚，你想深入了解一下企业促销活动是怎样组织实施的和为什么这样做。

训练目标：

（1）素质目标：会用促销策略中相关术语与企业营销人员进行沟通，具有营销伦理道德和信息安全意识。

（2）能力目标：通过调研，熟悉企业促销时机把握，促销方法应用的相关规范要求，并能结合企业经营特点、产品特性等提出选择运用促销策略的建议。

（3）知识目标：通过调研，结合企业实际，深入理解人员促销、营业推广、广告促销、公关促销等。

实训步骤：

（1）每组 4 人，其中 1 人为组长，由组长组织成员讨论成员分工，明确调研思路，按分工各负其责，相互配合，积极完成任务。

（2）根据本组所选企业经营商品类别，选择日常经营和重大节日两种情景进行促销调研。

（3）实际调研前，参与人员要从网络、图书馆等渠道收集促销策略的相关资料。

实训成果及要求：

（1）每组成员撰写一份促销调研报告，报告要说明调研了什么企业日常产品的经营，什么重大节日，日常经营是如何促销的，重大节日又是如何促销的，详细记录相关促销活动过程和细节，并说明理由。

（2）报告呈现的形式各组自定，报告不少于 2 000 字。

操作流程：

"促销策略实训"实训项目操作流程如图 9-2 所示。

| 4人一组，合理分工 | → | 选择商品，选择平日和重大节日两种情景进行促销调研 | → | 从网络和图书馆收集促销策略相关资料 | → | 形成各组实训报告 |

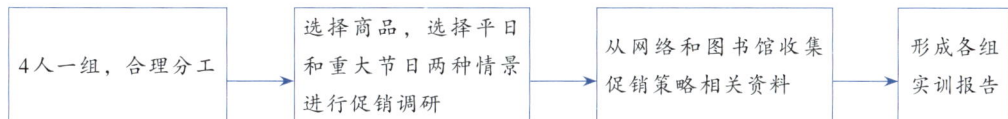

图9-2 "促销策略"实训项目操作流程图

实训时间：

在学生开始学习本项目内容时，即可对学生分组，布置本次实训任务，让学生利用课余时间去网上或实体企业去收集资料，并积极撰写调研报告。在学生完成本项目学习后，用2个课时让各小组介绍并展示本组报告，其他组同学可发表个人意见，最后由老师点评。经过展示点评，各组认真修改、完善自己的实训报告，并把修改后的报告在班级微信平台上展示交流。

实训评价：

"促销策略"实训项目评价表见表9-1。

表9-1　　　　　　　　　　　"促销策略"实训项目评价表

项目	评价标准	分值（分）	小组个人自评（30%）	小组成员互评（30%）	教师评价（40%）	小计（分）
素养培养（∑30）	参与实训的态度端正，积极性高，纪律性强，小组讨论积极踊跃	10				
	养成细致、严谨的工作作风，能主动提出关于促销策略在的相关问题，商业伦理道德和信息安全意识强	10				
	能够结合实训认识到促销策略在营销活动中的重要价值	10				
能力提升（∑20）	能够将所学的促销策略知识运用到实训任务中，学以致用	10				
	正确分析促销策略的时机和方法选择	10				
知识应用（∑20）	了解促销、人员促销、营业推广、广告促销、公关促销等知识	10				
	掌握常用促销方式的注意事项	10				
项目成果展示（∑30）	能够独立完成实训，完成任务及时、主动，并能主动提出问题，解决问题	10				
	《促销策略实训报告》结构完整，无错别字	10				
	《促销策略实训报告》展示形式新颖，语速恰当，语言流畅，有感染力	10				
合计		100				

综合实训

一、案例分析综合实训

（一）训练内容

随着我国社会主义市场经济的发展，各地都对本地区的名优特产品和老字号企业进行了重点宣传和保护。请你选择一个老字号企业或一种名优特产品，编写一个典型营销案例。

（二）训练目标

通过训练，培养学生学习案例、设计编写案例的能力。

（三）成果形式

撰写一篇3 000字左右的典型营销案例。

（四）典型案例要求

1.基本结构

（1）企业（产品）基本情况介绍。
（2）企业（产品）在营销活动中的有益探索和独特创新的做法。
（3）企业（产品）在营销活动中取得的成效和存在的问题。
（4）提出思考的问题。

2.具体要求

（1）典型营销案例的内容可以就市场细分与市场定位、产品开发、品牌建设、灵活定价、渠道管理、促销组合等某一点或某几点展开。
（2）所选企业或产品，必须是老字号企业或地方名优特产品。

二、营销专业综合训练

（一）背景与情境

按照市场营销课程的安排，根据不同的学习内容，进行相关的实训。为了帮助学生全面、系统地了解和掌握市场营销的基础知识和基本技能，特设计本次实训。

（二）训练目标

通过实训，学生能够对市场营销活动有一个全面而系统的了解，从而提高学生运用市场营销知识分析和解决企业市场营销问题的能力。

（三）训练内容

调查一个企业，将该企业的实际营销经验和做法填入表综-1中。

表综-1　　　　　　　　　　企业营销活动调查表

企业名称		
企业地址		
联系方式		
经营项目		

营销活动内容		
目标市场分析	市场细分	
	目标市场选择	
	市场定位	
产品策略	产品组合策略	
	产品市场生命周期策略	
	商标品牌策略	
	产品服务策略	
价格策略	产品定价策略	
	产品调价策略	
分销渠道策略	渠道选择策略	
	渠道管理策略	
促销策略	营业推广策略	
	广告宣传策略	
	公关策略	
	网络促销策略	

（四）训练要求

1.每位同学填写一份，独立完成。

2.每位同学只能结合一个企业或一种产品进行深入调查（同学之间调查的企业或产品最好不要重复）。

3."营销活动内容"栏目主要填写企业或产品的具体做法，包括时间、地点、谁做了什么、效果如何等。

4.营销活动内容必须围绕一个企业或一种产品进行系统的说明，内容必须客观、真实，决不允许杜撰。

主要参考文献

［1］郭国庆，陈凯．市场营销学［M］．6版．北京：中国人民大学出版社，2019．

［2］肖涧松．现代市场营销［M］．3版．北京：高等教育出版社，2020．

［3］杨洪涛．市场营销：网络时代的超越竞争［M］．3版．北京：机械工业出版社，2019．

［4］邹益民，李丽娜．新媒体营销与运营（微课版）［M］．北京：人民邮电出版社，2021．

［5］何永祺．基础市场营销学［M］．广州：暨南大学出版社，2004．

［6］中国就业培训技术指导中心．营销师国家职业资格培训教程：助理营销师［M］．北京：中央广播电视大学出版社，2006．

［7］任会福，李娜．市场营销理论与实训［M］．北京：人民邮电出版社，2011．

［8］胡德华．市场营销实务［M］．北京：人民邮电出版社，2012．

［9］侯贵生，彭澜．市场营销学概论与实务［M］．北京：中国财政经济出版社，2011．

［10］吴勇．市场营销［M］．3版．北京：高等教育出版社，2012．

［11］李宇红．职业教育分级制研究——职业教育分级教学体系构建研究［M］．北京：中国财富出版社，2012．

［12］杜明汉，孙金霞．市场营销知识［M］．北京：中国财政经济出版社，2019．

［13］杨洪涛．市场营销［M］．2版．北京：机械工业出版社，2015．

［14］方凤玲，周博．市场营销理论与实训［M］．北京：人民邮电出版社，2011．

［15］张云起．市场营销学［M］．北京：高等教育出版社，2018．